# 教材语料库的建构与应用

## ——以新加坡小学华文教材为例

罗庆铭　著

The Construction and Application of Textbook Corpus
–Using the Singapore Primary School Chinese Textbook as Example

中国社会科学出版社

图书在版编目(CIP)数据

教材语料库的建构与应用：以新加坡小学华文教材为例/罗庆铭著．—北京：中国社会科学出版社，2017.5
ISBN 978 - 7 - 5203 - 0101 - 5

Ⅰ.①教…　Ⅱ.①罗…　Ⅲ.①小学—华文教育—教材—研究—新加坡　Ⅳ.①G749.339

中国版本图书馆 CIP 数据核字(2017)第 067765 号

出 版 人　赵剑英
责任编辑　周晓慧
责任校对　无　介
责任印制　戴　宽

出　　版　中国社会科学出版社
社　　址　北京鼓楼西大街甲 158 号
邮　　编　100720
网　　址　http://www.csspw.cn
发 行 部　010 - 84083685
门 市 部　010 - 84029450
经　　销　新华书店及其他书店

印　　刷　北京明恒达印务有限公司
装　　订　廊坊市广阳区广增装订厂
版　　次　2017 年 5 月第 1 版
印　　次　2017 年 5 月第 1 次印刷

开　　本　710×1000　1/16
印　　张　16
插　　页　2
字　　数　252 千字
定　　价　69.00 元

# Abstract

This study constitutes an exploration of the construction and application of the Singapore primary school Chinese textbookcorpus. It focuses mainly on three major objectives: a) the construction of a pedagogically tagged Singapore primary school Chinese textbook corpus; b) the utilization of the constructed primary school Chinese textbook corpus to conduct relevant research on language elements, explore the content and methodology of textbook corpus-aided primary school Chinese teaching; c) further undertake research on second language vocabulary acquisition in conjunction with teaching.

Constituting an important teaching resource and aid, textbook corpora play a significant role in aiding language teaching experts in the compilation of teaching syllabus, extraction of vocabulary table for teaching, and the provision of teaching reference materials. Nevertheless, textbook corpora are used mostly for indirect applications in the field of second language teaching. The application of textbook corpora to directly serve classroom teaching has yet to receive sufficient attention, especially in the field of Chinese language teaching.

Based onusage objectives, data sources and annotation methods, textbook corpora can be further divided into pedagogical corpora, textbook corpora and textbook-information databases, all of which vary widely in terms of usage. The textbook corpus constructed under this study can be directly applied to classroom teaching and textbook language research. While the development and application of this type of corpora remain in the infancy stage for non-Chinese languages, this study constitutes a first of its kind in the realm of Chinese language.

Textbook corporathat target classroom teaching and textbook language research are different from other corpora in terms of corpus selection and annotation, functional design and interface presentation. Complying with the basic principles and procedures of corpus development, the Singapore primary school Chinese textbook corpus further exhibited innovation and breakthroughs in the context of functional development and search software design. It achieved the extraction and computation of language information such as phonology, Chinese characters, vocabulary, collocation, etc and was able to address the demand for diverse, personalized and convenient teaching in relation to search method and interface design, thereby realizing the designated research objectives of this study.

This study makes reference to corpus-based and corpus-driven research models and utilizes the constructed textbook corpus to undertake a non-systemic statistical analysis of the language elements of Singapore primary school Chinese textbooks. Firstly, Claude Shannon's Information Theory (1951) is applied to undertake a more comprehensive analysis of the phonological load of Singapore primary school Chinese textbooks. Results indicate that the total load is unevenly distributed within the internal Chinese phonetic system-vowels have the highest phonological load, followed by consonants, with tones having the lowest phonological load. In terms of the average load of phonemes, tones command the highest phonological load, with a greater divergence in the phonological load of the internal subsystems of consonants, vowels and tones. The divergence in the usage frequency of phonetic elements and the internal configuration of phonetic systems is the main cause for the differences in Chinese phonological load. These preliminary conclusions are of reference value to the study and pedagogical research of Chinese phonetic acquisition. Secondly, this study uses statistical methods to undertake a comprehensive analysis of the vocabulary system of Singapore primary school Chinese textbooks, revealing a skewed distribution of Chinese word class in textbooks, including a significant difference in the recurrence rate of different word class as well as the internal recurrence rate within the same word class, and an abnormal distribution phenomenon of few high frequency words and numerous single frequency words. Textbook concurrence is not common, accounting for approximately 6% – 10%. Concurrence occurs more between content words, with a close relationship between the number of syllables of multi-category wordsand word class.

In exploring the application of the Singapore primary school Chinese textbook corpus to the teaching of Chinese, reference is made in this study to Tim Johns' data-driven learning theory (1991). From the perspectives of the applicability of textbook corpus to different teaching stages and segments, and the combination of textbook corpus with internet multimedia technology, this study further sets out an in-depth discussion of the feasibility of the application of textbook corpus to Singapore primary school Chinese teaching and puts forward concrete methods and examples to further prove that based on pedagogical principles, textbook corpus can achieve an effect unmatched by printed textbooks in aiding classroom teaching.

This study uses the constructed textbook corpus to conduct research on vocabulary acquisition in conjunction with teaching. Through a small-scale comparative experiment on pedagogy, this study further illustrates that teaching pedagogy which utilizes textbook corpus-based vocabulary repetition has a positive effect in improving the effectiveness of vocabulary learning of students.

This study concludes with a summary of the research topic, including the research findings, and further points out existing inadequacies as well as the direction for further research.

**Keywords**: Singapore; primary school Chinese; textbook corpus; construction; application

# 目　　录

第一章　绪论 ……………………………………………………… (1)

第一节　研究缘起 ……………………………………………… (2)

一　语料库在语言教学中的应用 …………………………… (2)

二　语料库辅助语言教学的不足 …………………………… (5)

第二节　课题的提出 …………………………………………… (7)

第三节　预期研究成果、研究价值及可能面对的困难 ……… (8)

一　预期研究成果 …………………………………………… (8)

二　研究价值 ………………………………………………… (11)

三　本研究可能面对的困难 ………………………………… (13)

第四节　研究性质、研究思路、研究方法及总体框架 ……… (14)

一　研究性质、研究思路和研究方法 ……………………… (14)

二　总体框架 ………………………………………………… (15)

第二章　教材语料库及相关研究述评 ………………………… (18)

第一节　与教材语料库相关的研究 …………………………… (18)

一　语料库及相关概念 ……………………………………… (18)

二　语料库的类型 …………………………………………… (19)

三　汉语通用语料库 ………………………………………… (23)

四　学习者语料库 …………………………………………… (29)

第二节　教材语料库的建构与应用 …………………………… (38)

一　教材语料库的名称与分类 ……………………………… (38)

二　非汉语教材语料库的建构与应用 ……………………… (42)

三　汉语教材语料库的建构与应用 ………………………… (49)

第三节 对教材语料库应用的评价 …………………………… (55)

　　一 教材语料库的特点 ……………………………………… (55)

　　二 教材语料库对教学的贡献 …………………………… (59)

　　三 汉语教材语料库建构与研究的不足 ……………… (61)

第四节 新加坡小学华文教材语料库建构与应用的

　　　　理论基础 ……………………………………………… (62)

　　一 语料驱动的学习理论 …………………………………… (62)

　　二 语料库语言学研究模式 ……………………………… (65)

**第三章　新加坡小学华文教材语料库(PCTC)的建构** …… (69)

第一节 PCTC 教材语料库的总体设计 ………………………… (69)

　　一 PCTC 教材语料库的设计理念 …………………… (69)

　　二 PCTC 教材语料库的基本架构 …………………… (70)

　　三 PCTC 教材语料库建构的基本流程 ……………… (71)

　　四 PCTC 教材语料库的基本统计数据 ……………… (82)

第二节 PCTC 教材语料库操作平台与数据库建构 ………… (83)

　　一 操作平台与运行环境 …………………………………… (83)

　　二 语料的加工处理 ……………………………………… (83)

第三节 PCTC 教材语料库的系统功能 ……………………… (87)

　　一 导入功能 ……………………………………………… (87)

　　二 导出功能 ……………………………………………… (87)

　　三 检索功能 ……………………………………………… (88)

　　四 统计功能 ……………………………………………… (89)

　　五 对比功能 ……………………………………………… (90)

　　六 辅助工具 ……………………………………………… (91)

　　七 数据库结构 …………………………………………… (93)

　　八 安装程序 ……………………………………………… (97)

　　九 运行 ………………………………………………… (103)

第四节 PCTC 教材语料库功能演示 ………………………… (104)

　　一 语料导入 …………………………………………… (104)

　　二 语料导出 …………………………………………… (105)

　　　三　语料检索 ……………………………………………………（108）

　　　四　语料统计 ……………………………………………………（116）

　　　五　语料对比 ……………………………………………………（118）

　　　六　辅助工具 ……………………………………………………（119）

　第五节　小结 …………………………………………………………（122）

第四章　基于 PCTC 教材语料库的语言要素研究……………………（124）

　第一节　基于 PCTC 教材语料库的语音负担研究 …………………（124）

　　　一　引言 ………………………………………………………（124）

　　　二　语料来源和研究方法 ……………………………………（126）

　　　三　研究结果与讨论 …………………………………………（128）

　　　四　对汉语教学的启示 ………………………………………（139）

　　　五　小结 ………………………………………………………（141）

　第二节　基于 PCTC 教材语料库的词类分布考察 ………………（142）

　　　一　引言 ………………………………………………………（142）

　　　二　研究对象、研究工具和研究方法 ………………………（144）

　　　三　研究结果分析 ……………………………………………（146）

　　　四　教学建议 …………………………………………………（158）

第五章　PCTC 教材语料库在华文教学中的应用 …………………（160）

　第一节　PCTC 教材语料库在不同教学阶段的应用

　　　　　——以语音教学为例 ……………………………………（160）

　　　一　引言 ………………………………………………………（160）

　　　二　新加坡小学语音教学的现状及存在的问题 …………（161）

　　　三　PCTC 教材语料库辅助语音教学的基本

　　　　　原理和方法 ………………………………………………（164）

　　　四　PCTC 教材语料库在不同教学阶段对

　　　　　语音教学的辅助 …………………………………………（166）

　　　五　PCTC 教材语料库辅助语音教学的优势 ………………（174）

　　　六　小结 ………………………………………………………（176）

第二节　PCTC 教材语料库在不同教学环节的应用
　　　　——以词汇教学为例 ……………………………（176）
　一　引言 …………………………………………………（176）
　二　PCTC 教材语料库在词汇教学环节中的应用 ………（177）
　三　PCTC 教材语料库辅助词汇教学的优势 ……………（180）
　四　小结 …………………………………………………（188）
第三节　教材语料库与多媒体技术的结合
　　　　——以"我的华文动漫书"为例 ………………（188）
　一　引言 …………………………………………………（188）
　二　PCTC 教材语料库与电子动漫教材结合的
　　　理论依据和现实意义 ………………………………（189）
　三　PCTC 教材语料库与电子动漫教材
　　　"我的华文动漫书"的结合 …………………………（191）
　四　"我的华文动漫书"PCTC 教材语料库的主要功能……（193）
　五　小结 …………………………………………………（199）

第六章　基于 PCTC 教材语料库的词汇重现对
　　　　二语习得的影响 …………………………………（202）
第一节　语言重现率与语言习得的关系 …………………（202）
　一　引言 …………………………………………………（202）
　二　教材中词汇重现率对词汇习得的影响 ……………（203）
　三　教学中的重现策略对词汇习得的影响 ……………（205）
第二节　PCTC 教材语料库影响语言习得的实验研究…………（206）
　一　研究问题 ……………………………………………（206）
　二　研究对象与方法 ……………………………………（207）
　三　实验结果 ……………………………………………（208）
　四　讨论 …………………………………………………（210）
　五　小结 …………………………………………………（213）

第七章　总结 ………………………………………………（215）
第一节　主要研究成果 ……………………………………（215）
　一　修订了教材语料库的概念 …………………………（215）

二　建构了新加坡小学华文教材语料库 ………………（215）

三　语料驱动的学习模式与教材语料库的成功结合 ……（216）

四　发现了教材中一些重要的语言规律 ………………（217）

第二节　研究局限和不足 ………………………………（218）

第三节　对未来研究的建议 ……………………………（218）

参考文献 …………………………………………………（220）

# 第一章　绪论

本研究探讨新加坡小学华文教材语料库（以下简称"PCTC 教材语料库"）的设计开发以及如何应用在教材分析和课堂教学实践的相关课题。书中新加坡小学华文教材特指 2007 年由新加坡教育部课程规划与发展司与中国人民教育出版社合作编写的小学华文系列教材，包括《小学华文》《小学高级华文》和《小学基础华文》三套。从容量上看，PCTC 教材语料库属于小型单套教材语料库，或称为"教学语料库"。同广泛收集各类不同水平、不同技能教材为建库对象的教材语料库相比，除了容量大小有别外，PCTC 教材语料库在建库的目的、语料库功能方面也存在差异。

本研究主要目标有三个：一是建构能够满足实际教学需要，具有教学辅助功能、方便检索的新加坡小学华文教材语料库；二是利用该语料库获取语音、词汇等方面的数量及分布信息，开展相关语言要素的研究，并以此为依据，对新加坡小学华文教材各级语言要素配置的合理性作出客观准确的评价；三是探讨如何利用 PCTC 教材语料库辅助华文课堂教学，以及结合语料库开展与华语习得相关的研究。

本研究穿插使用"华语"和"汉语"两个概念。前者是狭义的，专用于新加坡；后者是广义的，泛指汉语普通话。本研究以新加坡小学华文教材为研究对象，因此所建构的教材语料库称为"新加坡小学华文教材语料库"。当探讨新加坡小学华文教材语料库的建构以及在华文教学中的应用问题时，采用"华语"进行称说，而基于新加坡小学华文教材语料库所进行的语言要素和语言习得的研究，具有广泛的适用性，因此采用"汉语"进行称说。

# 第一节　研究缘起

## 一　语料库在语言教学中的应用

语料库在语言教学中的应用主要体现在两个方面：一是语料库作为教学辅助工具的使用，其中包括开发具有语料收集功能的应用软件、为语料库检索设计功能更强大的软件包以及研制各种旨在服务教学的赋码标注软件等；二是语料库方法的应用，主要指的是利用语料库技术分析语料库中收集的语言数据，并将研究成果应用到语言教学的各个领域，如基于语料库的语言要素研究、教学法应用、教材开发和课程设计等。前者涉及语料库的研发和建构，后者则侧重语料库的应用。语料库在语言教学中的应用可分为间接应用（indirect applications）和直接应用（direct applications）两个方面（Römer，2009）（如表 1.1 所示）。

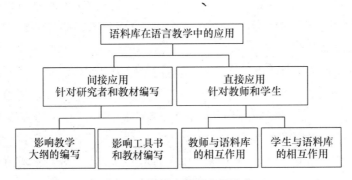

表 1.1　语料库教学应用模式

### （一）语料库的间接应用

1. 编制词汇大纲

语料库间接应用于语言教学的主要领域首先是帮助教材编写者制定词汇大纲。利用语料库强大的数据贮存和检索功能，语言教学专家可找到最常用的语言表达方式、最常使用的词汇、语法等语言要素，以此作为教材编写的依据。这方面的先行者当属 Dave Willis 和 Jane Willis

(1989)。他们编写的柯林斯 COBUILD① 英语课程（CCEC）是依据 2000 万词次的柯林斯伯明翰大学国际语料库（COBUILD）提取出的约 2500 个高频基本词编写而成的。该教材选取的词汇代表了英语在当代真实语境中最常用、最基本的词汇，成为后继教材编写者遴选教材词汇最重要的参照对象。许多学者在评估英语教材词汇选择是否合理时也常以 CCEC 的词汇表作为目标参照词表（Coniam，2004；梁健丽、何安平，2009）。在汉语学术界，较早运用语料库方法研究汉语语言规律的成果是 1985 年由北京语言学院语言教学研究所研制的《现代汉语频率词典》。它通过精选报刊政论、科普、剧本和文学作品、日常口语等领域的口语与书面语语料 180 万字，运用频率、使用度等方法，从词汇的构词、分布、频次、位次、音序、词性等方面筛选出领域词、通用词、常用词等，统计出常用词 8548 个。这是第一份建立在坚实的语料库基础上，最贴近对外汉语教学实际的词表。该词表的诞生对 20 世纪 90 年代汉语水平考试词汇与汉字等级大纲的研制有着重要的影响，也成为编写对外汉语教材的基本参照词表之一。

2009 年，Routledge 出版了一部面向海外学习者使用的 A Frequency Dictionary of Mandarin Chinese（中文译名：《汉语频率词典》）。该词典由 Richard Xiao，Paul Rayson 和 Tony McEnery 合作编写，它收集了当代汉语中最常用的 5000 个词和 2000 个汉字。这份常用字词表出自于容量为 5000 万字，包括了当代口语和小说、新闻等书面语的大型语料库。词条除了列出拼音、词性、英文翻译、例句及例句翻译等内容外，还特别在每个词条旁边标注了字词的使用频率。除此之外，作者还按照 30 个主题对常用词进行了归类列表。该频率词典对海外汉语教学，特别是汉语教材的编写提供了重要的参考资料。

近年来，语料库方法的应用延伸到了专业汉语教学领域。季瑾（2007）通过收集中国 20 世纪 80 年代中期至今的所有商务类汉语教材，利用语料库理论和信息处理技术建立了"商务汉语教材语料库"，从中提取了一份商务汉语等级词语表，并在此基础上尝试突破以往汉语作为

---

① COBUILD 是 COLLINS Birmingham University International Language Database 即"柯林斯伯明翰大学国际语料库"的缩写。1980 年建立，由 Collins 出版社赞助。

第二语言学习词典的编纂方法，提出了编写基于语料库的商务汉语学习词典的理论依据和具体操作的设想。上述个案从不同角度展示了语料库语言学和语言教学的紧密关系。有关语料库应用在教学领域的详细内容将在第二章的文献综述中进行评述。

2. 编写词典或工具书

语料库可以为语言类工具书和教材编写提供丰富的语料素材。这些素材经过加工、处理后可以成为词典选择词条和例句的重要依据，也可以为教师编写辅助教材提供内容丰富且难易度受控的教学资源。许多出版商已经意识到语料库对语言教学的重要性，因此在推销词典时常以所编词典乃"基于语料库"作为卖点之一。例如，哈伯—柯林斯出版集团（Harper Collins）出版的《柯林斯 COBUILD 高阶英语学习者词典》（The Collins COBUILD Advanced Learner's English Dictionary）被认为是利用语料库编写词典最成功的案例之一。它的最大特点在于所有例句均来源于 COBUILD 语料库中的真实语料，与当代英语社会的实际生活贴近。该词典除了提供传统词典原有的拼写、发音、语法、意义、语体、用法、例证、短语、成语、同义词、反义词等信息外，还专门标注了词语的词频信息①以及在具有特殊语用义的词语旁用附加栏标出详尽的语用信息。

柯林斯词典的编写方法对后来的语言词典的编撰影响很大，朗文词典和牛津词典也都利用语料库编写各自的系列英语词典。

语料库间接运用于教学的工作主要是由语言教育专家完成的，教师或学生通过使用语料库的研究成果，如词典、参考书、教材等促进语言学习，他们并没有从语料库中直接受惠，因此，语料库的作用是间接的。与语料库间接运用不同，语料库还可以直接为语言教学服务。

（二）语料库的直接运用

语料库直接服务于语言教学最早出现在英语教学领域。Johns（1991）率先将语料库引入课堂教学。他利用语料库中的关键词检索功

---

① 《柯林斯 COBUILD 高阶英语学习者词典》的频率信息采用菱形符号标注，三个蓝色的菱形表示该词为常用词，两个菱形为次常用词，一个菱形为低频词，无菱形符号则表示该词为罕用词。

能收集特定词语的上下文搭配信息,将其中有代表性的例句提供给学生,学生通过合作学习寻求词语搭配规律,从而掌握词语的正确用法。这种学习方法被称为"语料驱动学习"(data-driven learning)模式。与教师和学生被动使用教材不同,语料驱动学习法直接利用语料库的真实语料进行教学,强调教师、学生与语料库的直接互动,通过教师从语料库中选取教学语料,引导学生分析语料,归纳语言规律,完成语言知识和技能的内化(第二章第四节将详细介绍)。

除 Johns 外,其他学者和教师也对利用语料库开展语言教学进行了大量的探索与实践。例如 Bernardini(2002)利用英国国家语料库(BNC)对学生进行英语教学,发现语料库在辅助学生探索学习方面具有十分积极的作用;Bondi(2001)发现采用特殊用途的专门语料库(language for special purpose corpus)进行语料驱动教学活动对有效提升学生的语言意识大有裨益。这些教学实践活动证明了语料库在辅助语言教学方面具有不可低估的潜能,它不仅改变了传统语言教学的手段,丰富了教学资源,也极大地改善了语言学习的环境(Aston,1997)。

总之,语料库对语言教学所起的积极作用已经得到越来越多学者的认同。基于语料库的教学已成为语言教学的一种自然的、现代化的、必不可少的辅助方法(卢伟,1999)。

## 二 语料库辅助语言教学的不足

### (一) 语料库与语言教学之间的鸿沟依然存在

尽管语料库已经日益显示出强大的功能和应用前景,但令人遗憾的是它在课堂语言教学中的运用范围还十分有限,无论是广度还是深度都不尽如人意。正如 Mukherjee(2004)所指出的,语料库和语言教学之间的鸿沟依然存在,对语料库的种种非议依然不时出现,语料库在课堂教学中的实际应用还十分有限。语料库理论与语言教学之间的接口还不是很多。在中国,利用语料库进行教学的研究起步较晚。在英语教学界,已有学者利用通用语料库进行"语料驱动学习"的研究,取得了一些成果。例如孙静(2007)利用布朗语料库(BROWN)对 68 名高中二年级学生进行英语词汇教学效果的实验研究,研究结果显示,语料驱动学习方法对于高中学生学习词汇帮助明显,尤其对词汇深度知识的学习和对词汇的长久记忆有促进作用。而在汉语作为第二语言教学领域，语料库直接应用于汉语教学的研究成果还十分有限。

语料库在语言教学中的潜能不能得到有效发挥的原因，除了教师和学生对语料库技术和检索工具缺乏了解，对语料库驱动的学习方法存在畏惧心理等主观原因外，还与大型通用语料库自身的缺陷有关。首先，大型语料库由于规模巨大，难免造成大量冗余信息，形成数据烟雾（data smog）。学生或教师在筛选例句时，必须披沙拣金，过滤掉重复或多余的语料，这无疑增加了学习负担。其次，大型语料库的设计开发通常不是或者不全是专门为语言教学服务的，语料库中语料的收集范围、难易度都不受控制。教师若要从中选取适合学生语言程度的教学材料，通常需要对语料库检索出来的语料进行二次人工筛选，剔除内容不合适或难度太大的语料，才能最终选定适合的教学材料。这一繁琐的筛选过程无疑使语料库快捷、准确满足教学需要的有效性大打折扣。因此，徐曼菲（2004）提出应建立小型、有针对性的专门语料库，以作为课堂教学使用教学材料的来源。

特别用途的小型语料库不具备大型通用语料库容量大、语料范围广、代表性强的特点，但由于专用语料库语料来源单一，建库目的性强，常常更符合教学需要，可以更有效地协助教师和学生完成特定的教学任务。例如，Bowker & Pearson（2002：46—47）利用包含10000词的小型专门语料库帮助学习者掌握机械专业的相关词汇和搭配，虽然用关键词检索软件从该语料库中检索到的例句比英国国家语料库中检索到的少，但是例句的专业相关度却很高，对机械专业学习者以及翻译人员掌握相关特殊文本的术语和搭配起到了很好的作用。

（二）教材语料库的建构与应用研究依然薄弱

教材语料库是以教材为语料收集对象而建构的数据库。关于教材语料库的名称，至今尚存在分歧。有关教材语料库的操作定义，我们将在第二章的文献回顾中进行详细探讨。在此我们暂且概括为包含了各类教材信息的语料（含口语、书面语）集合体。

教材语料库在语言教学中的作用长期被忽视。Meunier & Gouverneur（2009：179—201）曾指出，当今出版英文教材的出版商在选材时大都把目光聚焦在母语或学习者语料库上，并据此编写词典和各种词汇、语法教材。而学习者平时所使用的教材反而被"排除在语料库家庭之外",作者质疑这种现象是令人吃惊和不正常的,他们提出二语教学应借鉴最新的研究成果,应将新型教材语料库的理念引进语言教学和教材编写中,以迎接未来语言教学的挑战。在汉语教学界,针对教材语料库的开发和研究尚处在起步阶段。已面世的教材语料库主要有 2001 年国家对外汉语教学领导小组办公室与北京语言大学图书馆联合研制的对外汉语教材检索数据库①、中山大学国际汉语教材研发与培训基地 2009 年开始研发的全球汉语教材信息库以及暨南大学华文学院海外华语研究中心 2010 年研制的东南亚小学华文语料库等。这些语料库从建库目标、语料库规模和语料加工深度方面都存在差异。有些以收集教材信息为主,并不对教材语料作太多的干预和处理②;有些以提取教材字表、词表为主。这类语料库除了提供教材信息外,还对语料进行词性标注③,但建库目标依然局限在语言研究领域。真正面向语言教学需要,能对语料进行加工处理,特别是进行与教学法相关的语言信息标注的教材语料库虽然在西方的英语、日语或德语教学中已经得到应用,例如由 Meunier & Gouverneur 开发的英语教材语料库④(TeMa Corpus)已经对所有语料根据教学法需要进行了标注,为使用者开展教材研究和英语教学提供了便利,但在汉语教学界这类教材语料库还没有问世。因此,建构具有辅助教学功能,既能满足语言研究需要又能促进语言教学的汉语教材语料库便成为当务之急。

## 第二节 课题的提出

语料库对语言教学的助推作用已逐渐为学界所认可,但是理想和现实的落差却依然明显,语料库至今尚未真正走进汉语教学的课堂,学生和教师尚未从日新月异的语料库语言学发展中受益。因此迫切需要针对语料库建构和应用中存在的问题进行深入研究。

---

① 参见网页:http://lib.blcu.edu.cn/xxb/hyjc/index.htm。
② 参见网页:http://www.cntexts.org/study.aspx? cid=119。
③ 参见网页:http://www.globalhuayu.com/corpus_ jc.aspx。
④ 参见网页:http://www.uclouvain.be/en-cecl-tema.html。

本书认为，语料库的教学应用研究应围绕两方面展开。一是针对教材语料库的建构进行研究。教材语料库属专用语料库范畴，与一般的通用语料库既存在共性，又有差异。其中最显著的不同在于教材语料库的语料来源于学生的语言输入，是经过人工筛选和干预的"二手"语料，而非通过随机抽样获得的真实语料，因此教材语料的"语言烟雾"较少。此外，教材语料库的建库目的也有别于侧重语言研究的大型通用语料库，它主要是直接为第二语言教学服务的，帮助教师准确获取教材信息，组织教学资源，以及评估教材的有效性等。这就决定了教材语料库的数据收集较为明确、单纯。教材语料库建构的难点在于语料加工和检索环节，因为教材语料库的标注主要是根据教学需要进行的，除了词性外，教材的语音信息、汉字结构信息通常也是标注的重要内容。这也大大提高了教材语料库的建构难度。因此，教材语料库的标注和检索功能设计是决定语料库质量的关键。

二是针对如何利用教材语料库进行语言信息的统计分析，以及辅助课堂教学的问题进行研究。其中应主要研究如何利用新加坡小学华文教材语料库，进行教材语言信息的统计分析和评估，就教材中的语言要素进行研究，发现教材语言的普遍规律和特殊规律，以及如何利用这些语言资源开展语料驱动教学的方法研究。

本书在研究过程中会涉及语料库语言学、语言教学理论和语言习得理论诸多理论问题。为避免失焦，我们在研究过程中将根据具体的研究需要对上述理论进行分别探讨。

## 第三节　预期研究成果、研究价值及可能面对的困难

### 一　预期研究成果

#### （一）建构面向教学需要的多功能教材语料库

新加坡小学华文教材语料库是面向新加坡小学华文教学与研究的专用语料库。其开发用途明确，功能上力求多元，满足教学与研究的需要。与一般教材语料库相比，它应具有以下几个特点：第一是语料标注应该丰富多样。除了分词和词性标注外，我们还需要对音节的声母、韵

母和声调进行切分，对汉字的内部结构和部件进行切分，满足使用者提取语音和汉字信息的需要。第二是检索方式要多样化。本教材语料库计划设计两种检索方式：一种是利用语料库专设的检索对话框进行语音、汉字、汉字部件、词语、词语搭配的检索，调用教材中的相关例句。另一种是利用课文对话框，通过点选特定字词查询语料库中的例句和相关搭配。这与传统教材语料库只采用第一种检索方式不同。设计课文界面检索的方式完全是出于教学考量。当教师在进行特定课文教学时，如需要获取某个词语在整套教材或某个特定范围内的重现情况，教师无需打开检索界面，而只要在课文中选定并点击该词汇，包含关键词的搭配资料就能及时被调用，这将大大缩短教师查询资料的时间，提高教材语料库辅助教学的效率。

（二）利用教材语料库获取全面、准确的小学华文教材信息

语言教材中的语音、词汇及搭配等信息是二语教学的主要资源，也是重要的教学内容。上述信息在数量、频率及分布方面的合理性将直接影响课堂教学的效果，也是我们评价教材质量的主要参考依据。过去，学者们曾经对新加坡华文教材的语言信息进行了许多研究，取得了一些研究成果。例如，卢绍昌（1989）曾经对新加坡《小学华文教材》的字词频率进行统计分析，获得单字词 2104 个、双字词 5374 个、三字词 2718 个、四字词 1091 个，四字以上词 383 个，这些语言数据使我们对 20 世纪 80 年代新加坡小学华文的词汇学习量有了初步的认识，对我们研究教材词汇有一定的参考价值。但是，由于研究者在统计教材语言时没有对词和短语作严格的区分，造成大量短语被误判为词列入了词表，大大影响了数据的真实性和可信度。加之该研究距今已 30 多年，新加坡社会和学校语言已发生了巨大变化，因此有必要进行重新研究。王惠（2010）也曾利用语料库进行了教材用字与媒体用字的对比研究，她通过比较新加坡三大书面媒体用字与《中小学华文课程字表》，发现《联合早报》《星期五周报》《大拇指》三份报纸的前 2500 个高频字中，分别有 109 个、108 个和 158 个不包括在《中小学华文课程字表》中。另外，《中小学华文课程字表》中有 111 个字在 2004 年《联合早报》中属罕用字，出现频率在百万分之一以下。她认为，这些罕用字将增加学

生的学习负担，"无助于华文水平的提高"①。在此基础上，王惠提出了新加坡教学字表不能照搬中国的常用字表，应该结合新加坡实际，在语料库支撑下制定本地分级字表的主张。王惠的研究关注教学字表与书面媒体用字的关联性，忽略了与新加坡学习者关系更为密切的大量口语词汇，更没有将学生语言输入主要来源的教材用字计算在内，因此其研究结论的科学性还有待讨论。

　　总体而言，卢绍昌和王惠尝试利用语料库进行字词量化研究的思路是值得肯定的，他们的研究结论对今后的华文教材编写也有借鉴作用。但是我们认为，上述研究的广度和深度都不够，许多重要的字词参数还没有提取出来，有些研究领域（语音频率）还没有涉及，许多重要的教学问题还没有得到明确的回答。例如，教材字词的数量是否合理？重现率是否达到有效习得的最低标准？字词的使用度是否合理？各种词类是如何分布的？我们目前尚缺乏对这些重要教材语言信息的收集整理，因此也就无法对新加坡小学华文教材的质量做出准确、客观的评价。本研究将在这方面进行深入研究，采用教材语料库的自动检索与统计软件，配合专门的词性标注系统，对新加坡小学华文教材进行全面系统的统计分析，获取教材中语音、词汇、搭配等相关资料，对小学华文教材字词使用的合理性进行客观的评价。

　　本研究将至少能够提取几份语言信息表，包括教材音节总表、教材汉字总表、教材词汇总表。其他相关的语言信息，如汉语拼音中的声母、韵母、声调信息，汉字部件信息、汉字构词信息以及兼类词信息等都能被检索和收集。

　　（三）利用教材语料库辅助华文教学和语言习得研究

　　利用教材语料库辅助华文教学首先需要开发一个具有教学法标注且检索方便的语料库。目前在新加坡这样的语料库尚未面世。在汉语学界，教材语料库的建设已取得一些成果，但是这些语料库的研究用途远大于教学用途。这无疑是汉语教学的重大缺憾。本研究希望能在这一领域取得实质性的突破，尝试利用语料驱动学习和频率效应研究的理论，

--------

　　① 参见王惠《新加坡华文用字量与教学研究》，《语文建设通讯》2010 年第 2 期，第 22—29 页。

借助新加坡教材语料库的特殊标注和功能设计，提取语音、词汇等语言信息，为课堂教学服务。本研究主要探讨的范围包括教材语料库在不同教学阶段和教学环节的辅助作用和方法，以及教材语料库与网络多媒体技术结合的必要性和可行性。

本研究还将利用教材语料库进行词汇重现率如何影响语言习得的研究。本研究将突破传统研究的局限，从教材重现和教学重现两个角度切入，探讨不同重现方式对词汇习得的作用，为教材语料库辅助语言习得提供坚实的实验数据。

## 二 研究价值

### （一）理论价值

本研究具有理论价值。教材语料库的开发和运用突破了传统的教材编制理论，在教材的内涵、性质、功能等方面都有所发展。我们认为，华文教材不应该是封闭的、静态的，应该呈现出开放性和多样性。要做到这一点，教材形式必须完成两大转变：首先，必须突破以文字为主的纸质形式，实现以多媒体驱动的教材电子化；其次，设计开发与教材内容相关的教材语料库，使教材资源显性化。在完成单套教材的建库目标基础上，我们也可以将多套同质性教材整合起来，形成一主多辅的组合教材，最大限度地发挥教材语料库的作用（吴英成、罗庆铭，2009）。在教材内容方面，我们主张教师应具备了解和掌握教学内容的能力，教师只有对教材内容了如指掌，教学过程才能做到有的放矢。传统的纸质教材无法满足需要，唯一的解决方法是建立教材语料库，实现教材内容的资源化。具体做法有两种：一是对主导教材进行深加工，使教学中的语言信息成为能够被检索、被调用的活材料；二是将大量同质或相关的经过标注的教材资源整合进主导教材中，成为开放性的组合教材。本研究课题主要集中在前一个方面，这项研究相信对教材编写理论的发展会起到促进作用。

### （二）实践价值

1. 教材语料库提供系统可靠的语言资料，避免教学的盲目性

教材是教学内容的序列化集成，是课内外教学活动的重要凭借。对教材内容的系统化掌握是教学取得成效的关键因素之一，也是作为一名

优秀教师的重要特质之一。对传统的华文教学，教师通常是通过教学大纲、教师用书以及平时备课来强化对教材内容的理解，并将这些内容系列化地传授给学生。但是，即使再资深的教师也很难做到完全掌握教材中汉字、词汇、语法的分布情况，更遑论对其重现频率的全面掌握了。正如 Sinclair（1987）所指出的，语言使用者一般不能准确报告他们自己使用过的语言，单靠直觉判断通常也无法精确反映教材的本来面貌。新加坡小学华文教材语料库的建构可以很好地弥补上述不足。基于对新加坡现行小学华文教材的深度开发，其辅助教学的作用是显而易见的。过去，教师在教材使用上处于被动地位，教育部课程编写员编写出教材后，教师多半是被动的执行，对教材是如何编出来的，选材的依据、词语、语法的筛选往往知之不多，教学中难免存在盲目性。典型的表征是教师对教材内汉字、语音、词汇、语法信息无法做到了然于心，对语言信息的分布、频率、重现情况更是视而不见。本语料库对小学华文教材进行了词语切分和标注，对汉字及其汉语拼音的内部结构进行拆析，建立相关的语音库、汉字部件库以及字表、词表等。这些根据教学需要标注的语言信息在语料检索功能的支持下，可以被轻易调用和统计，这对教师了解教学内容，丰富教学手段，提高教学效率都有辅助功效。

近年来，大量的新教师进入新加坡华文教学领域，成为一支规模不小的生力军，为华文教学带来一片生机。但是，新进教师由于教学经验和背景知识都较资深教师欠缺许多，对教材的把握能力也较弱。教材语料库可以突现教材信息，使隐藏在教材中的词汇、汉字、语音信息透明化，这对新教师组织教学、编写练习和评估教学都裨益良多。

本研究还首次将"语料驱动学习模式"（data - driving learning model）的理论和方法引入华文教学中。我们将探讨利用新加坡小学教材语料库辅助华文教学的理论和方法。

2. 统计教材语言信息，为教材语言评估提供依据

教材语言是通过学校教育实现教学目的，以教科书为主要载体的语言。苏新春（2007）将教材语言分为"对象语言"和"叙述语言"。对象语言就是以语言为对象的教学内容。在语言类课程中，如母语的语文教材和第二语言教学的教材，语言成为直接的教学对象，理解语言、掌握语言，成为该课程的直接目的。在语言教学，尤其是第二语言教学

中，学哪些语言知识，学多少，学习顺序如何至关重要，这也是检验教材质量的重要指标。过去，由于受科技水平的制约，人们通常凭直觉进行主观判断，这种判断的结论可能是正确的，但往往由于缺乏有力的证据，说服力不强，也可能引发本来可以避免的争论。例如，新加坡华文教学检讨委员会（1992）认为，新加坡华文教材难度较低，不能满足学生的学习需要；而1999年李显龙政策申明却指出，新加坡华文教材太难，对英文背景家庭的学生造成了困难。上述两种意见的判断依据主要基于当时新加坡华族学生的家庭语言状况，而非中小学华文教材的难易度分析。我们至今也没有看到有关教材的语言数据。对教材语言进行量化分析是教材评估的前提，如果我们能借助教材语料库的力量，对不同教材的用字用词进行数量、频率及分布情况的分析，那么我们就可以得到更可靠的数据，决策的可信度也将大大提高。

对教材语言进行量化分析是一项繁杂而艰巨的基础工作。许多学者已经认识到这项工作的重要性。苏新春（2007）提出了"借鉴相关理论，运用新的方法，从新的视角迅速开展教材语言研究"的建议。他认为当务之急就是建立容纳当前及历史上主要教材的教材语言语料库。有了这样的语料库，有了服务于不同研究目标的精加工，将为教材语言研究打下扎实的基础。

建立新加坡小学华文教材语料库就是要依托语料库技术，利用有针对性赋码标注以及相关的统计软件，将现行教材的语言进行全面、详尽地描述，对其合理性进行评估，进而发现教材的优点和不足，为今后的教材改革及华文教学改革提供准确的第一手数据。

### 三　本研究可能面对的困难

本研究属于理论应用型研究，涉及面广，其中包括语料库语言学的理论与实践、第二语言习得理论、第二语言教学理论、计算机工程学以及汉语语言信息处理的规范、标准等。消化、吸收这些理论知识并将其转化为研究成果是一项意义深远、极具挑战性的浩大工程，教材语料的处理、标注、检验等各个环节都有着众多既繁琐又细致的工作，工程量和操作难度都很大，需倾尽全力方能完成。

# 第四节　研究性质、研究思路、研究方法及总体框架

## 一　研究性质、研究思路和研究方法

### （一）研究性质

本研究属语料库语言学的应用范畴，其研究价值侧重于语言学理论及语言学习理论的应用研究。本研究所涉及的理论主要有语料库语言学的相关理论，语料驱动的学习模式及相关学习理论，其研究成果"新加坡小学华文教材语料库"既具有理论价值也有实用价值。

### （二）研究思路

本研究从新加坡华文教与学的角度出发，首先对新加坡小学华文教材语料库的建构原理的理论基础进行详细阐述；其次从学理上论述教材语料库的基本概念、开发价值和步骤程序；最后运用"语料驱动学习模式"的原理，结合新加坡华文教学的实际，从语音、汉字、词汇等方面着手建构教材语料库，并在充分掌握教材语言信息的基础上，开展相关研究，尝试运用教材语料库辅助华文教学的新方法。

### （三）研究方法

1. 通过文献资料法来评述该研究的理论背景以及研究现状。本研究在搜集、阅读图书馆和互联网文献资料的基础上，对现有涉及教材语料库的研究成果进行系统的分析和梳理，从中了解有关教材语料库的基本问题和研究现状，确立研究框架。

2. 参考基于语料库的研究模式和语料库驱动的研究模式，采用对比研究和统计分析的方法对新加坡小学华文教材语料进行量化研究，通过对教材中语音、词汇的语言构成要素的分析，发现教材语言的基本规律和特点，并以此为基础进行新加坡小学华文教材语言的评估。

3. 利用教材语料库提供的显化信息，进行语料驱动教学的教学法研究，探讨教师如何利用教材语料库开展课堂教学的方法。

4. 利用教材语料库提供的词汇分布信息，进行基于教材语料库的实验研究，利用教学法对比实验和 SPSS 统计软件分析，探讨词汇重现率对汉语作为第二语言习得的影响。

## 二　总体框架

本研究围绕三大目标展开：一是建构新加坡小学华文教材语料库；二是基于所建构的新加坡小学华文教材语料库进行相关的语言要素的研究；三是探讨教材语料库在华文课堂教学及科研中的应用。三大目标之间既相互独立，又相互依存。其中建构教材语料库是本研究的基础和核心目标。它集中反映了作者的研究设想和基本理念。围绕教材语料库建设的总体设想、功能设计、语料标记方案及检索软件设计和实现都会在本教材语料库中得到具体的体现。因此，从严格意义上讲，新加坡教材语料库建设成功与否是能否完成其他研究目标的前提和依托。而教材语言要素的研究则是在教材语料库的基础上展开的。通过对教材语料的高精度提取和深度分析，我们可以获取准确、全面的教材语言信息数据，借助科学的统计分析方法，我们可以发现前人无法发现的教材语言特征和规律，为将来的教材编写和评估提供依据。至于利用教材语料库进行课堂教学研究和语言习得效率研究则是语料库语言学与语言教学结合的应用性研究范畴。本书首次尝试将教材语料库应用在汉语作为第二语言的教学研究中，通过课堂教学设计展示教材语料库辅助汉语教学方面的优势和潜力，为汉语教学的科学化、现代化探索一条可行之路。通过教材语料库开展实验研究，是对语料库功能和效用的检验，目的在于验证教材语言的频率效应是否会对二语教学产生影响，教材语言要素的合理分布和频率是否对汉语作为二语学习的教学至关重要，等等。本书包括七个章节，各章节的主要内容如下：

第一章从问题出发，提出了建构及应用新加坡小学华文教材语料库的意义和前景。本书认为，当前华文教材和教材编写中存在着两个落差：一是数量和质量的反差，二是教材编写者与使用者之间所存在的心理预期的巨大落差。前者反映出教材质量无法满足多元化需求的现状，后者则凸显出教材编写与教材使用之间的脱节。我们在反思教材滞后与教学需求时不应该一味批评教材编写者的专业素养和应变能力，而是如何对教材内容进行加工处理，为编者和用者提供更加准确的教材信息。信息化时代为语言教学创造出无限的发展空间，将资讯科技运用于教材编写中不仅是信息化教学的需要，也是新加坡华文教学课程标准提出的要求。据此，本书提出建构新加坡小学教材语料库的论题，其假设是：信息资源的合理整合和合理运用，可以充分发挥教材资源的优势和潜能，达到理想的教学效果，而教材语料库则是实现教有所依，学有所靠目标的一个强有力的工具。

第二章从历时和共时平面对教材语料库的发展进行全面梳理。本章分三节：第一节概述与教材语料库密切相关的通用语料库和学习者语料库的发展历史和研究现状，重点阐述语料库应用在教学研究方面所取得的成就和不足；第二节集中讨论教材语料库的定义、分类，建构历史和应用现况；第三节则主要从语料库应用的角度评价当前教材语料库所取得的成绩以及存在的不足，分析教材语料库的特点和优势，为本研究奠定理论基础。

第三章主要讨论新加坡小学华文教材语料库的建构。内容包括阐述建构新加坡小学华文教材语料库的目的、原则、方法以及教材库的功能、标注方式、技术运用等相关问题。新加坡小学华文教材语料库直接为新加坡小学华文教学服务，属于专用型语料库，它对语料的深加工、赋码、检索等都有别于通用语料库。

第四章基于所建构的新加坡小学华文语料库开展语言要素研究，运用统计学的理论和方法对新加坡小学华文教材语料的语言信息进行全面的统计分析，重点分析语音负担和词类分布情况，从中获取详细的语音、词汇数据。在此基础上，我们还对新加坡小学华文教材的语言内容进行分析评估，做出评价。

第五章探讨新加坡小学华文教材语料库的应用问题。本章主要从三个角度进行探讨，首先是教材语料库在不同教学阶段的应用，我们以语音教学为例进行分析；其次是教材语料库在教学环节中的应用，我们主要以词汇教学为例进行分析；最后以电子动漫教材"我的华文动漫书"（iFlashBook）为例探讨教材语料库与网络多媒体技术整合的意义、优势和方法，研究教材语料库从传统纸本教材向多媒体教材转型过程中所能发挥的作用。

第六章利用所建构的教材语料库开展与教学相关的实验研究。本研究利用教材语料库开展词汇重现对二语习得影响的实验研究，通过一个小规模的教学法对比实验，证明基于教材语料库的词汇重现对学生提高词汇学习的效益具有积极作用。

第七章是结论部分。本章将对课题研究进行总结，概括研究成果，指出研究中存在的不足以及确定进一步研究的方向。

# 第二章 教材语料库及相关研究述评

## 第一节 与教材语料库相关的研究

### 一 语料库及相关概念

要研究教材语料库，必须首先清楚地了解何谓语料库。以下列举一些有代表性的语料库定义。

Sinclair（1991：171）的定义是：语料库是一个由自然语言文本构成的，能代表某种语言或语言变体的集合体。

Atkins，Clear & Osler（1992）则认为：语料库是一个电子文本库中按照明确设计目标建构而成的文本集。

常宝宝、俞士汶（2009）对语料库所下的定义是：所谓语料库就是一定规模的真实语言样本的集合。

徐曼菲（2004）认为：语料库一般指的是以计算机为载体，以定位检索管理软件为研究工具的大型语言素材的集合体。

从上述定义可以看出，凡语料库都必须具备下述几个条件。首先，语料库是语料的集合，它必须是成规模的，如果只是几个词语或句子就不能成为语料库。但是语料库规模的大小并没有严格的限定，小型语料库的字符数可能只有几万字，而大型通用语料库则可能超过百亿。语料库规模的大小与建构目的有关，通常通用语料库的规模超过专用语料库，书面语语料库的规模超过口语语料库。其次，语料库的语料并不是语篇的简单堆砌，它必须具有代表性，能够从某个侧面反映语言的总体。语料库的作用大小往往取决于它所代表的总体的大小。最后，现代意义上的语料库是以计算机为载体的，因此，它必须能被计算机识别和处理。有学者将语料库的基本属性概括为"样本的代表性、规模的有限性和机读形式化"（McEnery & Wilson，1996；崔刚、盛永梅，2000）。

常宝宝、俞士汶（2009）则更加具体地阐述了现代意义上的语料库所具有的三个基本属性：

（1）收入语料库的语言材料应当取自实际使用的真实文本，对于其应用目标而言，所收录的语言材料应该具有代表性；

（2）语料库应是机器可读的，是运用计算机技术获取、编码、存储和组织的，并支持基于计算机技术的分析和处理；

（3）收入语料库的语言材料经过适当的标注和加工处理，例如经过词语切分或者词类标注处理。

## 二　语料库的类型

语料库的类型可以根据需要从不同侧面进行划分。从用途上可分为通用语料库（generalized corpus）和专用语料库（specialized corpus）。通用语料库一般规模较大，例如，英国国家语料库（BNC）容量为1亿词次，美国国家语料库（ANC）容量为2200万词次，中国国家语委现代汉语通用平衡语料库（MCLC）容量达1亿字符，这些都是著名的通用语料库。通用语料库收集的语料范围较广，语料类型一般不受限制。虽然即使最完善的通用语料库也无法涵盖语言的每个方面，但它们总是力求为使用者提供最全面的语言信息。通用语料库的建库原则就是通用性。中国国家语委现代汉语语料库在使用说明中就明确指出，通用语料库首先要真实地反映现代汉语在文字、词汇、语法、语义等方面的全貌，其次是在语料的选择上，应当具有区别性特征，必须贯彻三个"有别性"，即"有别于专业性、有别于地域性和有别于纯口语性"[①]。通用语料库的参考价值很大，应用范围也很广，通常词典及语法书的编制、有关某种语言总体面貌的研究都需要使用通用语料库，因此利用通用语料库进行语言研究被认为是语言研究成熟化的一个重要标志（Sin-

---

① http：//www.cncorpus.org/CorpusIntro.aspx（下载日期：2014年11月11日）。

clair，1991）。专用语料库是指专为某个特殊用途服务而创建的语料库
（刘连元，1996）。专用语料库的规模可大可小，通常语料类型比较单
一，建库目的是回答某类语言的特殊问题。专用语料库又可以根据不同
语料库的来源、范围、性质等分为特殊的小类，例如，赫尔辛基历史英
语语料库（HC）收集了自公元 850 年至 1710 年的各类英语语料，按每
100 年分段，共计 1570 多万词，是一个研究历时英语的专用语料库。
中国上海交通大学黄人杰、杨惠中教授组织开发的学术英语语料库
（JDEST）于 20 世纪 80 年代建成，是世界上第一个研究学术英语的专
用语料库，规模约 400 万词，其建库目的是为专业英语教学提供通用词
汇及技术词汇的应用信息，培养学生在专业领域运用英语的能力。北京
语言大学的 HSK 动态作文语料库是专门收集汉语作为第二语言学习者
书面语而建成的中介语语料库，规模约 400 万字，该语料库可用于汉语
中介语研究或第二语言习得研究等。

　　按照语料库包含语料种类不同可以分为单语语料库、双语语料库和
多语语料库。单语语料库顾名思义指语料库中只包含一种语言，上文提
到的通用或专用语料库均为此类。双语语料库指语料库中收集了两种语
言文本。多语语料库指语料库中收集了两种以上语言文本。双语语料库
和多语语料库主要是为不同语言之间的比较和翻译而建的。双语和多语
语料库又可以分为平行语料库、类比语料库和多语复合语料库三类。平
行语料库（parallel corpus）也叫"对应语料库"或"对译语料库"，是
指"由原文文本及其平行对应的译语文本构成的双语语料库。其双语
对应程度可有词级、句级和段级几种"（王克非，2004）。平行语料库
又可根据收集文类的多寡进一步分为通用型和特定领域型两小类，前者
所收集的语料包括文学及非文学类文本，可用于多种类型的研究，如北
京外国语大学"通用汉英对应语料库"属前者，其库容量目前为 3000
万词，并在不断扩展中，该语料库的建库理念是"语言与翻译研究并
重"，"可应用于语言研究、翻译研究、教学研究、双语词典研编等"
（王克非，2004：73）；后者则以单一文本为建构对象，如《红楼梦》
平行语料库、法律法规语料库等（黄立波、朱志瑜，2013）。类比语料
库（comparable corpus）是由同一语言不同变体的文本或不同语言的文
本构成的语料库。两种独立文本其中一个是原语文本，另一个为同一语

言的其他某种或某几种语言的翻译文本。两者在语域、语言类型、时间、跨度方面应具有相似性，在长度方面应具有可类比性。翻译语料库在原语作者和译者的广泛性方面应具有代表性（参见 Baker，1995；武光军、王克非，2011）。例如，Laviosa-Braithwaite（1996）创建的英语类比语料库（ECC），包含了两个语料库，其中一个是收集了包括英语原文的非翻译语料库（Non-Translational English Corpus）。类比语料库的建库目的是对某种自然生成语言的原文和翻译文本进行对比，发现两者之间的异同。多语复合语料库（multilingual corpus）是根据相似建构标准创建的两个或多个单语语料组合而成的复合语料库。不同语言完全都是原文文本，彼此没有翻译关系。例如 ECI/MCI 语料库（European Corpus Initiative Multilingual Corpus）是一个语言种类多、容量大，标注完备的多语复合语料库。该语料库 1994 年创建，内部分 46 个子语料库，包含了 27 种欧洲和亚洲语言（如西班牙语、挪威语、葡萄牙语、俄语、汉语、日语等）。上述三类语料库的主要区别在于语料库的文本之间是否具有对应关系或翻译关系。双语或多语语料库对翻译理论、翻译教学和培训具有重要作用。

按照所收集语料库的时间跨度分，语料库可分为共时语料库和历时语料库。共时语料库（synchronic corpus）是为研究某个特定历史阶段语言生活面貌或进行共时语言变体研究而建构的语料库。共时语料库对收集语料库的时间跨度有较严格的限制。例如，国际英语语料库（International Corpus of English）所包含的语料库均为 1989 年以后的，语料库收集的范围包括英国、美国、澳大利亚、加拿大、东非、中国香港等五大洲使用英语为主要媒介语的国家和地区，其目的是比较这些地区使用英语的异同点（Nelson，1996）。中国香港 LIVAC 共时语料库①从 1995 年建库伊始就坚持不断地共时收集、加工和分析来自包括香港、澳门、台北、北京、上海、广州、深圳以及新加坡、日本等地区和国家具有代表性的中文报纸与其他媒体的新闻报道，每次各地同步收集 5 万字，十多年从不间断，该语料库对研究不同地区汉语变体深具参考价值

---

　　①　中国香港教育学院语言资讯科学研究中心 LIVAC 共时语料库（http：//www. livac. org）。

（邹嘉彦等，2011）。历时语料库（diachronic corpus）也叫历史语料库，是以收集某种语言不同历史时期的语料而建构起来的语料库。它的建库目的是研究某种语言的历时变化轨迹，由于现实原因，历时语料库一般以收集书面语为主，但也有少数语料库如赫尔辛基方言语料库（Helsinki Dialect corpus）也收集口语语料。北京语言大学汉语语料库（BCC）总字数约150亿，包括现代汉语（130亿）和古汉语（20亿）等多领域语料，是全面反映中国古今社会语言生活面貌的大规模历时语料库。共时语料库与历时语料库的时间间隔并没有统一的标准，判断的基本依据一看收集的语料是否具有历时性，二看收集语料的过程是不是历时或动态的。

按照语料库语料的语体类型，语料库可分为书面语语料库、口语语料库和混合语料库三种。书面语语料库（written corpus）是指专门收集书面语语料而建成的语料库。例如，世界上第一个现代语料库布朗语料库（Brown University Standard Corpus of Present – Day American English）所收集的100万词的语料全部都是书面语。这些语料分为15个类别500个样本，每个样本有2000词。布朗语料库的建库目的在语言对比研究，因此在语体选择、样本类型、数量规模等方面都做了系统性的设计，后来许多语料库都沿用了这种设计方法，逐渐形成了一个语料库系列，这就是著名的布朗家族语料库（Corpora of the Brown Family）。又如富士通北京大学新闻语料库是北京大学计算语言学研究所和富士通研究开发中心有限公司共同开发的书面语语料库，该语料库的语料来自1998年《人民日报》的新闻，共计2600万字。口语语料库（spoken corpus）是专门收集各类口语语料而建成的语料库。例如，伦敦—隆德语料库（London – Lund Corpus）是世界上第一个机读口语语料库，语料来自1953—1987年的英国口语，语料包括对话（面对面讲话、电话通话与公开讨论等）和独白（自发的讲话，有准备的演讲）两种，总容量为50万词。该语料库不仅为英语口语研究提供了宝贵的资源，而且为后来口语语料库的建设提供了范本（刘满堂，2004）。口语语料库的建库成本很高，因此规模通常较小，100万字以上的口语语料库就算是大型语料库了。混合语料库是指包含了口语和书面语两种语料的语料库。目前世界上多数语料库都属于此类，混合语料库中口语和书面语的语料比例通常是不平衡的，书面语占绝对优势。例如北京大学现代汉语语料库的总容量超过 15 亿个，其中口语语料（包括戏剧、电影、相声、生活口语等）只有 2900 多万个，仅占 2.5%。

语料库的分类方法很多，上述分类是目前比较常见的几种。需要特别指出的是，语料库的归类通常并不是唯一的，其中存在交叉归类的情况，例如，新加坡小学华文语料库按不同分类法可分别归入专用语料库、单语语料库、共时语料库和书面语语料库等。从理论上说，上述语料库都可对语言教学起到辅助作用，但从客观上看，有些语料库的作用会更加明显。就课堂教学而言，有三类语料库特别重要，它们是通用语料库（generalized corpora），专用语料库（specialized corpora）中的学习者语料库（learner corpora），以及教学语料库（pedagogic corpora）。以下我们将分别介绍一些在语言教学中影响较大的语料库。

### 三　汉语通用语料库

世界上第一个机读通用语料库布朗语料库创建于 1961 年，第一个机读口语语料库伦敦—隆德语料库于 1975 年开始研制。相对而言，汉语语料库的研制与开发比英语稍晚一些。1979 年，中国开始了机读语料库的研制工作，1983 年相继建成了两个通用语料库，北京语言学院的现代汉语词频统计语料库和北京航空航天大学的现代汉语语料库。90 年代后又陆续建成了一批国家级通用语料库，包括国家语言文字工作委员会建立的现代汉语通用平衡语料库（1991）、富士通研究开发中心和北京大学计算语言学研究所合作的富士通北大新闻语料库（1999）、北京大学中国语言学研究中心的 CCL 现代汉语语料库（2003）、北京语言大学汉语国际教育技术研究中心研制的北京语言大学现代汉语语料库（2014）（Feng，2002）。

（一）北京语言学院"现代汉语词频统计语料库"

"现代汉语词频统计语料库"是 1980—1983 年由北京语言学院（现北京语言大学）语言教学研究所立项，与中国社会科学院语言研究所合作创建的。它的语料采集自五四运动以来各种题材和体裁的文学作品，包括 4 大类 179 种，语料选择基本上体现了综合、平衡的特点：第一类，报刊政论文章及专著，44 万字，占总语料的 24.39%。第二类，科普书刊，28 万字，占总语料的 15.73%。第三类，剧本及日常口语材料，20 万字，占总语料的 11.17%①。第四类，多种体裁的文学作品，88 万字，占总语料的 48.71%。该语料库是为汉语作为第二语言教学服务的，为教师设计教学大纲、编写教材提供汉字、词汇等方面的科学依据。该语料库在词汇切分和统计方面有所创新，例如，制定了系统的汉语词汇切分标准，在统计方面不仅计算词频，而且同时兼顾字频、组词能力和词长的统计分析。另外，该语料库还将使用度的概念引进词汇统计中，认为词汇的常用度是由词汇的使用频率和词汇在不同年级的分布状况共同决定的。使用度的概念对教师全面理解词汇的常用性具有重要意义。该语料库的主要成果是出版了两本有影响的频率词典②。其中《现代汉语频率词典》被认为是中国最早的一部字词统计兼顾的频率辞典，统计结果具有很高的客观性、准确性（李兆麟，1989）。两部频率词典中的字表、词表对后来的汉语教学和教学大纲编写起到了重要作用。例如，汉语水平考试汉字和词汇等级大纲的制定就参考了这个语料库的研究成果。但是，该语料库也存在不足，例如，该语料库的主要语料多选自改革开放前的文学作品，不能反映现代中国的语言生活面貌，加上一些语料的政治色彩比较浓厚，因此该语料库统计出来的常用词存在偏颇。

（二）北京航空学院"现代汉语词频统计语料库"

该语料库由北京航空学院等 11 个单位联合创建，1985 年 3 月完成，通过国家鉴定。它是中国早期汉语语料库中规模最大的一个。"现代汉语词频统计语料库"收集了 1919—1982 年的原始语料约 3 亿字，从中抽取样本约 2500 万字，经筛选后再利用计算机对其中的 2100 多万字的语料进行了自动分词和频度统计。统计结果编成《现代汉语用字频度表》，其中包括文体生活、历史哲学、政治经济、新闻报道、文学艺术、建筑运输、农林牧渔、轻工业、重工业、基础知识十种用字频度表，并建构了一个有 52 个属性的汉字信息库，编制出一个含 13 万词条

---

① 北京语言学院语言教学研究所：《现代汉语频率词典》，北京语言学院出版社 1986 年版。

② 这两部词典分别是：北京语言学院语言教学研究所编：《现代汉语频率词典》，北京语言学院出版社 1986 年版；北京语言学院语言教学研究所编：《汉语词汇的统计与分析》，外语教学与研究出版社 1985 年版。

的计算机词典。该语料库的另一个重大贡献是首次建立了一个具实用价值的汉语自动分词系统（the modern printed Chinese distinguishing word system），建立起中国第一个完善的现代汉语统计软件系统（刘源、梁南元，1986）。但到目前为止，我们尚未见到利用该语料库进行语言研究的任何成果。

（三）富士通北京大学新闻语料库

富士通北京大学新闻语料库是富士通研究开发中心和北京大学计算语言学研究所合作，以《人民日报》1998年全年2600万个汉字语料为收集对象制作的大规模汉语标注语料库，这个语料库从1999年4月开始研制，2002年4月初步建成，到2003年语料规模已进一步扩展到3500万个汉字，是同期世界上规模最大的汉语标注语料库之一。该语料库的加工项目包括词语切分和词性标注，包括专有名词（人名、地名、团体机构名称等）标注，语素子类标注，动词、形容词的特殊用法标注和短语型标注。而所有的标注都是以北京大学的《现代汉语语法信息词典》为基础词库，在加工规范的指导下标注的，分词也尽可能与中国国家标准GB13715《信息处理现代汉语分词规范》相一致，词性标注也尽可能使用小标记集。下面是一段语料标注的示例，来自《人民日报》1998年1月1日第5版第1篇文章的第11段：

我国的国有企业改革见成效。位于河南的中国一拖集团有限责任公司面向市场，积极调整产品结构，加快技术改造和新产品研制步伐。图为东方红牌履带拖拉机生产线。（赵鹏摄）

标注后的形式是：

我国/n 的/u 国有/vn 企业/n 改革/v 见/v 成效/n 。/w 位于/v 河南/ns 的/u ［中国/ns 一拖/j 集团/n 有限/a 责任/n 公司/n］nt 面向/v 市场/n，/w 积极/ad 调整/v 产品/n 结构/n，/w 加快/v 技术/n 改造/vn 和/c 新/a 产品/n 研制/vn 步伐/n。/w 图/n 为/v 东方红牌/nz 履带/n 拖拉机/n 生产线/n。/w （/w 赵/nr 鹏/nr 摄/Vg）/w

在每一个切分出来的词和标点符号后面，是该词语的标记。譬如词性标记（n，v，a，u，m，w等），专有名词标记（nr，ns，nz等），语素子类标记（Vg等），动词和形容词特殊用法标记（vn，ad）。

该语料库还在自动加工的基础上进行了大量的人工加工，采用人机结合的策略，使分词和标注的正确率达到了相当高的水平。但是，该语料库的语料比较单一，仅限于报刊语料，因此也就限制了其应用的范围，目前基于该语料库的研究和应用还比较少见。郭慧志等（2005）首次利用该语料库经过词性标注的语料进行了汉语词汇兼类情况的统计分析，发现汉语兼类情况十分严重。王治敏、杨尔弘（2012）通过该语料库与广播电视的口语语料的对比研究，考察汉语常用动词在不同类型语料库的历时分布特征，为汉语教学提供了参考数据。

（四）现代汉语通用平衡语料库

现代汉语通用平衡语料库属于大型通用语料库，由中国国家语委创建。该语料库的建库目的有四项：一是处理语言文字的信息；二是为语言文字规范和标准制定提供数据；三是进行语言文字的学术研究；四是促进语文教育和语言文字的社会应用。该语料库1990年开始组织语言学家和计算专家进行筹建，截至2009年，该语料库全库规模达到约1亿字符，其中标注语料库为全库的子集，约5000万字符，而目前提供在线检索的国家语委现代汉语语料库包括2000万字的语料。

该语料库的语料包括人文与社会科学、自然科学及综合三大类，下分40个小类。其中人文与社会科学类的语料占50%，自然科学类语料占30%，综合类语占20%。该语料库的特点是规模大，语料分布范围广，语料年限密度合理，其中有3000万字的语料是1997年以后的新语料，故为名副其实的平衡语料库。徐婷（2006）利用该语料库进行了行业词语通用化研究，从中提取到行业词语22283条，并对"行业词语通用化的轨迹、类别、过程、条件和原因都作了清晰的展示"。苏新春（2007a）利用该语料库进行了现代汉语核心词的提取，获得许多重要的词汇信息，包括语文词与非语文词的比例（69∶31），通用词与行业词、方言词、古语词的比例（76.6∶21.5∶1.1∶0.7），以及核心词库的特点，包括口语词与书面语词之间存在明显差异，异形词普遍存在，语料库总词表与"断代词汇"之间存在非等同性等。

（五）北京语言大学现代汉语语料库

北京语言大学现代汉语语料库（BLCU Chinese Corpus，简称 BCC）由北京语言大学汉语国际教育技术研究中心研制，2014 年 9 月 3 日正式上线。[①] 该语料库的建库目的是为汉语研究、社会学研究和语言教学提供第一手的语言材料和统计数据，为进一步推进语言信息化建设的进程提供动力。BCC 语料库的总语料规模达到 150 亿字，属第三代超大规模通用语料库，也是目前汉语开放语料库中规模最大的一个，它比现代汉语通用平衡语料库（2000 万字）和北大 CCL 语料库（3 亿字）的容量整整大了两个量级。该语料库的语料包括报刊（20 亿字）、文学（30 亿字）、微博（30 亿字）、科技（30 亿字）、综合（10 亿字）和古汉语（20 亿字）等多领域语料，是一个能够全面反映中国社会语言生活面貌的大规模语料库。BCC 语料库具备自动分词和词性标注功能，可以支持字符串的全文检索，还支持北京大学词性标注体系下的词性串和句法检索。与此同时，它还根据语料类型开辟了垂直搜索功能，这在国内尚属首创。它的系统检索模式的多样性和对用户友好的界面设计也符合当今潮流，汉语国际教育技术研究中心的 BCC 系统是顺应语言学科大数据潮流的典范成果。该语料库刚上线提供免费服务，因此还未见相关的研究成果。

（六）小结

中国通用语料库的研发和应用至今已经有 30 多年，20 世纪 80 年代的主要成果表现在三个方面：一是语料库建构规模不断扩大，早期的北京语言学院语料库容量只有 183 万字，可到了北京航空学院语料库猛增到 2100 万字。语料库规模扩大为汉语字词和语法研究打下了坚实的基础，使词表、字表的研究获得强大的语料支持。二是制定了一系列语料库语言学研究相关的规则和标准，开发出中国新一代高质量的分词、标注软件，这些软件为语料库功能的拓展创造了良好的条件。三是研制

---

① 参见 http：//bcc. blcu. edu. cn/BCC。

出一批基于语料库统计的字表、词表，这些字表、词表不仅为开发基本词库、通用词库、专用词库提供了客观、准确的统计资料，而且带动了语音、口语、句法、文字等方面的统计研究。20 世纪 90 年代以后，中国通用语料库的研发突飞猛进，容量呈几何式增长，从几千万字扩大到几亿字甚至上百亿字。语料的范围比以往更加广泛，分布也更加合理。例如，现代汉语通用平衡语料库语料的时代特征和分布比例都较以往有了显著提高，语料库功能更加强大。目前的语料库已经能够实现各种词类和句法检索，准确性可达 98% 以上。另外，语料库资源的利用也更加开放，可以免费使用的通用语料库包括北京大学中国语言学研究中心的 CCL 现代汉语语料库①、教育部语言文字应用研究所计算语言学研究室开发的现代汉语语料库②、北京语言大学现代汉语语料库③和台湾中研院语言所开发的现代汉语平衡语料库④。这些大型语料库为汉语定量研究和教学应用提供了重要的平台。

　　与语料库建构的突飞猛进相比，基于语料库的语言研究和教学研究似乎进展缓慢。胡明扬（1992）认为，通用语料库可应用的领域应包括字频、词频统计，语词库建设，词典编纂，语言文字规范化研究，语法研究以及其他一般性的语言文字研究。笔者获得的研究资料显示，当前通用语料库的应用范围主要集中在词汇和语法研究方面。邹小宇（2012）利用 CCL 语料库对名词转形容词的总体分布特征及其分布概率进行了描写，吴佳凝（2013）也利用该语料库进行了汉语名词搭配的研究。丁喜霞（2014）则利用国家语言资源监测语料库对汉语单双音节常用词进行了对比研究。从上述介绍可以看出，通用语料库的应用范围很窄，距离胡明扬提出的目标尚有距离，与国外通用语料库的应用研究相比更是差距明显，将通用语料库直接用于语言教学的应用研究几乎是一片空白。只有汉语水平汉字词汇大纲研制是例外，该研究应用了北京语言学院的现代汉语语料库，开创了汉语语料库应用于语言教学的先河。

---

① 参见 http://ccl.pku.edu.cn：8080/ccl_corpus/。
② 参见 http：www.cncorpus.org。
③ 参见 http://bcc.blcu.edu.cn/。
④ 参见 http://app.sinica.edu.tw/kiwi/mkiwi/。

## 四　学习者语料库

学习者语料库（learner corpus）是专门收集学习者在自然状态或学习情境中使用目的语语料而创建的语料库，属专用语料库的一个分支，也是语料库研究中较为活跃的一支。学习者语料库的建库目的是利用中介语研究学习者语言习得的普遍规律和特殊现象。学习者语料库的特点源于语料的特殊性，由于学习者语料库的语料来自学习者，在分类和标注时就必须考虑学习者的类型和特点。另外，学习者语料一般不是标准语料，其中保留着学习者错误使用语言的痕迹，有些甚至还有学习者母语的遗留，因此，对语料的处理、标注就显得特别重要。

学习者语料库建设的历史较短，大约起步于 20 世纪 80 年代（Granger，2004：123）。1984 年，卡内基·梅隆大学的 Brian Mac Whinney 和 Catherine Snow 创建了儿童语言数据交换系统（CHILDES），这是已知的最早的学习者语料库。它是为第一和第二语言习得研究服务的。该语料库包含了 20 多种语言的 130 多个子语料库，总语料规模超过 3000 万词。其他著名的英语学习语料库有国际英语学习者语料库（The International Corpus of Learner English）、朗曼学习者语料库（The Longman Learner'Corpus）和剑桥学习者语料库（The Cambridge Learner Corpus）等。中国学习者语料库的建设是从 20 世纪 90 年代开始的，2003 年，桂诗春和杨惠中建构了 100 万词的中国学习者英语语料库（CLEC）。该语料库对学习者的语用偏误进行了分类、标注和统计，生成了词频排列表、拼写失误表、词目表、词频分布表、语法标注频数表和言语失误表等，为英语习得研究收集了宝贵资料。其他英语学习者语料库还有杨惠中、卫乃兴（2005）开发的中国学习者英语口语语料库（COLSEC）和文秋芳、王立非等（2008）开发的中国学生英语口笔语语料库（SWECCL）。在中国，汉语学习者语料库的建设始于 1995 年，比英语学习者语料库的建设时间更早，无论在语料库开发还是应用方面都建树颇丰，以下将详细回顾。

### （一）汉语中介语语料库系统

汉语中介语语料库是 1995 年由北京语言学院的储诚志、陈小荷主持建立的。创建工作从 1993 年初开始，1995 年 11 月结束，历时近三年。该语料库的语料全部来自在华学习的 96 个国家和地区的 1635 位留学生的作文和练习材料共 5774 篇，总计 3528988 字。创建者根据抽样原则从中抽取出 740 人的 1731 篇语料，共 44218 句，计 1041274 字，并对此样本进行了分词、词性标注以及其他语言学标注，最后建成数据库。

该语料库的建设遵循了较严格的设计程序，其基本流程包括：（1）总体设计；（2）语料收集；（3）文字预处理；（4）语料录入和校对；（5）作者属性和语料标注；（6）属性登录与校对；（7）文本过滤；（8）文字预处理信息登录；（9）抽样；（10）断句与断句校对；（11）分词与分词校对；（12）词性标注与词性校对；（13）检索系统设计。在每一个环节都要先进行实验研究，再确定方案，最后才全面实施，以确保建库工作准确、高效。

汉语中介语语料库语料的属性标注十分详细，包括作者姓名、性别、年龄、国别、是否华裔、第一语言、熟悉的其他外语、文化程度、性格类型、学习汉语的动机、写作语料时所在学校、年级、学时等级、所学主要教材、入学时间、原汉语学时、原汉语学校、原汉语教材、本篇语料类型、话题类型、语料长度、写作时间、提供者等 23 项。此外，系统还为每篇语料标注了作者代号和文件名。

在语料标注方面，该语料库还根据设计需要进行分层次、多角度的标注。如在汉字方面，对错字、别字、繁体字、拼音字进行标注，并登录了相应的规范形式；在词语方面，进行词语分词和词性标注，对不规范的形式进行索引标记；在句子方面，对所有语料进行了断句处理；在语篇方面，对话题类型、语篇长度、段落安排等进行了标记。

为了提高建库效率，该语料库还专门设计开发了数十个应用软件，对语篇属性登录、文本过滤、文字预处理信息登录、语料抽样、断句、分词、词性辅助标注、词性自动标注等环节的数据进行自动化加工处理，取得了事半功倍的效果。

汉语中介语语料库语料的研制成功标志着中国对外汉语教学领域的语言学习理论研究进入实质性阶段。它不仅是对外汉语教学研究、中介语研究和汉语研究、偏误分析的宝贵资源，而且也为汉语中介语研究、汉语本体研究提供了科学便捷的集成环境和先进的技术手段，不愧为当时具有世界水平的学习者语料库。

（二）HSK 动态作文语料库

HSK 动态作文语料库①是一个由国家汉办立项资助，北京语言大学崔希亮教授主持开发的学习者语料库。语料库于 2003 年 7 月开始研制，2006 年 12 月，语料库 1.0 版建成并上网试运行，经过补充修改，语料库 1.1 版正式开放。该语料库共收集了母语非汉语的外国人参加高等作文考试的答卷语料 11569 篇，共 424 万字。语料库为用户提供了标注语料和原始语料两种版本。标注语料指的是在考生作文答卷上经人工标出各种中介语偏误的语料，原始语料指的是考生原始作文的电子扫描语料。

该语料库在标注方面基本上沿用汉语中介语语料库系统的方法，但有些部分更加详细，例如在汉字处理方面，除了错字标注、别字标注、繁体字标注、拼音字标注外，还增加了异体字标注、漏字标注、多字标注等；在词处理方面，该语料库进行了错词标注、缺词标注、多词标注、外文词标注、离合词错误标注等；在句处理方面，包括了句子成分残缺或多余的错误标注，各种特殊句式的错误标注，语序、动词重叠、句式杂糅、未完成句等方面的标注；在篇章处理方面，包括了句间连接手段错误标注，语义表达错误标注；在标点符号处理方面，包括错误标点标注、空缺标点标注、多余标点标注。上述所有标注项目均可以进行偏误统计和分析。

为了让使用者详细了解语料信息，语料库还提供了历次考试的时间、地点和作文题目，以及考生信息，包括考生国籍、性别、作文分数、口试分数、客观试卷中听力、阅读、综合表达各部分分数，以及参加高等汉语水平考试的总分数，是否得到汉语水平证书以及证书等级等信息。

该语料库是专门针对母语非汉语的汉语学习者而设计的中介语语料库。语料库建设者希望通过利用语料库中的作文语料，进行多方面的汉语教学研究。例如汉语中介语研究、第二语言习得研究、对外汉语教学

---

① 参见 http://202.112.195.192：8060/hsk/index.asp。

理论研究、对外汉语教材研究、汉语水平考试研究、与对外汉语教学相关的汉语本体研究等。这些研究对提高汉语教学、汉语测试、汉语本体研究等方面的水平具有重要意义。

（三）中山大学汉字偏误标注连续性中介语语料库

中山大学汉字偏误标注连续性中介语语料库（简称"中大汉字偏误标注语料库"）由中山大学逻辑与认知研究所和中山大学国际汉语学院联合研制开发。① 该语料库设有汉字语法标注版和汉字标注版两个入口。前者附带字、词、句等语法偏误标注，后者则专设错别字标注。前者开发时间较早，文本包含分词和词性标注，偏误标注包括错别字、词汇、语法等各种偏误标注，规模大约44万字。后者是专为汉字偏误分析而开发的，因此偏误标注仅保留汉字偏误标注，汉字语法标注版中的文本分词和词性标注也被取消。截至2013年8月，汉字标注版已经处理语料310多万字。这些语料均收集自2003年以来留学生的字句练习和作文等。

该语料库的语料来源较广，共收录了62个国家的学生语料，其中韩国学生的语料最多，达1398篇，占整个语料库的41.99%。该语料库还对学生汉语水平进行了详尽分类，共分出初1到初4，中1到中4，高1高2，本1下到本4下等17个类。这种分类方法大致可以反映出学生的汉语水平层级，对汉字偏误的纵向研究很有帮助。

在语料信息处理方面，每篇语料分别登录编号、作文题目、国别、级别、性别、年龄、学习时段等基本属性，并由专人校对和标注。所有语料还附带扫描件，以方便用户查对语料原貌（张瑞朋，2012、2013）。在错字标注上，该语料库将汉字偏误标注为错字（CZ）和错别字（CBZ）两类，简单明了，为了显示错字的形态，还采用truetype工具描画字形，以图片形式保存，方便用户编辑使用。

中大汉字偏误标注语料库建库有三个显著特点：一是语料类型多样且具有层次性。语料种类方面既有学生平时作业，也有平时作文；语料层次方面包含了初、中、高水平的学习者语料。二是建库目标明确。该语料库只针对汉字偏误进行标注，可避免标注繁杂所带来的不必要的人

---

① 参见 http://cilc.sysu.edu.cn/。

为错误。三是在偏误字的显示方面也十分人性化，采用 truetype 工具描画错字字形，可让研究者直观感受偏误状态。

（四）暨南大学留学生书面语语料库

暨南大学留学生书面语语料库是暨南大学华文学院海外华语研究中心郭熙教授和刘华教授组织研发的中介语语料库。① 该语料库是由东南亚华裔留学生作文语料库发展而来的。语料主要收集自在华学习汉语的留学生的汉语作文，包括平时作文和考试作文。学生写作以记叙文为主，包括记人与叙事两个方面，此外也有书信、说明文、议论文、应用文等。应用文包括请假、启事、个人简历、求职信等，商贸专业的学生会比较多地练习商贸信件的写作。语料的写作时限从 2001 年到 2010 年，语料规模大约 400 万字。单篇语料的长短是根据学生汉语水平的不同决定的，最短的大约 200 字，最长的大约 1500 字。该语料库的建库步骤如下：

1. 复印。复印作文，原件归还学生，只保留复印件。

2. 录入。采用人工输入的方法将作文录入电脑，保存为文本文件。录入忠于原文，保留作文词语与句式使用的原貌。

3. 校对。对录入结果进行人工校对，尽量保证录入准确无误。

4. 信息记录。记录作者姓名、国籍、年龄、汉语水平、写作时间等信息。

暨南大学留学生书面语语料库目前仅完成了建库工作，并已免费开放给用户使用，但是偏误标注并未进行，建库者下一步工作将进行偏误的标注，并提供相关检索服务。暨南大学留学生书面语语料库为华语教学和科研提供了大量的、有价值的中介语资源。利用该语料库已经产生了一些科研成果。

（五）其他中介语语料库

台湾师范大学汉语学习者汉字偏误数据资料库（简称"台湾师大汉字库"）是邓守信教授主持开发的汉字偏误语料库，该库自 2006 年 8 月开始研制，2009 年 7 月完成，历时 3 年，是迄今为止第一个专门针对汉字偏误开发的语料库，也是第一个所有语料是以繁体字录入的语料

---

① http://www.globalhuayu.com/corpus3/Search.aspx.

库。该语料库的语料主要来自非日韩的外国留学生，语言程度分初级、中级和高级。语料类型主要以书面语为主，包括考卷、作业、练习等。在偏误标注方面，该语料库将汉字偏误按偏误类型分为缺省、增补、代换、分合、错位、特殊笔画、镜像、变形、合字 9 大类，16 小类。所有错字都以图档方式储存，以便检索。

目前已建成或在建的中介语语料库还有肖奚强等人开发的南京师范大学汉语中介偏误信息库，该库自 2004 年开始建设，语料来自留学生的作文，语料规模近 90 万字（周文华、肖奚强，2009）。

苏州大学于 2010 年建成了一个小型的外国学生的口语中介语语料库，转写成的加注文本共计 30 余万字。该语料库收录自 22 个国家和地区的 113 名外国学生的 689 段口语录音（陆庆和、陶家骏，2011）。

鲁东大学目前也正在开发专门针对韩国学生的国别化中介语动态语料库，该项目由鲁东大学国际交流学院胡晓清教授主持，获得国家社会科学规划重点科研项目资助。截止到 2012 年 9 月已加工完成语料 250 多万字。该语料库采用多层偏误标注，能够进行多种类型的检索（刘丽媛，2013）。

（六）中介语语料库应用研究

汉语中介研究起步较晚，研究方法也比较落后，语料多取自零散的学习者作文、练习，利用有限偏误语料对学生的语言错误进行描写和分析，研究结果往往缺乏客观性和普遍性。直到 21 世纪，随着上述中介语语料库的建成和开放，基于中介语语料库的教学研究也逐渐展开，这种局面才得到根本改变。研究领域从原来的侧重语法研究和注重偏误分析延伸到习得研究领域，以下举要说明。

1. 基于中介语语料库的词汇、语法研究

基于中介语语料库的词汇、语法研究的主要成果当首推张博（2008）的《基于中介语语料库的汉语词汇专题研究》和赵金铭（2008）的《基于中介语语料库的汉语句法研究》两部专著。这两部专门研究中介语的著作，其主要语料来自北京语言大学的汉语中介语语料库，也有一些是来自文学作品语料库或作者自己创建的数据库。《基于中介语语料库的汉语词汇专题研究》的主要贡献首先是利用中介语语料库发现了二语学习者词汇误用的特点，提出了采用易混淆词取代同义词辨析的教学策略；其次是采用统计的方法，探明了中介语中118个汉语常用多义词的义项分布和偏误规律；最后是利用分国别的中介语语料库数据，对印度尼西亚、韩国、蒙古和欧美等国学生词类偏误进行了专项研究，内容涉及动词、离合词和量词的使用偏误分析等。上述研究成果对提升二语教学整体水平以及进行针对特殊类型学生的差异教学提供了十分重要的依据。

《基于中介语语料库的汉语句法研究》由上编和下编两部分组成。上编主要利用北京语言大学的中介语语料库对学生的各类语法使用情况进行大规模的调查、统计和分析，对学生的语法习得状况进行描写和分析（赵金铭，2008：1）。该书的研究范围包括词类和句法两方面，词类方面主要涉及介词、否定副词、程度副词和量词等，句法方面则聚焦于补语。研究方法比较灵活，除了大规模的语料统计分析，描写学习者的语言习得状态，分析偏误原因以及针对偏误提出相应的教学策略等外，本书也采用了定性分析和定量统计分析相结合的方法，获得了一些传统研究无法获得的成果。例如，对韩国学生趋向补语的习得状况的研究发现，这些学生习得趋向补语所产生的偏误不仅受语际负迁移的影响，也受语内负迁移的影响。其研究结论是建立在大规模的中介语语料基础上的，因此可靠性比较高。

除了这两部专著外，其他有关利用中介语语料库开展的词汇语法研究还包括郑艳群（2006）的中介语中程度副词的使用情况分析，蔡淑美、施春宏（2014）的二价名词习得研究，以及邢红兵（2013）的词语搭配习得研究等。郑艳群从中介语语料库中提取了使用HSK程度副词的10957句语料，通过属性标注和分析统计，获得了学生34个程度副词（HSK等级词表中的程度副词）的正误数据。分析结果显示，学生使用程度副词的偏误率很低，一些传统研究所发现的偏误类型在语料库环境下则很少出现。反之，作者却发现了三种新的偏误类型，这些偏误在现有的论著或论文中很难找到相应的解释。作者认为，只有全面把握误用规律，通过开展面向对外汉语教学的汉语本体研究，对教学中出现的误用现象做出合理的解释，才有可能找到相应的教学对策，从而系统、全面地解决对外汉语教学中所出现的问题。蔡淑美、施春宏利用北京语言大学研发的HSK动态作文语料库以及中山大学中介语语料库对汉语二价名词进行全面系统的检索统计，结果显示，二价名词习得的难点和重点是语块配位，而学习者的语块意识存在明显的层级特征，作者由此进一步探讨如何建构语块意识的过程，分析二价名词习得中的内在机制和规律，在对名词习得难度进行重新认识的基础上提出了教学策略。黄自然、肖奚强（2012）利用60多万字的韩国学生中介语语料，研究了韩国学生使用"把"字句的情况，并且同汉语本族人的使用情况作比较，结果显示，动补式"把"字句中带处所补语、结果补语、趋向补语的下位句式及动宾式"把"字句为韩国学生习得较好的句式，状动式、动体式"把"字句的实际用例很少，完全没有致使式"把"字句的用例。文章最后探讨韩国学生"把"字句的习得顺序，并提出相应的教学分级。邢红兵（2013）的词语搭配知识与二语词汇习得研究主要探讨了如何利用中介语语料库与母语语料库进行词语搭配知识提取及其在汉语教学中的应用问题。作者抽样考察了中介语词汇在错误率、丰富度、匹配度和搭配率等方面和目的语的差异，提出了习得研究不仅要重视中介语语料库的数据分析，也应该引入母语语料库的数据进行对比研究，并据此提出了基于语料库的词汇搭配知识习得研究的基本原则。蔡北国（2010）根据汉语中介语语料库对学习者使用动作动词"看"所产生的替代错误进行分析，结果显示，错误的类型具有多样性和复杂性，学生用"看"代替了"检查、见、见到、看到、了解、欣赏、游览、展示、观、瞧、斜视"等不同词语，产生了大量的不合理搭配及混用错误，其范围远远超出我们所界定的同义词范畴。

2. 基于中介语语料库的汉字研究

高立群（2010）利用北京语言大学的中介语语料库对日本、韩国和欧美学生学习规则汉字和不规则汉字的偏误情况进行统计分析。结果显示，外国学生（不论国籍）对规则汉字和不规则汉字的学习掌握没有显著差异，主要是靠字形策略学习汉字，形声字的表音成分对学习的帮助不大。欧美学生和韩国学生学习由非成字部件构成汉字的难度超过成字部件构成的汉字，作者支持外国学生在形声字认知过程中主要依赖字形信息的观点。黄伟（2013）根据 HSK 动态作文语料库对汉字文化圈中高级水平学生的汉字书写错误率进行了研究。结果发现，学习者汉字书写偏误率与汉字笔画的多寡和结构类型有关，但程度上存在差异。从错误率的平均值分析，独体字的偏误率低于合体字，上下结构、左右结构和包围结构的偏误率依次递增。独体字中少笔画、中笔画汉字的偏误率低于多笔画汉字。合体字中二部件、三部件和多部件汉字的偏误率依次递增，但变化程度未达到显著程度。王艳（2010）、刘丽媛（2013）利用鲁东大学"韩国留学生汉语中介语语料库"对韩国学生汉字偏误进行分析，结果显示，笔画缺失和笔画添加以及部件变更在韩国学生的错字类型中居前三位。此外，作者还结合韩国学生的学习特点制定了国别化的汉字教学用表。

3. 基于中介语语料库的研究评价

中介语语料库建设是为第二语言教学、语言习得研究、偏误分析和汉语本体研究提供语料支援。从研究现况看，中介语语料库资源在二语教学及二语习得研究中的应用越来越受到学界的重视，除了直接利用中介语进行偏误分析和习得研究外，将学习者的中介语语料库和学习者的目标语语料库结合进行对比分析，并且结合学习者自己的母语系统进行的研究等也取得了重要成果（邢红兵，2013）。

基于中介语语料库的研究也存在不足，主要是语料利用不够充分，许多语料库资源还处于封闭状态，并没有充分开放给研究者使用，造成语料资源的利用率较低。另外，中介语语料库数据的类型还比较单一。目前面世的中介语语料库中横向收集的学习者语料占绝对优势，而纵向收集的中介语数据则明显不足，这无疑限制了中介语研究的广度和深度。据悉南京大学美国学生汉语作文纵向语料库已初步建成，它不但可以像横向语料库那样检索相关信息，还可以按照纵向时间检索指定学习者为期一学年或一学期的发展语料，为研究美国学生学习汉语的纵向发展过程提供丰富的信息（曹贤文，2013）。中介语标注的广度和深度还有待进一步挖掘。目前中介语的偏误标注多集中在词汇和语法方面，近年来汉字的偏误标注取得了一些进展，出现了一些具有多层标注、可自动检索错字的中介语语料库，但这还远不能适应研究的需要。进一步开展针对汉语偏误标注的理论和实践研究，建立适合汉语特点的中介语标注体系，是接下来努力的方向。中介语的研究领域还比较窄，主要集中在词汇和语法的研究方面，基于中介语语料库的语音和汉字的研究还十分匮乏，成果有限。即便在成果丰富的词汇研究领域，研究也多集中在单一语料库的数据分析上，而针对中介语的词汇系统开展的对比分析研究还很不深入。

# 第二节　教材语料库的建构与应用

## 一　教材语料库的名称与分类

### （一）课程与教材

在讨论教材语料库之前，首先需要了解课程与教材在二语学习教学中的地位和作用。广义的二语学习包括习得（acquisition）和学习（learning）两个部分。二语习得是指在目的语环境下通过自然交际途径掌握目的语的过程。二语习得与母语习得的过程十分相似，它需要自然的交际环境、真实而有意义的交际任务和交际过程。在二语习得时，说话者关注的是语言信息是否被准确地传递和理解，而对话语的形式则并不在意（Krashen，1981）。而二语学习则是有意识地对目标语言本身的注意以期达到记忆和掌握其中的规则的过程。二语习得与二语学习除了上述差异外，还有一个显著不同：二语学习需要有组织的课程和教材，并由教师来组织和实施教学程序和过程，而习得则不需要。

在非目的语环境中学习某种第二语言，课程和教材显得至关重要。课程（Curriculum），简称"学程"，是指学习的进程。"课程"一词最早见于英国教育家Spencer（1861）的《教育论》（"Education：Intellectual，Moral and Physical"）一书中。课程内容包含教学目标、教材、教学过程和教学评估诸多要素。教材泛指一切供课堂教学使用的语言范本或材料，广义的教材指教师和学生使用的所有教学材料，如课本、练习册、活动册、课外阅读材料及各种视听材料和网络资源等。狭义的教材则专指课本等课堂教学使用的语言材料。教材在二语教学中扮演着关键角色。它是学生语言输入的主要来源，也是教师开展二语教学的主要资源和凭借。在缺乏目的语习得环境的情况下，教材的重要性更加凸显，教材内容的优劣往往直接决定了教学质量的高低，也直接决定了教学的成功率高低（Guerrettaz & Johnson，2013；Davis & Krajcik，2005；

Tomlinson，2012）。

　　从语言知识点的角度看，二语教材是一个离散的语言系统，语音、文字、词汇、语法等语言点总是无序地散布在教材的各个角落。因此，教师想掌握语言教学的细节内容和准确分布状况是十分困难的。而将教材内容通过电子化加工，以语料库的形式加以呈现，无论对教师组织教学还是对编者分析教材、对学生学习教材都是十分有益的。

　　（二）教材语料库的名称

　　教材语料库的命名和使用目前存在分歧，已知的名称有教学语料库（pedagogic corpus）、教材语料库（textbook corpus）①、教学标注语料库（pedagogically annotated corpus）②、教材数据库或教材信息库等。教学语料库的名称 1993 年首次出现在 Willis 的 Syllabus，corpus and data driven learning 一文中，2002 年，Hunston 在《应用语言学中的语料库》③ 一书中给教学语料库下了一个理想化的定义，她认为，教学语料库是一种包含了所有学习者接触和使用过的语料的语料库。Hunston（2002：16）认为，真正的教学语料库范围很广，它包含了教科书、文摘、录音带等学习者看到或听到的所有语言材料。按照 Hunston 的定义，语料库开发者要创建教材语料库显然是十分困难的，因为收集以纸本形式保存的书面语相对容易，而收集那些以"非物理"状态存在的口语就十分困难。鉴于此，Meunier & Gouverneur（2009：186）对教学语料库的定义做了较为符合实际的界定，认为教学语料库是指具有一定规模的语料代表，包含了口语、书面语等学习者在课堂上或自学过程中使用过或可能使用的教学材料的集合体，比较典型的教学材料包括课文、录音或练习等。Meunier & Gouverneur 认为，教学语料库是一种新型的专用语料库，除了语料的特殊性外，赋码和标注也具有特点，因此

---

　　①　Willis, D. （1993）. Syllabus, Corpus and Data Driven Learning. In *IATEFL Annual Conference Report：Plenaries*, pp. 25 – 31.

　　②　Meunier, F. & Gouverneur, C. （2009）, New Types of Corpora for New Educational Challenges. Collecting, Annotating and Exploiting a Corpus of Textbook Materiala. In K. Aijmer（ed.），*Corpora and Language Teaching*, pp. 179 – 201. Amsterdam：John Benjamins.

　　③　该书最早于 2002 年由剑桥大学出版社出版，名为"Corpora in Applied Lingustics"。中文译本于 2006 年由世界图书出版公司出版，译名为《应用语言学中的语料库》。

也可称之为"教学标注语料库"。

Römer（2004）在建构 GEFLTC 语料库时将她的语料库命名为"德国英语教材语料库"（German English as a Foreign Language Textbook Corpus）。她认为，教材语料库归属于"教学语料库"中，是教学语料库的一个分支。Tono（2011）在创建亚洲四国/地区英语教材语料库时也使用了 textbook corpus 的名称。中国中山大学在收集全球汉语教材建构语料库时，为了突显其专注教材信息的建库目的，将其命名为"全球汉语教材信息库"。

从上述学者的不同定义可以看出，教学语料库的内涵和外延较广，可泛指一切与教学有关的书面或口语材料的集合体，而狭义的教材语料库通常专指与教学活动直接相关的课本或练习本。还有一种类型的教材语料库是以收集教材信息为主的，可称为教材信息库或教材数据库。因此，我们把直接收集课文、练习或视听材料等配套材料建构起来的语料库称为"教材语料库"，把收集课外辅助材料、阅读材料（包括纸本或视听材料）等建成的语料库称为"教学语料库"，而将只收集教材信息，不具有语料内容检索功能的语料库称为"教材信息库"。本书研究的重点是新加坡小学华文课本，因此，笔者建构的新加坡小学华文语料库采用教材语料库（textbook corpus）这一名称。

（三）教材语料库的分类

1. 根据语料类型分

根据上文的分析，我们将服务于教学的语料库分为教学语料库、教材语料库和教材信息库。

（1）教学语料库

教学语料库是广义的教材语料库。语料来自所有与教学相关的口语或书面语，包括纸本、图片、录音、录像、网页等各种载体承载的语料。教学语料库中的语料通常不是课堂教材的主要材料，而是作为教学素材或辅助学习材料被提取和使用的。如比利时天主教鲁汶大学英语教材数据库（TeMa）就是一个语料来源广泛、类型多样的教学语料库。华南师范大学何安平开发的中国英语教育语料库不仅收集了阅读材料、听力材料和练习材料，还包括了 130 节课的教学实况语料（配录音或录像），这些也属于教学语料库。

（2）教材语料库

教材语料库是指主要以教材中的课文和练习为建库对象的语料库，其语料来源多为书面语或用书面语转写的口语，真正以语音形式建立的教材语料库目前尚未面世。已知的教材语料库包括 Chujo 2004年创建的日本学习者英语教材与测试文本语料库，它的语料主要来自书面教材和测验文本。语料来自口语转写的教材语料库，包括 Römer开发的 GEFLTC 语料库，其主要语料源自当时德国最畅销的中学英文口语课本。

（3）教材信息库

这类语料库主要以收集教材信息和关键数据为主，包括教材名称、目录、样课、册数、出版商、出版时间等，一般不包括教材中的语言资源，也不对教材内容进行语料标注和处理，不具备语料检索功能。中山大学的"全球汉语教材信息库"、国家对外汉语教学领导小组办公室（简称"国家汉办"）和北京语言文化大学图书馆联合研制的"对外汉语教材数据库"均属此类。

2．根据加工深度分

根据对教材语料标注的多寡和深度可将教材语料库分为生教材语料库和熟教材语料库。

（1）生教材语料库

这类教材语料库通常只收集与教学相关的语言信息和语料，但是所收集到的教材数据并未经过标注和赋码处理。这类语料库因为不需要在语料加工上耗费太多的时间，容量通常较大。例如，20世纪后期中国开发的"全日制十年语文课本语料库"，以及新加坡研制的"中小学华文课本语料库"都只利用人工方法对语料进行词语切分处理，连基本的词性标注也没有，这些均属于生教材语料库。

（2）熟教材语料库

熟教材语料库是指教材数据受到过不同程度的标注和赋码处理的教材语料库。其中根据标注的内容可分为一般标注的熟教材语料库和根据教学特殊需要标注的熟教材语料库。暨南大学华文学院海外华语研究中心2010年研制的东南亚小学华文语料库对教材语料进行了分词和词性标注。比利时天主教鲁汶大学英语语料库语言学研究中心开发的 TeMa

语料库有两套标注系统，除了对教材语料进行身份标注外，还对所有语料根据教学法需要进行了特别标注，方便使用者开展教材研究和辅助英语教学①。

## 二　非汉语教材语料库的建构与应用

### （一）托福 2000 口语书面语学术英语语料库

第一个教学语料库是 Biber（2002）设计的托福 2000 口语书面语学术英语语料库（T2K – SWAL Corpus）② 的一部分。这是一个由美国教育测试服务中心（ETS）资助开发的专门用途语料库。TOEFL 语料库包括了 270 多万词的美式英语口语与书面语。其中 76 万词来自美国大学不同学科学术课本。所有语言材料都是美国大学生校园学习生活经常接触到的。语料范围涵盖哲学、自然科学和社会科学等领域，其中除了部分来自课本外，大部分来自讲座、课程阅读材料、教学大纲、行政文件以及学科目录等教学服务语言。从语体看包括口语和书面语；从语言规范角度看该语料库既有正式的语言，也有非正式的语言；从语言等级看，包括大学低年级、高年级和研究生英语等。这个语料库原本是为新的 TOEFL 网络考试设计的，目的在于描述英语在大学教育领域中使用的基本面貌。

该语料库是熟语料库，所有词语都经过词类和句法标注。标注采用 Biber 设计的标注软件自动完成。校对和检查则由人工完成，虽然耗时费力，但能保证标注的准确性。TOEFL 语料库的应用研究主要分四种类型：第一类是大学学术英语的语法特点分析、词语分布和词串分析；第二类是运用 Biber 的多维变异理论对不同语域的语言差异性进行多维分析；第三类是采用因素分析法对 90 个英语语言特征进行多维度分析；第四类是显性定义分析。

TOEFL 语料库有几个显著的特点：一是语料来源特殊，其英语语料均来自大学学术领域，是真实的学术语言。这些语料可以作为大学

---

① 参见网页：http：//www.uclouvain.be/en – cecl – tema.html。

② 参见 Biber, D., S. Conrad, R. Reppen, P. Byrd & M. Helt（2002）. Speaking and Writing in the University: A Multidimensional Comparison. *TESOL Quarterly*, 36.1, 9 – 48.

英语教学的素材，但并不等于真正的英语教材。二是语料构成特殊，涵盖了商业、教育、工程、人类学、自然科学、社会科学六大领域，与通用英语的语料多出自生活、艺术、报章新闻等存在显著差异。三是语料的等级划分特殊，TOEFL 语料库的语料是按照大学学术进程划分的，分为大学低年级、大学高年级和研究生三个等级，这种以学术内容的难易度作为语料分级标准的分类法，与传统通用英语以语言难易度作为等级标准的分类法存在本质差异。四是建构语料库的目的特殊。TOEFL 语料库的建库目的是研究大学学术英语内部语言的分布和差异性，为提高 TOEFL 考试的效度和信度提供依据，并不是面向语言教学服务的，因此 TOEFL 可以归类为面向大学英语教学研究的教学语料库。

（二）英文作为第二语言的教材语料库

第二个教材语料库 2004 年出现在德国，由汉诺威大学的 Römer 开发，命名为德国英文作为第二语言的教材语料库（German English as a foreign language textbook corpus）（GEFLTC）[①]。GEFLTC 的语料取自两套由德国人设计的，当时最畅销的中学英文口语课本[②]，语言难度在 5—10 级之间，总词量为 108424 个，词种量为 5919 个。它属于小型教材语料库，反映了德国英语口语教材的基本面貌。GEFLTC 的开发目的是比较德国"学校英语"和真实英语在语法表达方面的差异，验证作者提出的教材语言缺乏真实性的假设。GEFLTC 的建构分四个步骤进行，首先作者选择建库所需的纸本教材；其次利用扫描仪将纸本教材扫描成图像文件（TIF 格式）；再次是利用 OCR 软件将扫描文件中的对话部分与其他非对话的练习、照片等进行分离，将图像部分排除；最后将课文中的对话转写成纯文本文件（txt－file 格式）后保存，两套教材分别保存在两个不同的文件夹中。

---

① 参见 Römer, U. 2006. Looking at Looking: Functions and Context of Progressive in Spoken English and "School" English. In The Changing Face of Corpus Linguistics. Paper from the 24th International of Conference on English Language Research on Computerized Corpora（ICAME 24），A. Renouf & A. Kehoe（eds.），231－242. Amsterdam: Rodopi.

② 这两套教材分别是 English G 2000 A 和 Learning English Green Line New。每套教材各有六册。

由于 GEFLTC 的建库目的是查询特定的语言项目，如带 if 的从句或指定的进行时态动词（Römer，2004、2006），因此 Römer 并未对语料库进行词类或语法标注，只利用 Word Smith Tools 检索软件对目标词语进行逐个检索，待所有生语料收集完成后再对其进行功能和语境标注，供分析统计之用。Römer 采用语料驱动研究方法比较了"（德国）学校英语"和自然英语在动词进行时使用方面的相关性，研究结果显示，"（德国）学校英语"和自然英语之间有显著差异。学校英语不能满足语言交际的需要。

GEFLTC 是德国第一个英语教材语料库，它有以下几个特点：一是教材语料纯口语化。该语料库只收集对话、访谈和对话说明等纯口语语料，所有故事性文本、书信以及语法练习等非口语语料均被排除在外；二是语料库规模很小，只有 10 万词左右。这从表面上看来毫不起眼，但对研究德国中学生这一特殊群体还是具有代表性的；三是原始语料不标注，属于生语料库。作者根据研究目的收集生语料后再根据需要进行后期标注。这样的语料处理方式对于研究目的明确、单一，语料信息提取方便的研究项目是可行的，但不适合于复杂的研究。

（三）日本学习者英语教材与测试文本语料库

第三套教材语料库是 Chujo（2004）创建的日本学习者英语教材与测试文本语料库（English Textbooks and Tests Corpus）[1]。该语料库的语料由四种语言材料组成。一是日本初中和高中英语课本；二是大学入学考试的试卷；三是日本大学英语课文和阅读材料；四是英语水平考试试卷，总词数超过 22 万个。该语料库的建库目的是根据不同类型语料生成带词性和词频的词汇表，与英国国家语料库（BNC）的常用词进行比较分析，衡量日本中学和大学课本以及大学入学考试和英语水平测试的词汇水平。语料库的词表生成分以下几个步骤，首先将所有课本和测试文本扫描成电子文本，然后进行校对和词性标注，再用人工手段将其中的专有名词和数字删除，最后采用专用软件将各种曲折形式的同族词

---

① 参见 Chujo, K. （2004）. Measuring Vocabulary Levels of English Textbooks and Tests. Using a BNC Lemmatised High Frequency Word List. In Nakamura, J., N. Inoue & T. Tabata (eds.). English Corpora under Japanese Eyes. Amsterdam/ New York, 231–249.

进行归并以生成词表。

　　日本学习者英语教材与测试文本语料库是一个使用功能比较单一的教材语料库，该语料库除了词性标注外，并没有设计其他检索功能，语料库的建库目标比较明确单一，专为生成词表以便与 BNC 词表进行对比分析，因此它属于语料加工水平较低，功能单一的教材语料库。

　　（四）中国英语教育语料库①

　　该语料库是中国华南师范大学外文学院何安平教授于 1998 年开始主持开发，2005 年初步建成的教学语料库。目前包括三个子库：第一是包含初中、高中、大学英语课本的英语教材语料库，语料库容量达 180 万词；第二是记录了 130 节课的教学实况语料（配录音或录像）的国内外大、中、小学英语课堂教学语料库，语料规模 120 余万词；第三是包括了中国初中、高中和大学学生英语口语和笔头语料的学习者语料库，语料规模 150 万词。三库总语料达 450 万词，是一个规模较大的英语教学语料库。该语料库的大部分语料均经过词类与语义的标注。为了区分阅读材料、听力材料和练习材料的不同，建库者还对不同类型的话语进行了分类赋码，并为此开发了专用的检索系统。中国英语教育语料库的建库目的是探讨中国现行的英语作为第二语言的教材设计能否反映现代二语学习的理论与教学方法。中国英语教育语料库主要应用领域包括词汇和语法研究、课堂话语语篇分析、教材语言的真实性研究等。利用该语料库进行英语教学研究的论文主要收录在《语料库在外语教育中的应用——理论与实践》②和《语料库视角下的高中英语教材与教法研究》③这两部专著中。

---

　　①　参见 Anping, H. (2005). Corpus-based Evaluation of ELT Textbook. Paper presented at the Joint Conference of the American Association of Applied Corpus Linguistics and the International Computer Archive of Modern and Medieval English, 12 – 15 May 2005, University of Michigen.

　　②　参见何安平《语料库在外语教育中的应用—理论与实践》，广东高等教育出版社 2004 年版。

　　③　参见何安平《语料库视角下的高中英语教材与教法研究》，人民教育出版社 2009 年版。

（五）英语教材数据库[①]（TeMa）

英语教材数据库是比利时天主教鲁汶大学英语语料库语言学研究中心 Meunier & Gouverneur 于 2007 年建构的教学语料库。其建库目的是研究熟语在英语教学中的应用情况。该语料库共收集中高级和高级英语语料 72 万多词，是迄今为止同类语料库中规模较大的语料库之一。TeMa 语料库的语料有三大特点：一是语料的语体类型丰富。它不仅收录了英语书面语料，也收录了口语语料。二是语料的内容不拘。除了收集教材课文语料外，还收集课文练习和练习说明。三是语料来源不限。与其他教材语料库主要收集国别化英语教材语料的做法不同，TeMa 语料库的教材来源广泛，凡是英语作为第二语言的英语教材均成为收集的对象。因此 TeMa 可以被称为真正意义上的国际英语教学语料库。

从语料库的内部结构看，TeMa 根据教材的不同组成要素将语料库分成不同的子库。第一种分类法是依照不同教材系列、教材语言难度、学生用书、作业本等划分的；第二种分类法是根据材料的教学用途，如课文、录音脚本、词汇练习和练习说明等划分的。使用者可以根据不同的研究需要从不同的子库中提取相关的语言信息。

TeMa 语料库在教材语料的加工处理方面有自身的特色。为了满足语言教学研究的需要，研发者专门设计了一套标注系统。该系统由两部分构成：一是针对教材内容属性的身份识别系统；二是针对教材语言信息的教学标注系统。两个系统相互配合，整合为一个完成的语料库标注系统。TeMa 语料库的标注过程分两阶段进行。

第一阶段是对教材的各级单位分配识别码，对其进行身份确认。如教材系列名称属一级单位，被赋予一个单位数号码。教材语言难度代表教材所属的语言级别，是二级单位，用两位数号码表示。教材内容（如课本、活动本）是教材内部的分类形式，属三级单位，用三位数号码表示。最后，编者根据语言的性质和用途将教材语料分成文本、录音

---

① 参见 Meunier, F. & Gouverneur, C.（2009）. New type of Corpora for New Educational Challenges. In K. Aijmer（ed.）, *Corpora and Language Teaching*. Amsterdam：John Benjamins, pp. 179 – 20.

脚本、词汇练习和练习说明等，属四级单位，用四位数号码表示。不同
等级的编码存在依属关系，彼此关联构成一个完整的标注系统。图 2.1
为 New Headway 系列教材的身份标识码标注系统。依据标注系统，使用
者便可以准确地识别语料在语料库中的位置。

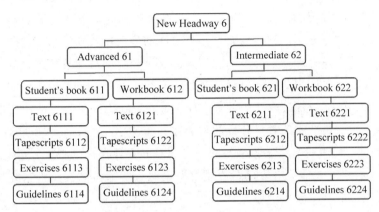

**图 2.1　TeMa 语料库的身份标注**

第二阶段是针对教材语言信息进行教学法标注。TeMa 语料库的教
学法标注主要是围绕词汇练习展开的，其主要目的是对语料库中的练习
进行标记，以便系统能够准确识别及快速检索有关题干、选项和参考答
案等信息，为教学研究提供方便。TeMa 语料库的教学法标注码是根据
练习的类型和活动设计的形式进行分配的。设计者首先对语料库的六种
练习形式（完成句子、给词语下定义、词语匹配、词语替换、词义理
解、改错等）赋予不同的英文标记码，再根据每种练习的题干、选项、
答案的不同赋予相应的识别码，这样就形成了一个由 80 个标记码组成
的教学法标注子系统。TeMa 语料库的教学法标注是通过人工完成的，
为了确保标注的质量，在标注过程中还要进行多次的检查和校对，需要
耗费大量的时间，但是完成后它对教材研究的帮助无疑也是巨大的。

TeMa 是至今为止最具创新性的教学语料库，它改变了过去语料库
仅对语料进行词性、句法和偏误标注的传统，在教学法标注方面进行了
有益的探索，也将语料库研究领域扩展到教材研究和教学应用方面。当
然，TeMa 也有它的局限性。例如，语料库的规模还不够大，练习的标

注大多限于客观题类的练习，开放型的练习还无法标注。另外，教师的教学反馈也无法在语料库标注系统中得到反映。

基于 TeMa 语料库的研究近年来取得了一些成果。例如 Gouverneur（2008）利用该语料库对常用动词在三套中级和高级英文教材中的搭配情况进行了双维度比较，发现了一些采用传统纸本教材研究无法发现的语言现象：常用动词 make 和 take 在中级英语和高级英语的搭配模式上存在显著的差异，而同等级教材系列之间的横向比较则显示，这两个动词在教学选择上却存在高度的一致性。这种教材编写与教学选择的矛盾告诉我们，在通用英语教材编写过程中必须重新制定有关词语搭配选择的基本原则，以保证教学的效率。Gouverneur 的研究从另一个角度展现了基于教材语料库的教材分析的重要性和有效性。

（六）《新视野大学英语》语料库（NHCE Corpus）

《新视野大学英语》语料库是上海交通大学郑树棠教授研制开发的英语教学语料库。该语料库的语料规模为 150 万字，是专为编写《新视野大学英语》教材而建立的数据库，属于教学语料库范畴。

（七）COLEN 语料库

COLEN 语料库由中国中医药大学薛学彦创建。该语料库包含了"21st Century College English""College English""Complete New College English""New College English"已四套英文教材，是真正意义上的教材语料库。截至 2005 年，该库的建设已完成第一阶段，收集文本 930 个，词性码 870857 个。

（八）新理念大学英语教材语料库

2007 年，广东工业大学外国语学院与上海外语教育出版社合作研发了"新理念大学英语教材语料库"[①]。该语料库收集了上海外语教育出版社出版的大学英语系列教材 17 本，其中综合教程 6 本，共 13 万词；阅读教程 11 本，计 61 万词，语料总量为 74 万词。该语料库对语料进行了词性和语法赋码，并在加工的文本中加入篇章标注码，为学生了解文体篇章特征提供便利。

---

① 参见彭圆、季明雨《新理念大学英语教材语料库建设研究》，《广东工业大学学报》（社会科学版）2010 年第 4 期，第 5—8 页。

### 三　汉语教材语料库的建构与应用

（一）中小学语文课本语料库

北京师范大学于 1983 年开始着手对中国中小学语文教材进行量化研究，研究对象为 1983 年至 1984 年度中国统一使用的中小学语文教材（共 24 册），经过两年的努力，于 1985 年建成了"中小学语文课本语料库"。该语料库共收集当时中国中小学语文课本语料 107 万字。通过对教材语料进行系统的统计分析，获得了当时最完整、最准确的教材词汇信息。1985 年 7 月，其研究成果通过国家鉴定。该语料库的建库目的明确，专注于教材词表的提取和词频统计；主要研究手段是通过计算机将 130 万字教材语料中符合统计需要的 107 万字语料转写成电子文本，利用人工方法对其进行词语切分处理，最后借助计算机的统计软件进行词频统计和词表提取。中小学语文课本语料库开创了利用计算机进行汉语教材词汇研究的先河，研究者开始敏锐地意识到教材语料对于语言学习的重要性，也逐步认识到语言教材是理想的词频统计的素材总体。利用该语料库获得的直接成果是，编辑出版了《现代汉语词表》《三千常用词表》《八千常用词表》和《一万常用词表》等一系列教学专用词表，为后来语言教学提供了宝贵的第一手词汇数据。

（二）全日制十年语文课本语料库

1979 年，北京语言学院教学研究所将"现代汉语词汇统计研究"定为重点研究项目，该项目的研究目的是通过量化研究确定现代汉语中的常用词、次常用词，为汉语教学，特别是汉语作为第二语言教学的教学大纲和教材编写提供科学依据，避免词汇教学的主观性，保证教材、辅助教材和工具书的质量（北京语言学院语言教学研究所，1985）。从 1980 年起，他们对不同体裁的 200 万字的语料进行了词语切分和统计，其中约 52 万字属于中小学语文教材语料，故我们称之为"全日制十年语文课本语料库"。

该语料库的语料包括人民教育出版社 1978—1980 年出版的全日制十年制《语文》课本（试用本）共 20 册，其中小学 10 册，初中 6 册，高中 4 册。为了保证语料的典型性，入库语料经过了人工干预和筛选，排除了课本中诗歌韵文、古代汉语、外国作品的翻译文章以及人名、地名、阿拉伯数字、外文字母、标点符号等，汉字总数为 520934 个，其中小学课文部分 194209 个，中学课文部分 326725 个。

与过去语料统计多以字为计算单位的做法不同，该语料库对词汇也进行了统计。为了统计不同类型的词语，设计者开发了一套词性标注系统，该系统既包括名词、动词等词类，也包括补语、词尾等一些语法功能特征，共计 15 个标注符号。

通过对该语料库的统计分析，研究者获得了有关中国语文教材的许多重要数据。例如，中小学语文课本的总词种数为 18177 个，平均词长为 1.98 个汉字，平均词频次为 20.61，构成 1000 个常用词的汉字为 731 个，等等。

（三）新加坡中小学华文课本语料库①

新加坡中小学华文课本语料库由新加坡《联合早报》用字用词工作委员会（简称"早报委员会"）于 1989 年建构完成。它的建库目的有四项：一是与同时期建成的《联合早报》语料库进行用字用词比较，深入探讨具有中四华文程度的新加坡年轻人是否具备阅读《联合早报》的能力；二是为制定《联合早报》常用字表和常用词表提供信度较高的资料；三是寻求进一步提高《联合早报》用字、用词质量的途径；四是探讨报馆与教育机构在用字、用词方面互相配合的可行性。该语料库的语料为当时的新加坡中小学华文课本，其中小学华文语料取自1985 年以后出版的《小学华文教材》（修订版），包括课文、读一读、句子练习和短文，共计 65503 字。中学华文语料取自《中学华文》快捷课程（第二语文）中的课文、注释和说明等，总字数为 113684 个。中小学语料合计 179187 字。

为了准确统计语料库词语分布情况，设计者专门指定了词语切分的原则和标准，提出了从新加坡实际情况出发，以汉语词汇特点为依据，以《现代汉语词典》和《国语日报词典》为参照标准的切分原则，并据此对专有名词和不同词类的切分做出了详细的说明，也对新加坡特有词语的切分方式进行了明确的规定。新加坡中小学华文课本语料库全部

---

① 参见《联合早报》用字用词调查工作委员会：《〈联合早报〉中小学华文课本用词调查报告》，新加坡报章服务私营有限公司 1989 年版。

是由手工完成的。除了词语切分外，该语料库并未对切分后的词语进行词性标注，因此，还不能算是熟语料库。

早报委员会利用该语料库与《联合早报》语料库进行了对比分析，获得了重要的统计数据。研究显示，新加坡小学华文的词种数为5025个，中学华文的词种数为9620个，《联合早报》的词种数为14337个。中小学华文和《联合早报》共有的词汇是2850个，占小学词种数的56.7%，中学词种数的29.7%，《联合早报》词种数的19.9%。《联合早报》的词汇未在中小学华文课本中出现的达5315条（已去除人名、地名），占总词种的46%，这说明新加坡中小学教材词汇量在帮助年轻人阅读报章方面存在严重不足。

（四）小学语文教学语料库①

小学语文教学语料库的开发始于2000年9月的"跨越式试验"计划，主要设计者是北京师范大学现代教育技术研究的魏顺平、何克抗（2007）。该语料库是为小学语文教学而创建的专用教学语料库。

小学语文教学语料库以篇章为单位，收集适合中国中小学生阅读的各类文学作品共计1400万字，全部语料来自互联网。该语料库的建库目的明确，主要是为中小学语文扩展阅读提供资源。因此，所选语料全部为文学作品，包括如儿歌、顺口溜、谜语、诗歌、寓言、童话，以及现当代文学大家的作品等，选择语料的标准也是参照了中国《全日制语文课程标准（实验稿）》对中小学生课外阅读材料的规定。

除了语料来源和种类特殊外，该语料库在语料检索和标注方面也有特点。在检索方式上该语料库提供了篇章检索和句子检索两项主要功能。篇章检索功能可进行包括篇章标题、作者、出处、语体、体裁、字数以及篇章全文的检索；句子检索功能可进行关键词居中检索，也可实现基于连续字串、短语、复句句型的句子检索，方便课件制作人员查找关于某个词语多种应用情景的句子。

（五）对外汉语教材数据库

对外汉语教材数据库是由国家对外汉语教学领导小组办公室（简

---

① 参见魏顺平、何克抗《小学语文教学语料库的设计与开发》，《中国电化教育》2007年第6期，第66—69页。

称"国家汉办")和北京语言文化大学图书馆联合研制的专题数据库，2001 年初步建成。建设该数据库的主要目的是通过收集一定规模的汉语教材资源，掌握完整的教材信息和文献保存状况，为对外汉语教材编写和评估服务。

对外汉语教材数据库分为主数据库和教材目录库两个子库。主库数据收集范围为 1864 年伦敦出版的 The Rudiments of the Chinese Language（汉语入门）、1886 年上海出版的《语言自迩集》到新中国成立以来所有能收集到的对外汉语教材。

主数据库的数据根据信息量的详略不同分为简易数据和全面数据两种形式，简易数据只提供教材的基本信息，现有数据 667 种，主要是 1950 年以来的教材。全面数据除基本信息外，还增加了教材原封面、序言、前言、说明、目次等，包括中外文形式，并有教材第一课与最后一课的原文，部分教材有专家评语，提供关于教材直观、详细的介绍等。

教材目录库是对主数据库的补充，专门收录那些仅掌握教材基本情况，但无法收藏到原教材，也不知道教材储藏单位的教材信息。除了上述两个子库外，数据库开发者还专门开设用户反馈窗口，方便自愿提供教材信息的用户使用。截至 2002 年 4 月，对外汉语教材数据库的教材记录已达到 30000 条。

（六）新版新加坡中小学华文教材语料库

2005 年 6 月，新加坡教育部设立专项研究课题，委托新加坡国立大学中文系设计开发大型华语语料库，对新加坡成年人和中小学生的华文识字量进行全面、深入的统计分析。经过一年的努力，终于建成了容量超过 6000 万字的新加坡华语语料库。该语料库的语料来源包括 4 类，除了华文报纸、新加坡本地畅销的华文期刊，新加坡创作出版的图书、影视作品外，2005 年新加坡中小学使用的华文课文也是该语料库的主要语料来源，由此构成的子库被称为"教材语料库"。因为该教材语料与 1989 年的教材语料不同，所以我们特别称之为"新版新加坡中小学华文教材语料库"。

新版新加坡中小学华文教材语料库包括小学华文和小学高级华文的课本、作业本的语料计 353854 字，中学高级华文、快捷华文和普通工艺课程课本和作业本的语料计 474432 字，两者合计 828286 字。

为了进行词频、词量统计，开发者对语料库的语料进行了词语切分和词性标注。其中词语切分主要参照中国国家标准 GB/T13715 "信息处理用现代汉语分词规范"①，同时以《现代汉语词典》（第五版）② 的收录词条作为标准切分单位。在词类标注规范方面，该语料库主要参考了《现代汉语词典》（第五版）、《信息处理用现代汉语词类标记集规范》（2002）③ 以及中国台湾中研院语料库的标记规范④，将现代汉语词语分为 18 个基本词类和 7 个非词成分，分别用小写英文字母进行标记。为了高效、便捷地检索和处理语料，新版新加坡中小学华文教材语料库还专门开发了一套语料库管理系统，该系统利用语言处理（NLP）技术，可以对数据库进行语料的添加、编辑、删除等各种处理，也可以进行关键词检索等。

新版新加坡中小学华文教材语料库是一个功能比较齐全，操作比较简便的教材语料库。

王惠（2006）利用该语料库对新加坡华文教材的用字情况进行了分析，发现新加坡华文教材常用字比较集中，其中小学华文最常用的 760 个汉字的文本覆盖率高达 90%。通过与中国大陆母语教育的字表和对外国学生的 HSK 字表加以比较，作者发现，新加坡华文教学的汉字学习量低于前者，但高于后者，这表明新加坡华文教学既不同于中国的语文教学，也有别于对外汉语教学，是一种作为第二语言的特殊的母语教学。

（七）全球汉语教材信息库⑤

该信息库 2009 年由中山大学开始进行国际汉语教材研发与培训基地研发。其建库目的主要是收集、整理世界各国曾经使用或目前正在使用的汉语教材，建立一个健全完善的汉语教材信息平台。该信息库利用

---

① 参见 http://www.china-language.gov.cn/wenziguifan/index.htm。

② 中国社会科学院语言研究所词典编辑室：《现代汉语词典》，商务印书馆 2005 年版。

③ 参见靳光瑾、郭曙纶等《语料库加工中的规范问题——谈〈信息处理用现代汉语词类标记集规范〉》，《语言文字应用》2003 年第 4 期，第 16—24 页。

④ 参见 http://app.sinica.edu.tw/kiwi/mkiwi/98-04.pdf。

⑤ 参见 http://www.ctmlib.com/。

Django & Python 开放框架方式实现教材信息资源的采集、查询、统计与分析等功能。其主要特点包括支持动态字段和多国语言查询，满足 Web 2.0 交互方式，能实现移动终端访问等。该库的主要功能是提供教材信息，包含 ISBN、书名、责任者、出版社等 98 个字段，可实现的功能有四项，包括检索教材、样课预览、查询教材和上传共建等。截至 2015 年 4 月，该信息库共收集各类汉语及文化教材 15500 册（种），涵盖 46 种教学媒介语。该信息库仅提供教材样课，不提供完整的教材语言信息，自然也不提供语言信息标注。因此，它只符合教材语料库的部分特征，不算严格意义上的教材语料库。

利用该教材信息库，学者们对当今世界汉语教材的现状进行了分析。周小兵、杨铮琳（2010）认为，当前国际汉语教材的编写和出版存在六个方面的问题，主要表现在多媒体教材数量不足，课外辅助教材不足，迎合特殊需要的专业教材匮乏，针对教师培训的教材严重缺失，面向小语种学习者使用的汉语教材数量还很少，针对中小学生编写的汉语教材需要大大增加等方面。由于教材信息库的支撑，教材研究和评估的科学性和准确性大大增加了。

（八）东南亚小学华文教材语料库

2010 年，暨南大学华文学院郭熙和刘华教授主持开发了东南亚小学华文教材语料库。创建该语料库的目的一是通过教材的语言状况了解海外华人社会的语言生活；二是利用东南亚小学华文教材语料库提供的宝贵资源为教材编写服务，三是为研究教材语言动态变化提供支撑和保障。该语料库的语料全部选自新加坡、马来西亚、菲律宾、印度尼西亚、越南等东南亚国家的小学华文教材，共计 13 套 200 本，约 300 万字。截至 2011 年 4 月，研究团队已利用该语料库完成了东南亚小学华文教材的用字用语的调查与分析，生成各类字表、词表 100 多个。

东南亚小学华文教材语料库所有语料经过自动分词、标注词性和人工校对，属熟语料库。语料库除了包含教材本身的外部信息，如国家、教材名称、主编者、出版者、出版年份、版次、教材说明外，还包含教材内部的内容信息，对于每一本教材，标记了每一课文的详细栏目，全部文字按栏目分层存储。该教材语料库已经进行自动分词处理，并标注了词性，目前正在进行分词和词性标注的人工校对工作。

目前，暨南大学海外华语中心正在对东南亚小学华文教材语料库进行华文教材的用字用语等语言学分析，有关华文教材语料库在辅助华文教材编写和辅助华文教学方面的研究工作也正在进行中。

# 第三节　对教材语料库应用的评价

## 一　教材语料库的特点

### （一）教材语料库的规模较小

教材语料库属小型语料库。小型语料库的规模并没有严格的界定，大致在 2 万—20 万词次之间（徐曼菲，2004）。ICT4LT Module 2.4 中甚至提出小型语料库可以小到是一个文本或篇章①。目前市面上的教材语料库规模差距很大，一般从 10 万到几百万不等。例如 Römer（2004）建构的 GEFLTC 是由六套在德国流行的中高级英语教材构成，总字数 10 万左右；Tono（2011）开发的亚洲四国/地区初中英语教材语料库的语料也不大，大约在 15 万字左右。当然也有一些教材语料库的规模较大，如上海交通大学郑树棠教授组织开发的《新视野大学英语》语料库（NHCE Corpus）的语料规模为 150 万字。1983 年，上海交通大学黄人杰、杨惠中主持开发的专门用途英语语料库"交通大学科技英语语料库"（JDEST Corpus），包含了文、理、工、医四大类 33 个专业的语料，计 400 余万词。

汉语教材语料库的规模大约在几十万词到几百万词不等，例如北京师范大学 1985 年开发建设的"中小学语文课本语料库"，收集了中国中小学语文教材语料 107 万字，属于母语教材语料库。暨南大学华文学院刘华 2010 年开发的东南亚小学华文教材语料库，收集了新加坡、马来西亚、菲律宾、印度尼西亚、越南等国的小学华文教材 13 套 200 本，语料规模约 300 万字，是汉语作为第二语言教材语料库中规模较大的一个。但相对于动辄几十亿字的通用语料库而言，其规模还是很小的，仍属于小型语料库。教材语料库的规模较小与语料来源和标注的深度有关。由于语言教材的数量有限，特别是同一类型、同一水平的语言教材

---

① 参见 http：//www.ict4lt.org/en/en_ mod2 – 4.htm。

就更加稀缺，这些都会影响语料库的规模。另外，教材语料库通常是面向教学研究和课堂教学设计建构的，语料标注十分重要，而特殊的语料标注通常需要人工完成，这项工作需耗费大量人力、物力、财力，这些客观因素都限制了教材语料库的规模。

（二）教材语料库的语料构成特殊

教材语料库的建设与通用语料库发端时期相同。这表明教材语料库作为语料库语言学的一个分支，在语料库发展进程中一直受到关注，教材语料也是语料库研究的重要内容。教材语料库在收集语料的方式上存在差异。我们把只收集教材基本信息和样章的语料库称为"教材信息库"或"数据库"，而把完整收录教材语言内容的语料库称为"教材语料库"。中国国家汉办和北京语言文化大学图书馆联合研制的对外汉语教材数据库和中山大学的全球汉语教材信息库属于前者，其他教材语料库则属于后者。这两种语料库的用途不同，前者以收集基本信息为主，目的是帮助使用者掌握教材流通和使用的概况，为进一步开展教材研究提供信息资源。后者则着重于教材语言的统计分析，比较教材语言与真实语言之间的差异，为教材编写和评估提供参考依据。

教材语料库的建库语料通常是按教材的适用对象成册、成套录入的，这是教材语料库选择语料的常态，例如，上文中提到的两种新加坡华文教材语料库有些教材语料是经过人工干预的。例如，1989年新加坡中小学华文课本语料库只收录当时新加坡中小学使用的华文课本（包括课文、课中练习和说明等），而2006年建构的新版新加坡中小学华文教材语料库，除了收录中小学华文课本外，还收集了作业本的语料，因此语料库容量大大超过1989年的语料库。但无论如何，它们所收集的语料是相对完整的，能够反映所选教材的基本面貌。还有一种教材语料库，对所选教材内容进行了人工干预。例如，1979年北京语言学院创建的全日制十年语文课本语料库对收集的语料进行了筛选，排除了课本中诗歌部分。与通用语料库和中介语语料库相比，教材语料库的语料构成有其特殊性。通用语料库主要以收集生活中母语使用者的真实语料为主，语料来源于现实生活中真实的而非虚拟的语言；中介语语料库的语料来源于二语学习者的语言输出，可以是真实的语料，也可以是课堂训练使用的模拟语料。教材语料库的语料则不同，从来源上看，教材语料库的语料通常来自同质性的语言教材，而非自然出现的连续的语言运用文本或话语片断（杨慧中，2002），它可以选自真实的生活语料，也可以是编者加工过的准真实语料，有些甚至是模拟生活的、由编者撰写的加工语料。从语料的用途看，教材语料是作为教学输入使用的语料，它的语言和内容都经过筛选和编排，可以称为"有序编排的语料"。"这些语料一方面能保证其难易度在大纲或课标要求范围之内，而且是围绕某个具体教学点的相关知识的重新组合。"（何安平，2008）正因为如此，教材语料库的语料可以分级和分类，它的建库对象可以是特定的一套教材或多套教材。这些教材从性质上看可以是同质性的，如Tono（2011）创建的四国初中英语教材语料库就属于多套同质性教材语料库；也有些教材语料库是非同质性的，如阅读教材与视听教材的混合；从语言难易度看，教材语料库是可以划分难易度的，如初级汉语语料库，小学华文教材语料库等，Römer（2004）建构的GEFLTC是由六套在德国流行的中高级英语教材构成的，属于中高级教材语料库。也可以是不分难易度的，如新加坡华文教材语料库，中国对外汉语教材语料库等。从语料对教学的重要性角度看，教材语料库为二语学习者提供了比通用语料库更实用的语言信息和语境信息。

（三）教材语料库的语料加工和检索功能特殊

Meunier & Gouverneur（2007）认为，教材语料库是由大型的、有代表性的样本所组成的口语或书面语材料库，它包括了学习者课内学习或课外自学可能使用的所有语言材料。从上述定义可知，教材语料库是语料库技术与教材资源的结合体，它具备两个特征：一是它的语料来自教材，包括课文、教师手册、学生用书以及参考书等，它从内容到语言都十分接近某一特定对象的认知水平和语言能力，是理想的教学材料或活动素材；二是它的存在形式与传统纸本教材不同，它所有的语料都根据教学需要进行了赋码和标注，并具有检索功能，能为教师提供准确的教材信息，其最大优点在于实现了信息的最优化集成和远距离即时性获取，使教材成为活化的教学资源。

教材语料库的加工包括语料库赋码（corpus markup）和教学法标注（pedagogical tagging）两大类。语料库赋码是对语料进行准确的身份确认，这在教材语料库建设中是非常重要的，它决定了教材语料库建成后所能应用的广度和深度。例如，Fanny Meunier 的 TeMa 语料库（Corpus of Textbook Material）[①] 在教材赋码方面有一套严格的赋码系统。首先，它根据 10 套教材的不同来源和水平将语料库分出不同的子库，再由每个子库分出课本和活动本，最后再对课本和活动本中的课文、录音转写文本、练习和练习指引分别进行赋码标记，以便检索。教材语料库独特的赋码项目和复杂细致的赋码方式在通用语料库中是不需要的。

在语料标注方面，教材语料库的标注方式也与通用语料库和中介语语料库不同，词性标注和句法标注是通用语料库常见的标注类型，教材语料库一般也采用这两类标注形式，无特别之处；中介语料库除了词性和句法标注外，还会增加偏误项目的标注，这是其独特的标注形式。教材语料库的标注特点在于其基于教学目的的标注项目，Haan（1984：125）称之为"问题导向的标注"（problem-oriented tagging）。例如，TeMa 为了研究教材中练习题对学习者英语学习的影响，对所有的练习题进行了项目标注，包括题目的类型、题干和作答项目的种类等，这些语料标注形式都是其他语料库所没有的。

并非所有的教材语料库都必须对语料进行加工和标注，但是经过加工处理的教材语料库无疑作用更大。教材语料库的作用在很大程度上是由语料加工的深度决定的。

（四）教材语料库的实用性和可操作性很强

通用语料库设计和建设是在系统的理论语言学原则指导下进行的，语料库开发具有明确而具体的研究目标。例如，BROWN 语料库对美国英语进行语法分析；LOB 语料库主要是对美国英语和英国英语进行对比分析和语法分析。教材语料库虽然也可用作教材研究之用，但其主要任务是为教学服务。教材语料库的设计者虽然也重视语料的来源和质量，但更关注教材中隐含的语言信息和分布情况，以及这些信息如何为教师所用的问题，等等。

20 世纪 90 年代，Tim Johns 提出了具有开创性的语料驱动的学习模式（data-driven learning model），从此以语料库作为教学资源的教学方式开始运用于第二语言教学中，这种以学生为主体、教师为主导，以自

---

① 参见 http://www.uclouvain.be/en-cecl-tema.html.

主建构与合作学习相结合的学习模式很快成为一种受欢迎的教学方式。但是，不可否认，在利用语料库服务第二语言教学的过程中教师和学生都遇到了一个棘手的问题，即从通用语料库中检索到的语言信息难度过大，内容太广，常常会产生大量冗余信息，教师难以直接引用为教学教材，更不能利用这些信息开展语料驱动的自主学习，而改编和取舍的过程往往费时费力，影响了教学效率。

教材语料库可以避免上述情况。作为研究用途的语料库，其语料样本应该具有代表性；教材语料库则不然，其语料样本多是现行使用的教材或同行编写的同质性教材，这些材料从内容到语言都十分接近某一特定对象的认知水平和语言能力，是理想的教学材料或活动素材。

教材语料库的实用性主要表现在可为教师提供准确的教材信息上。这些信息与教学内容直接相关，方便教师使用，同时它也能反映教材中存在的一些缺失或不足，教师能据此做出及时补救。

## 二　教材语料库对教学的贡献

### （一）变隐性信息为显性信息，分散信息为整合信息

语言学习分为隐性学习和显性学习两种。隐性学习与显性学习的学习过程不同，对语码信息的关注度也各异。根据 Schmidt（转引自 Ske-han 1998：54）的定义，隐性学习是一种随机的学习活动，学习者在学习过程中对输入信息的特征不带有选择性意图，对抽象规则只进行无意识归纳，其语言的表现是构成其自发语言行为的唯一基础，并且这种语言的表现不受教学的影响。显性学习强调对规则施以选择性的注意力，对规则进行有意识的归纳，并通过这些规则对语言行为施以潜在的影响。Ellis（2005）认为，在第二语言学习过程中，某些内容单靠隐性学习是难以习得的，而显性学习却能够促进语言的习得。如果学习者能够通过课堂学习或持续的交际接触增进对某个规则的意识，在以后所接触的输入中也就较容易注意到该规则（戴炜栋、任庆梅，2008）。心理学研究显示，突显语言内容外部特征有利于对特定语言项目的学习（Scott，1989，1990；White，1998；宋秀平、戴炜栋，2009）。江新（2006）曾对 50 名在北京学习的外国留学生进行汉字输入频率对双字词学习影响的实验研究，研究结果显示，词频的高低对双字词的学习大

有影响，出现的频率越高，学习的成绩就越好。此外，词频和字频之间有交互作用，当词频为 1—3 次时，单字频率对词的学习影响较大，而词频为 5 次时，单字频率对词的影响较小。可见，要达到突显语言的目的，增加学习项目出现的频率就变得非常重要。教材语料库能将隐性信息显性化，对语言学习的帮助日趋受到重视。

（二）语料加工和标注更符合教学需要

> Sinclair（1991）指出："所有语料库研究均起始于语料库体的建构，语料库的设计及选材几乎制约了建库后一切基于语料库的研究工作，而研究质量仅与语料库建构质量有关。"

由此可见，语料库的设计是制约语料库质量和应用范围的关键，而影响语料库设计的核心就是语料的加工问题。回顾教材语料库的发展过程，我们发现，以往教材语料库的开发在语料加工方面取得了一些进展。首先是语料分词逐步实现了自动化。例如，1983 年北京师范大学开发中小学语文课本语料库采用的还是人工方法对语料进行词语切分处理，最后借助计算机的统计软件进行词频统计和词表提取。同样，1989年新加坡中小学华文课本语料库也没有建立自动分词系统。但是，到了2005 年新版新加坡中小学华文教材语料库建设时已经实现了语料的自动分词处理。国家标准 GB/T13715 "信息处理用现代汉语分词规范"已经被应用到教材语料库的建设中。在语料标注方面，1980 年北京语言学院创建的全日制十年语文课本语料库已经开始词性的标注工作，设计者自行开发了一套词性标注系统，该系统包括了名词、动词等词类，也包括补语、词尾等一些语法功能特征，共计 15 个标注符号，该系统虽然并不完善，但是它开创了汉语教材语料库词性标注的先河。之后，新版新加坡中小学华文教材语料库采用中国《信息处理用现代汉语词类标记集规范》（2002）[①] 以及中国台湾中研院语料库的标记规范，将现代汉语词语分为 18 个基本词类和 7 个非词成分，初步实现了教材语

---

① 参见靳光瑾、郭曙纶、肖航、章云帆：《语料库加工中的规范问题——谈〈信息处理用现代汉语词类标记集规范〉》，《语言文字应用》2003 年第 4 期，第 17—25 页。

料库词性的标注化。除了词性标注外，在语料的检索方面，北京师范大学研发的小学语文教学语料库实现了篇章检索和句子检索两项主要功能。

总体上看，教材语料库的语料加工和标注更符合教学需要，目的更加明确，种类和应用范围更加多元。

## 三　汉语教材语料库建构与研究的不足

### （一）对教材语料库的关注度不够

现有的研究成果显示，教材语料库对二语教材的信息分析和教学实践都具有十分重要的作用。王战旗、吴欣（2008）认为，教材语料库的建构以及应用对探讨教材在词汇选择、分布和呈现等方面的特点以及存在的问题具有重要意义。杨德炎（2005）[①] 指出，应该充分重视电脑数据库的开发和利用。只有对教材的语言点进行宏观和微观的计量分析，才能保证世界汉语教材的科学性、规范性、系统性和完整性。尽管如此，目前学界对教材语料库的开发并不重视，从数量上看，教材语料库十分有限。尤其是针对课堂教学的教材语料库更是屈指可数。究其原因，主要是教材语料库投入大、见效慢，与当前强调时效性的研究取向相背离。

### （二）教材语料库的应用范围狭窄

现有教材语料库的应用主要在三个方面：一是通过收集教材语料，提取教材字表、词表，为二语教材编写提供数据；二是收集教材信息，为二语教学规划和汉语国际推广提供信息；三是通过收集网络教学资源，辅助汉语教学。所有这些应用领域，对汉语作为第二语言教学而言都是间接的。作为教学资源的教材语料库还没有能够直接应用到课堂教学中。目前，我们还没有看到任何面向课堂教学使用的教材语料库，这也正是本研究尝试填补的空白之一。

### （三）教材语料库的标注和检索方式亟待丰富

与其他语种的教材语料库比较，汉语教材语料库的语料加工稍显不足。托福2000口语书面语学术英语语料库已经实现了句法标注。何安

---

① 参见 http://lib.blcu.edu.cn/xxb/hyjc/xsdt/20060004.htm。

平研制的中国英语教育语料库完成了对教材语料的语义标注。Römer 开发的英文作为第二语言的教材语料库也实现了功能和语境标注。TeMa拥有内容属性和教学法两套标注系统。但现有的汉语教材语料库至今却只能实现词性标注，除此之外并没有开发出其他的标注项目，这无疑限制了教材语料库研究的范围和应用的领域。在检索功能方面，日本学习者英语教材与测试文本语料库可以进行词表提取和比较，TeMa 语料库根据不同语料的等级依属关系进行赋码和标注，可以轻易检索到各种需要的语言信息，而汉语教材语料库的检索功能还十分薄弱，目前汉语教材语料库大多只能实现教材基本信息和课文字词要素的检索，对汉字结构信息和语音信息的检索还无法实现。因此，丰富教材语料库的标注项目，加强语料库的检索功能，是目前汉语教材语料库开发中亟待解决的课题。

# 第四节　新加坡小学华文教材语料库建构与应用的理论基础

　　教材语料库的建构涉及建构目的和应用领域。建构目的不同，对语料的加工、标注和检索功能的设计便不同，而应用领域则与语料库的适用范围有关。我们不能期望语料库完成所有的教学、研究任务，因此建库时应有所侧重。本研究将聚焦于教材语料库的教学应用和教材语言研究两方面，这就必然涉及与语料库应用相关的理论问题，本节将重点介绍语料驱动的学习理论和诰料库驱动的研究理论。

## 一　语料驱动的学习理论

　　语料驱动学习（data-driven learning），简称 DDL，是英国伯明翰大学语言学家 Tim Johns 于 20 世纪 90 年代率先提出的。他认为，作为一名教导语言的教师，应该将语料库引入课堂教学，利用语料库语言学常用的检索工具（concordancers）和技术为语言教学服务（Johns，1991）。

　　Johns（1991）将语料驱动的学习过程分为三个阶段：提出问题（identify），语料分类（classify）和归纳总结（generalize）。其基本教学程序是：教师根据教学需要向学生提出教学任务或关于语言用法的假设。接着由学生采用语言检索软件到语料库中查询相关的语言信息，这些信息是本族语者口语或书面语中使用的真实例子，而非一般语法教科书中编写出来的例子。最后学生通过分析提取的语料，总结归纳出词汇或语法的规律和用法。在教学过程中，学生是学习的主体，教师只起到指派任务、监督和引导的作用，学生必须利用先备的语言知识，运用检索手段来解决学习中所遇到的问题。图 2.2 显示了 DDL 的教学程序（甄凤超，2005）。

**图 2.2　语料驱动学习的教学程序**

与传统语言教学相比，语料驱动的教学有着明显的不同：其一，教师和学生在教学中的地位不同。在传统的语言知识教学中，教师占主导地位，通常情况是教师先对教学内容进行分析、讲解，接着学生根据教师的提示进行实践，获得新的知识，最后教师对学生学习成果进行反馈和评价。这就是 Johns 所定义的 I（initiation）– R（response）– F（feedback）模式（Johns，1988）。相反，在语料驱动学习过程中，教师只作为教学的监督者和引导者，学生才是教学活动的主导者，学生必须亲自观察语言现象，通过对例句的对比、分析，推测它的意义和用法，然后通过尝试，验证自己的假设是否正确。语料驱动学习是一种学生自控式的学习方式。由于语料驱动学习要求学习者积极参与语言知识构建的整个过程，自主、独立地开展探究式、发现式、验证式的学习，因此更能够帮助学习者记住自己努力所获得的语言知识，也更能够激发他们的学习动机。其二，学习材料的来源不同。在教材使用方面语料驱动学习也有别于传统教学法，后者主要采用的是编写、加工的语言材料，这可能造成教学语言与真实语言相脱节的情况。语料驱动学习弥补了这方面的不足，它采用真实的语料帮助教师完成词汇、语法等教学任务。在语料驱动的教学环境下，教师提出学习任务，学生通过收集真实可靠的语言范例，进行自主、探究式学习。由于不再受限于课本材料，学生能够按照自身的兴趣和需要，选择对自己更合适的教学资源，监察自己的学习过程，根据教学要求去探索发现语言知识。其三，学习方式不同。语料驱动学习强调自下而上、归纳式的学习方式。在学习过程中，学习者接触到的语法规则并非规定性的，有些甚至没有现成的答案，他们必须通过对大量真实语言样例的观察，从中整理、归纳出正确的语法规则，而传统的二语教学多采用自上而下、演绎式的方式进行教学。

　　Willis（1996：10）认为，语言习得必须满足四个基本条件：第一，需要有大量真实的语言输入；第二，必须存在语言使用的机会，能够通过语言进行交流，完成交际任务；第三，必须具备学习语言的动机；第四，要有适当的引导，让学生有机会注意到语言的形式。语料驱动学习能够很好地满足上述四项基本条件，这也正是 DDL 优于传统语言教学的根本。

　　尽管如此，语料驱动学习方法也存在一些不足。其中受到批评最多的是语料库的选择问题，语料驱动学习强调教学语言的真实性、丰富性，这就需要使用大型通用语料库，这些语料库中的语料通常来自第一语言使用者的语言，包罗万象，实际使用中经常产生大量冗余数据，并不适合二语初学者。因此，许多学者提出建立专用语料库进行语料驱动学习的建议。Aston（1995：259）认为，小型语料库更有助于学习者通过建构陈述性和程序性知识培养语言使用能力，应用于课堂教学的语料库应该是由教师精心采集建立，旨在帮助学生理解语言现象的小型语料库。大型语料库价格昂贵，可及性差，不如自建的小型语料库使用方便（梁茂成，2003：43），对文本处理和分析工具的要求较高，教师可获得的相关软件处理能力不足，而自建小型语料库不仅能够克服以上弊病，还有其自身优势：其一，语料收集针对性强，适合教学对象的难度和兴趣；其二，可在本地机上操作，检索语料时选择自由，易于突出语言的语域特征；其三，语料可不断更新，具有开放性和时效性；其四，可自主设计，灵活标注（谢家成，2003：28），能满足更多个性化需求。因此，教师根据自身需要建立小型语料库用于课堂教学，既体现了教学资源利用上的成本效应，又能充分发挥教师在教学设计上的主动性和创造性。本研究将主要应用语料驱动学习理论探讨小型教材语料库辅助华文教学的方法问题。

## 二 语料库语言学研究模式

语料库语言学的研究呈现出两种不同的研究模式：基于语料库的研究（corpus-based research）模式和语料库驱动的研究（corpus – driven research）模式。

### （一）基于语料库的研究模式

基于语料库的研究模式以"温和的经验主义"为哲学基础，发展过程中受到美国结构主义语言学理论的影响，其研究方法与结构主义注重语言描写的研究方法颇具相似之处。其代表人物有伦敦大学的 Randolph Quirk 和兰卡斯特大学的 Geoffrey Leech。

基于语料库的研究模式认为，语料库语言学并不是一门独立的学科，它是一种语言研究方法，可以用来验证或修订过去已有的语言学假说和理论（McEnery & Wilson，1996；Gries，2010；McEnery & Hardie，2012），所以在对待现有的语言学理论方面，基于语料库的研究模式对现有语言学理论秉持宽容和接受的态度。该研究模式的目的并不在于彻底否定已有的语言分析体系，而是将语料库数据视为众多研究数据种类中的一种，不排斥在必要时使用其他类型的数据（如诱发数据，甚至内省数据）（梁茂成，2012）。在研究内容方面，该模式的研究对象比较广泛，除了词汇、语法外，还涉及语用学、话语分析、社会语言学、认知语言学以及心理语言学等。在研究方法上，该模式一般采用实证研究法，先提出自己的假设，再利用语料库数据验证假设。验证过程通常采用实验组和对照组比较的方式，比较和统计检验是研究中不可缺少的环节。在验证假设的过程中，所使用的大部分统计分析方法是推断统计学。

在语料库样本选取和加工方法方面，基于语料库的研究模式在选取语料时并不强调样本的完整性，而以样本的代表性为重要考量，允许在必要时根据长度对文本进行切分；在语料标注方面尽量根据需要对语言信息进行赋码和标注，该研究模式相信，对语料库进行标注不仅会为语料库增加附加值，而且方便使用者从语料库中提取语言信息。

### （二）语料库驱动的研究模式

语料库驱动的研究模式以"激进的经验主义"为哲学基础，以

Firth 的语境论作为语言学理论基础。Firth 认为，语言属于社会行为之一，语言研究的根本目的是分析意义，而意义并不是孤立的，它是由语境决定的，任何词在一个新的语境当中使用，都会成为一个新词，所以研究词义必须从语境入手。Firth（1957）反对脱离语境研究语言现象，提倡在语境中研究文本，他反对传统语料库建设中人为地割裂文本的抽样方式，强调语言文本的整体性。Firth 的语境论思想对 Halliday 和 Sinclair 产生了积极的影响，成为"新弗斯学派"的理论基础。语料库驱动研究模式则是"新弗斯学派"思想在语料库语言学上的具体体现。语料库驱动的研究模式认为，语料库语言学是一门独立的学科，它可以完全摆脱任何已有的语言分类体系和研究框架，从真实数据出发，对语言进行全新的描写（Tognini - Bonelli，2001）。

语料库驱动研究的主要目的是对语言面貌进行客观描写，因此，他们主张语言研究应该从词语观察入手，拒绝使用语料库之外的任何理论作为研究假设和前提。搭配和话语是该模式的研究焦点或出发点。他们认为，语料库语言学中，"搭配"是指语料库数据中所观测到的习惯共现形式，通过研究者直观浏览索引行的方式就能够发现语言的规律。

在方法论上语料库驱动研究模式主要采用索引技术（KWIC）对词语及其上下文语境进行深入细致的分析和总结。通过人工观察从中归纳与词语相关的各种搭配、类连接、语义倾向和语义韵等，最终形成结论（Sinclair，1996）。由于这种方法主要靠"手眼并用技术"人工完成，只考虑简单的词汇共现频率，一般不使用交互信息、对数似然测试、t 值、z 值等更复杂、严格的统计学检验。绝大部分研究所使用的都是描述统计学，包括频数、百分比等。因此，这种仅仅利用索引行看词语搭配的方法得出的结果常常不能再现或复制，这与其他语料库语言学家强调通过显著性看搭配的研究方法形成鲜明对比（McEnery & Hardie，2012）。

语料库驱动的研究模式对语料的选择有别于传统语料库语言学，Sinclair（1996）认为，任何文本都有完整的内部结构，文本中的所有句子通过衔接和连贯等手段构成一个整体，在语料库的文本抽样时应该尊重其完整性，任何将文本进行规定性切割的做法都会破坏文本的整体性

（Sinclair，2005）。因此，语料库驱动的研究模式认为，语言研究应该使用"干净的文本"，反对传统语料库语言学语言分析体系，也拒绝任何对文本进行词性标注和句法标注的做法（Sinclair，1991、2004a）。

（三）两种研究模式的比较

Tognini-Bonelli（2001：99）首次对"基于语料库"和"语料库驱动"的研究模式进行了区分。在她看来，"基于语料库"的研究范式利用语料库对已有的理论或假设进行探索，目的在于验证或修正已有的理论，而"语料库驱动"的研究范式则以语料库作为出发点和唯一观察对象，对语言中的各类现象进行全新的界定和描述。不难看出，对已有语言分析体系应该抱何种态度，这是"基于语料库"和"语料库驱动"两种研究范式间的根本差异。从哲学角度看，前者属于"温和的经验主义"（moderate empiricism），而后者属于"激进的经验主义"（radical empicism）（参见 Gast，2006；Tognini – Bonelli，2001）。

McEnery & Hardie（2012）认为，基于语料库的研究模式与语料库驱动的研究模式之间的差异应该用"语料库作为方法"和"语料库作为理论"的术语加以区分，因为语料库驱动这一概念指的是"使用原始数据归纳的、自下而上的研究"，从这个意义上讲，新弗斯学派所从事的研究并非完全由语料库驱动，而使用该术语的其他语料库语言学家也未必真正认同新弗斯学派的理论观点，Gries（2010：330）认为："真正由语料库驱动的研究至多只不过在神话中存在。"Sinclair 为语料库驱动研究模式划定的界限很遗憾地成了新弗斯学派与其他语料库语言学家之间多余的障碍（McEnery & Hardie，2012）。

笔者认为，上述两种研究模式并非完全对立，它们反映了语料库语言学不同的研究阶段和研究取向。基于语料库的研究模式对传统语料库语言学采取宽容的态度，对传统研究方法获取或确立的理论和成果不抱敌对态度，而是尝试在现有理论基础上寻求突破，挑战、改良或扩展现有语言学研究理论和研究成果。而语料库驱动的研究模式强调利用语料库开辟新的语言理论和研究体系，这种激进的研究思想无疑是对传统僵化的研究方法发起了全面挑战，其至对传统理论和方法持否定的态度。但事实证明，完全脱离过去另辟蹊径的做法总是走不远的。我们认为，在利用语料库进行语言分析时，两种研究模式都可借鉴，基于语料库的研究模式比较适用于探索性研究、验证性研究，而语料库驱动的研究模式更适用于开拓性研究或缺乏理论支撑的原创性研究。在研究方法上，笔者认为，无论是推断统计学还是描述统计学，它们的方法在语言研究中都是有意义的。本研究在研究过程中会采用上述两种研究方法。

# 第三章　新加坡小学华文教材语料库（PCTC）的建构

## 第一节　PCTC 教材语料库的总体设计

### 一　PCTC 教材语料库的设计理念

教材语料库不仅是收集纸质教材并加以电子化，而且是需要进行教学导向的语音、语法、语义甚至语用的标注和检索功能设计，成为具结构性的语料集合体。语料的结构化是教材语料库区别于一般文本数据库的重要标志。语料库的结构是由设计目标和设计理念决定的，不同的设计理念决定了语料库的不同功能和用途。

（一）新加坡小学华文教材语料库建构的理念

新加坡小学华文教材语料库的开发具有明确的设计理念：以教学为导向，以实用为目标，语料库的建立必须有效地、便捷地为新加坡华文教学与研究服务。我们不追求教材语料库的规模宏大，但求语料的功能（检索功能和统计功能）能够满足教学的需要，能够为华文教师提供准确的语料信息，同时也能够满足教学研究的基本需要。因此，我们在语料库的语料选择、界面设计、标注方法、检索方式等方面都秉持这一设计理念，强化语料库建设的针对性、丰富性和便利性。

充分考虑新加坡华文教学的特点，增强语料库设计的针对性。不同的设计理念对教材语料库的设计结果会产生不同的影响。有些语料库的建构是出于语言资源保护的目的，有些则出于语言研究的目的。不同设计理念指导下的教材语料库在具体实现过程中的做法有很大差别，赋码和标注深度和广度也很不相同。为了强化新加坡小学华文教材语料库的针对性，我们在语料的选择、界面的设计、检索工具的选择、标注和统计方法上都作了专门的设计。例如，在语料选择方面，明确规定以现行的小学华文教材作为建库语料；在界面设计上尽量接近纸本教材的呈现方式以方便教师使用；在词语检索方面，专门设计了针对拼音教学的检索项目等。

（二）最大限度满足教学与研究需求，增加语料库功能的丰富性

语料库功能的丰富性是与针对性相呼应的。要增强语料库的针对性，就必须增加一些新的功能项目。目前使用的教材语料库一般功能比较单一，除了关键词检索和词频统计外，其他辅助功能较少。新加坡小学华文教材语料库追求在技术可达条件下最大限度地发挥电脑科技的优势，尽可能增加语料库的应用功能，以满足课堂教学和研究的需求。要实现功能的丰富性，必须从检索项目和统计功能的多样化着手，本语料库可检索的项目包括语音（声、韵、调、音节、音节组合等）、汉字（整字、部件）和词语（词性、构词、搭配等），统计功能包括单套教材和多套教材的拼音、汉字、词汇统计等，可以满足多样化的教学和研究需要。

（三）以服务课堂教学为宗旨，追求语料库操作的便利性

人性化的互动设计是语料库设计开发所追求的目标，也是教学导向语料库必须达到的目标。为了实现操作的便捷性，我们设计了两种语料库检索方式：一是通过专门的检索对话框，对目标词语进行检索；二是通过课文界面直接检索。使用者只要通过鼠标选定特定的词语，设定搜索类型和范围，相应的检索结果便会自动显示在屏幕上，这种检索方式方便教师在课堂教学中使用，充分体现了便捷性的设计理念。

## 二　PCTC 教材语料库的基本架构

建立一个能局部反映新加坡小学华语教材基本面貌的专用语料库是本研究的目标之一。该语料库应具备语料的代表性和实用性，具有教学法标注和教学导向的检索功能，能够满足辅助课堂教学和教学研究的需要。这是我们对 PCTC 教材语料库的基本要求。

为了达到上述设计要求，采用原型法建构原理建构数据库是较为明

智的选择。首先，我们以现行新加坡小学华文教材为语料建设一个较小规模的语料库，它的结构与将来预定义的目标语料库结构完全一样，该语料库可以视作将来大型目标语料库的原型，待该原型语料库建成后，再以滚雪球的方式通过逐步扩大语料库的规模，最终达到预定的目标（何婷婷，2003）。原型法的优点是受时间、人力、物力、资金等因素的影响最小，既能较快地建立一个相对完善的语料库，并迅速投入使用，又可在保证语料库相对完整性的前提下具备可持续扩展的特性，同时还可以在语料库使用过程中不断发现问题，逐步调整优化原来的设计，使语料库日臻完善。

　　在检索功能和统计功能设计方面，我们开发了语音、汉字、词汇、搭配等检索项目，能够统计语音、汉字、词类和构词等语言信息，满足语音教学、汉字教学、词汇教学和语法教学的需要。以下是 PCTC 教材语料库的基本架构。

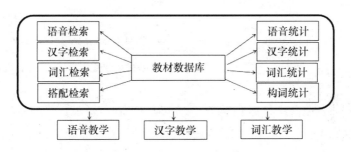

图 3.1　PCTC 教材语料库的基本架构

## 三　PCTC 教材语料库建构的基本流程

　　语料库的建构涉及应用语言学、计算机科学、概率统计学、文献学、版权学、管理学等多个学科，开发一个高质量的语料库，尤其是需要大量人工标注的教材语料库，除了人力、物力、时间、金钱的投入外，还需要有一整套系统的标准和方法来规范整个开发过程。语料库系统的开发是一项软件工程，开发过程应遵循软件工程的一般原则和方法，但又带有自身的特点，所以也可称作语料库工程，这项工作通常主要由软件工程师负责处理。

关于构建语料库的基本流程，俞士汶、柏晓静（2006）将其总结为四个环节，包括语料的采集、语料的加工、语料的组织和检索工具的开发。其中前两个环节与语料库收集和处理有关，后两个环节与数据库和软件开发有关。不同的项目在应用目标、原始语料的情况、工具储备等方面会有不同，但这个流程的四个主要环节基本上可以遵循（见图3.2）（俞士汶、柏晓静，2006）。

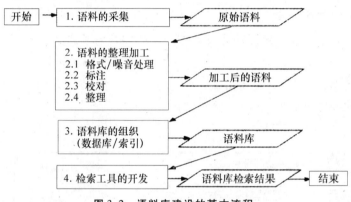

图3.2　语料库建设的基本流程

本研究在俞士汶、柏晓静（2006）研究的基础上，对PCTC教材语料库的流程做了一些调整。分为两个层面九个步骤。第一个层面是语料采集和加工，由六个步骤组成，包括标准及规范设计、语料收集、语料转写、语料编码和清理校对、语料赋码标注和语料人工校对。上述步骤结束后，进入第二个层面，即语料库建设、功能设计和界面设计等。与第一层面的线性步骤不同，数据库建设和功能、界面设计同时进行，彼此之间需要配合、协调，其中任何一个步骤出现问题或需要调整，常常会带来整个系统的调整。因此，在语料库建构前，应该对第二层面做整体性的设计和规划。调整后的PCTC教材语料库的设计流程见图3.3。

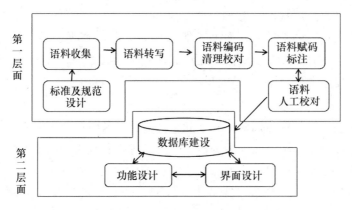

**图 3.3　PCTC 教材语料库建构的基本流程**

（一）采用的标准及规范

在建立数据库之前需要对语料进行标准化，如采用什么样的字体？简体还是繁体字？注音采用汉语拼音还是注音符号？分词的标准如何？标注的标准如何？等等。PCTC 教材语料库采用的标准和规范如下。

1. 分词规范

分词是汉语自然语言处理首先需要解决的问题。因为汉语书写时词的边界没有反映在文本中，所以在语料加工前必须首先分词。未经分词处理的原始语料（即生语料）无法被计算机准确识别，所以只能用来进行字频等简单统计，如需生成词表或进行词频统计，就必须给语料加上分词标记。但由于长期以来，汉语学术界对词的定义和划分存有争议，分词标准化的工作一直很难向前推进。目前国内常用的分词规范主要有中国国家标准 GB13715《信息处理用现代汉语分词规范》（刘源，1995）[①]、北京大学《现代汉语语料库加工规范》（俞士汶等，2002）以及中国台湾计算语言学学会研发的《中文信息处理分词规范》（黄居仁等，1997）。

PCTC 教材语料库以北京大学《现代汉语语料库加工规范》作为分词依据。主要原因是该规范不仅与中国国家标准 GB13715《信息处理

---

[①]　参见刘源等《信息处理用现代汉语分词规范及自动分词方法》，清华大学出版社 1994 年版。

用现代汉语分词规范》比较一致，而且有了一部配套的《现代汉语语法信息词典》作为参照，使用方便。不过，除了遵循《现代汉语语法信息词典》外，《现代汉语词典》（第5版）也是 PCTC 教材语料库分词的主要参考依据。

2. 标注规范

解决分词问题为词语的检索和统计创造了条件，但是要对词语及其他语言成分做更细致深入的分析，还必须进行各种类型的语料标注。所谓标注，就是对语料库中的原始语料进行再加工，将各种表示语言特征的赋码标注在相应的语言成分上，以便于计算机的识读（崔刚、盛永梅，2000）。在制定汉语语料库加工规范和标准时，词语切分与词性标注规范的制定通常是结合起来进行的。例如，汉语中的语素是构词的基本单位，语素构成合成词的方式可以根据需要进行各种分词处理（主要有三种：重叠、附加和复合），在这种情况下，切分和标注就必须综合考虑。目前常见的标注包括词类标注、句法标注和语义标注等，PCTC 教材语料库主要采用的是词类标注。相关的词类标注规范包括国家语委 2001 年颁布的《信息处理用现代汉语词类标记集规范》（国家语委语言文字应用研究所，2001）和《现代汉语词典》（第5版），当前者与后者不一致时，我们将以《现代汉语词典》作为主要参考依据。对于不同词类内部的小类不再细分，如名词均以符号"n"标记，不再细分为时间名词、方位名词、处所名词以及专有名词等。这样处理虽然在提取精度上有所欠缺，但对一般的词类统计分析更加方便，也能满足本研究的需要。表 3.1 是本研究采用的词性标记符号集。

3. 汉字规范

PCTC 教材语料库以简体字作为建库字体。标准简体字采用中国国务院 1986 年重新发布的《简化字总表》（修订版）的字体。《简化字总表》分三个分表，共收 2274 个简化字及 14 个简化偏旁。其中第一分表收不可用作简化偏旁的简化字 350 个，第二分表收可作简化偏旁用的简化字 132 个及 14 个简化偏旁，第三个分表收类推简化字 1753 个。另外"附录"还收录了 39 个习惯被看作简化字的规范汉字（傅永和，2005）。

表3.1　　　　　　　　　PCTC 教材语料库词性标记符号集

| 序号 | 代码 | 名称 | 符号解释 |
|---|---|---|---|
| 1 | a | 形容词 | 英语形容词 adjective 的首字母 |
| 2 | c | 连词 | 英语连词 conjunction 的首字母 |
| 3 | d | 副词 | 英语副词 adverb 的第二个字母 |
| 4 | e | 叹词 | 英语感叹词 exclamation 首字母 |
| 5 | i | 习语 | 英语成语 idiom 的首字母，包括各类熟语 |
| 6 | k | 前后缀 | 规定符号 |
| 7 | m | 数词 | 英语 numeral 的第三个字母 |
| 8 | n | 名词 | 英语名词 noun 的首字母 |
| 9 | o | 拟声词 | 英语拟声词 onomatopoeia 的首字母 |
| 10 | p | 介词 | 英语介词 preposition 的首字母 |
| 11 | q | 量词 | 英语数量 quantity 的首字母 |
| 12 | r | 代词 | 英语代词 pronoun 的第二个字母 |
| 13 | u | 助词 | 英语助词 auxiliary 的第二个字母 |
| 14 | v | 动词 | 英语动词 verb 的首字母 |
| 15 | w | 标点符号 | 规定符号 |

　　通用汉字以 2013 年中国国务院公布的《通用规范汉字表》① 为标准。该字表共收 8105 个汉字，分为三级。其中一级字表为常用字，收字 3500 个，主要满足基础教育和文化普及的基本用字需要。二级字表收字 3000 个，使用度仅次于一级字表。一、二级字表主要满足出版印刷、辞书编纂和信息处理等方面的一般用字需要。三级字表收字 1605

---

① 参见 http://www.beijing-language.gov.cn/zhengcefg/guifanbz/2014-02-28/709.html。

个，是姓氏人名、地名、科学技术术语和中小学语文教材文言文用字中未进入一、二级字表的较通用的字，主要满足信息化时代与大众生活密切相关的专门领域的用字需要。

PCTC 教材语料库的部件切分标准和基础部件规范以 2009 年中国国家语言文字工作委员会（以下简称"国家语委"）发布的《现代常用字部件及部件名称规范》[①] 为依据，该规范与国家语委 1997 年发布的《汉字处理用 GB13000.1 字符集汉字部件规范》[②] 在部件数量和切分标准上有所不同。《现代常用字部件及部件名称规范》共收录基础部件 514 个，其中成字部件 311 个，非成字部件 203 个，由于该规范目前尚处于试用阶段，有些新确定的基础部件在标准字库中还未收录，需要设计者专门制定。

4. 汉语拼音规范

PCTC 的拼音标注主要依据 1958 年 2 月 11 日中国第一届全国人民代表大会第五次会议批准颁布的《汉语拼音方案》，但在字体选择上并不硬性规定使用哥特体（Gothic），本研究也允许使用罗马体（Roman）。在标调方面除了用拼音调号标记外，也允许使用数字标调法，如美（mei3）。

汉语拼音书写规范则主要依据 2012 年中国国家标准化管理委员会发布的《汉语拼音正词法基本规则》（修订版）[③]。

（二）语料的选择

PCTC 教材语料库的语料选自 2007 年出版的新加坡小学华文教材，包括《小学华文》《小学高级华文》和《小学基础华文》三套子教材。该教材由新加坡教育部课程规划与发展司与中国人民教育出版社合作编写，2007 年开始出版小一、小二（上、下两册），2010 年六个年级的教材出齐。整套教材包括课本、活动本、教师用书、录音材料和网上多媒体资源（学乐网）等。PCTC 教材语料库的语料样本全部取自《小学华文》《小学高级华文》和《小学基础华文》中的课文部分。表 3.2 是

---

① 参见 http：//www. china – language. gov. cn/standard/汉字部件 . pdf。
② 参见 http：//www. moe. gov. cn/ewebeditor/uploadfile/2015/01/12/20150112165337190. pdf。
③ 参见 http：//www. moe. edu. cn/ewebeditor/uploadfile/2015/01/13/20150113091717604. pdf。

PCTC 教材语料库的课文数量信息。

表 3.2　　　　　　　新加坡小学教学语料库的课文数量信息

| 教材名称 | | 小学基础华文 | 小学华文 | 小学高级华文 |
|---|---|---|---|---|
| 课文数量 | 一年级 | 45 | 60 | 60 |
| | 二年级 | 66 | 88 | 88 |
| | 三年级 | 40 | 60 | 60 |
| | 四年级 | 40 | 60 | 60 |
| | 五年级 | 14 | 36 | 40 |
| | 六年级 | 10 | 20 | 24 |
| | 总计 | 205 | 322 | 332 |

（三）语料的转写

建立能进行电脑处理的教材语料库，首先要实现纸质教材的"电子化"。生成电子文本的途径有两种：一是通过手工录入的方式自己制作电子文本；二是利用机器扫描—识别技术（OCR）自动转写。前一种方法比较费时费力，后一种方法是利用扫描仪把纸质教材以黑白二值的图像形式输入计算机，再利用文字图像识别软件进行识别，最后输出电子文本。

本研究采用汉王的 OCR 软件对新加坡小学华文教材语料进行转写，该软件识别正确率较高，支持处理灰度、彩色、黑白三种色彩的 BMP、TIF、JPG、PDF 多种格式的图像文件；可识别简体、繁体和英文三种语言，具有 TXT、RTF、HTM 和 XLS 等多种输出格式。本研究的所有语料数据都是以 TXT 格式存档以备后期加工处理的。

（四）原始语料的校对

采用 OCR 软件转写教材语料既方便又准确。本研究采用汉王 OCR 软件，虽然它的文字识别准确率高达98%，即便如此，由于受语篇环境（如插图、注音）和扫描用课本整洁度的影响，识别出来的文字难免发生错误、遗漏或添加的情况。例如汉字"引"常被识别成"弓 1"或"弓 i""弓 l"等。面对这种情况，语料的校对就成了保证语料质量的必要环节。本研究主要采用电脑校对和人工校对两种方法。我们利用软件系统的替换功能，对特定的错误进行批量的检校和更正。例如，面对"引"被错记为"弓 1"或"弓 i""弓 I"的情况，可用"引"替换"弓 *"。对于那些错误类型特别，无法通过软件检测发现，就只能靠人工校对逐一更正了。

（五）分词与标注

1. 分词

PCTC 有一套自带的分词软件（详见本章第三节），只要将需要分词的文件导入或剪贴到对话框内，分词系统就会对文本进行自动分词处理，分词采用正向和逆向两种分词办法，使用者可以分别尝试，选择准确率高的方法，最后将分词后的文本存档即可。以下是分词前后的文本样例。

分词前的课文：

翻看爸爸的相册，我知道了一个秘密：我和爸爸是"同学"！

我的学校是爸爸小时候的学校；我的老师也是爸爸的老师……你看，照片里，几张笑脸把老师围在中间。

那时候，老师非常年轻，而爸爸呢，和我现在一样，是个三年级的学生。

哈哈！爸爸，原来我们都在同一所学校上课，当过同一个老师的学生。

爸爸，把您玩过的玻璃弹珠找出来，我们一起玩吧！

爸爸，带着我们的纸飞机，到草地上去试飞吧！

分词后的课文：

翻看 爸爸 的 相册 ，我 知道 了 一 个 秘密 ：我 和 爸爸 是 "同学"！

我 的 学校 是 爸爸 小时候 的 学校 ；我 的 老师 也是 爸爸 的

老师……

　　你 看 ， 照片里 ， 几 张 笑脸 把 老师 围 在 中间 。

　　那 时候 ， 老师 非常 年轻 ， 而 爸爸 呢 ， 和 我 现在 一样 ，
是 个 三年级 的 学生 。

　　哈哈 ！ 爸爸 ， 原来 我们 都 在 同 一 所 学校 上课 ， 当 过 同
一 个 老师 的 学生 。

　　爸爸 ， 把 您 玩 过 的 玻璃 弹珠 找 出来 ， 我们 一起 玩 吧 ！

　　爸爸 ， 带着 我们 的 纸 飞机 ， 到 草地 上去 试飞 吧！

如果发现分词错误，可采用人工方法改变软件分词的方向（如正向分词改为逆向分词）加以纠正。例如，上文中"到 草地上去 试飞吧！"应改成"到 草地 上 去 试飞 吧！"

完成语料的分词后，基本的字词提取和统计就可以进行了。本研究关注教材语料库的课堂教学应用和语言要素的研究，因此，仅有分词文本是不足够的，必须进行语料的深加工。语料标注分语料外部信息标注和语料内部信息标注两种。语料外部信息指的是语料内容本身之外的一些信息，不牵涉语料本身，只是一些外部因素的描述。如描述语料载体性质（报纸、杂志、图书、电影、电视、广播）的媒介；描述语料具体来源的媒体名称（网站名、杂志名、报刊名等）；语料发布的时间；语料作者等。语料内部信息主要指的是语料内容本身的信息，包括描述语料语体（口语或书面语）的性质、语料编码格式（简繁体、字符集）、描述语料文体的体裁、语料类别（主题类别）、标题、关键字、正文、字数、同主题超链接等（黄昌宁，1993），语言内部信息还包括词类、语义类型、句法类型等。

2. 赋码和标注

本研究采用字母和数字对教材语料的外部信息做了如下赋码：

《小学高级华文》标记为"H"，《小学华文》标记为"P"，《小学基础华文》标记为"B"。

年级用数字"1"到"6"表示，例如，《小学华文》三年级标记为"P3"，《小学高级华文》六年级标记为"H6"。

课数序号用两个数字标记，从"01"到"99"，课文序号加在年级

数后，例如《小学基础华文》五年级第 4 课，标记为"B504"，以此类推。

最后是每一课的课文篇数，分别用数字"1"到"9"表示，添加在课数序号后，例如《小学高级华文》四年级第 12 课第一篇课文标记为"H4121"。以此类推，所有的语料都被赋予了唯一的外部信息码，供使用者检索。

除了外部信息的标赋码外，本研究还对教材语料的词性做了标注。这项工作主要是以机器自动标注和人工校对的方式进行，采用的词类标注符号见表 3.1：PCTC 教材语料库词性标记符号集。

因为 PCTC 教材语料库主要是为新加坡小学华文教学服务的，所以在分词和标注上需尽量与目前社会上通行的词汇划分标准保持一致，对于语料自动分词系统产生的不一致标注必须采用人工方式加以处理。PCTC 常出现的不一致标注有：

- 两位数以上数字的分合问题

自动分词软件将所有两位数以上的数字合为一个切分单位，统一标注为数词，如"九百五十/m"。我们只保留个位数字，其他继续切分，分别标注。如"九/m 百/m 五/m +/m"。月份和日期前的数字除外，它们与"月"和"日"结合构成一个切分单位，标注为名词，如"十一月""三十日"。

- 单音节普通名词加单音节方位名词的分合问题

自动分词软件常将上述两者结合后的双音节单位作为一个名词看待，标注为名词。如"天上""床上""城里"等。我们的处理原则是：如果两者结合度高，词典已收录的作为一个名词看待。如"天上/n"标注为名词，否则分成两个名词，分别标注。如"城/n 里/n""床/n 上/n"等。

- 单音节动词加单音节动词组成动补结构的分合问题

自动分词系统经常将这两类成词语素构成的单位作为一个动词看待，标注为动词。如"看见/v""听见/v""换成/v""握住/v"等。我们的意见是以结合度和《现代汉语词典》为标准。结合度高的，尤其是收录进规范词典的作为一个分词单位词看待，标注为动词，如"看见/v""听见/v"等，否则标注为两个动词。如"换/v 成/v""握/v 住/v"。

● 单音节形容词加单音节名词组成偏正结构的分合问题

自动分词系统时常将"旧车""大树""小船""大厅""大街"等作为一个名词进行标注。我们认为有些组合产生了转义现象，而且常结合在一起使用，可看作一个词。另外一些内部结构较松散，拆分后不影响词义的理解，可看作是短语，标注为 a + n。如"旧/a 车/n""大/a 树 n"。

(六) 标注语料的校对

PCTC 教材语料的校对在自动分词和标注后进行。校对工作主要由人工完成，电脑起部分辅助作用。整个校对分三次进行。第一次是纸本校对，校对者先将标注后的语料打印出来，再对照事前规定的分词与标注标准对教材课文进行逐篇校对，最后在电脑文本数据库中输入修正的结果。纸本校对的好处是修改过程可以前后比对、监控，保证校对标准前后统一，提高标注的准确性。不足之处是增加了打印和笔校环节，费时费力。第二次是机上校对，校对者面对电脑，逐篇浏览修订后的分词语料，发现错误及时纠正。如果分词或标注错误具有类型化倾向，校对者可通过语料库检索系统调出相关数据，进行针对特定错误形式的批量校对和批量修改。机上校对的优势是方便追寻相关信息，不会出现遗漏。缺点是校对后的结果如果没有记录，就容易遗忘，造成校对盲点。第三次是词表校对，方法是将经过两次校对后的标注词表打印出来，逐行浏览、对比语音和词性标注信息，当发现拼音或词性标注不一致时，进行规范词典、标注标准和教材文本的交叉比对，确定标注的准确性，如发现修正错误，则回到电脑数据库输入正确的结果。词表校对是保证文本分词和标注质量的最后一个环节，也是最重要的一个环节。词表校对可以轻易发现分词和标注的不一致性，并进行整体性的修改。但是词表校对对校对者的要求很高，它要求校对者具备很高的词汇学和语法学的专业素养，具有准确的判断能力。否则可能适得其反，造成系统性的标注错误。

## 四 PCTC 教材语料库的基本统计数据

### （一） 新加坡小学华文教材的音节数量和频率统计数据

表 3.3　　　　　　　**新加坡小学华文教材音节统计数据**

| 教材名称 | 音节种数 | 音节总频次 | 音节平均频次 |
|---|---|---|---|
| 基础华文 | 807 | 30379 | 37.64 |
| 小学华文 | 939 | 62545 | 66.61 |
| 高级华文 | 964 | 77616 | 80.51 |
| 三套总计 | 969 | 170540 | 176 |

### （二） 新加坡小学华文教材的汉字字种、字频统计数据

表 3.4　　　　　　　**新加坡小学华文教材汉字统计数据**

| 教材名称 | 汉字字种 | 汉字字量 | 平均字频 |
|---|---|---|---|
| 基础华文 | 1498 | 30379 | 20.27 |
| 小学华文 | 2061 | 62545 | 30.33 |
| 高级华文 | 2291 | 77616 | 33.88 |
| 三套总计 | 2357 | 170540 | 72.35 |

### （三） 新加坡小学华文教材的词种、词频统计数据

表 3.5　　　　　　　**新加坡小学华文教材词汇频率统计数据**

| 教材名称 | 词种数 | 词频次 | 平均词频 |
|---|---|---|---|
| 基础华文 | 2924 | 22261 | 7.61 |
| 小学华文 | 5170 | 45103 | 8.72 |
| 高级华文 | 6188 | 55853 | 9.03 |
| 三套总计 | 7168 | 123217 | 17.19 |

# 第二节  PCTC 教材语料库操作平台与数据库建构

## 一  操作平台与运行环境

（一）PCTC 教材语料库的操作平台

本操作平台系统是针对目前正在使用的新加坡小学华文教材设计的，主要功能是检索语音、汉字、词汇、词块等语言信息在教材中的位置和上下文语境，统计教材语音、汉字和词汇的频率以及在各年级的分布情况等。

本操作平台系统采用 Microsoft Visual Studio 2010 软件包中的 Visual Basic 语言编写，完全兼容 Unicode，所以安装和运行时可以不必选择 Chinese PRC 运行环境，但文本文件必须以 Unicode 编码存盘。

系统的数据库建构采用先创建数据库，然后读入数据以进行资料处理的方法。创建数据库之前，所有的资料必须按本系统的规定编写并以纯文本文件或 MS Excel 形式储存在文件夹中。

（二）PCTC 教材语料库的运行环境

本操作平台系统可以在任何版本的中英文微软视窗环境下运行。由于汉字属性采用了许多特殊符号，要正确地显示这些符号，必须安装 Sun-ExtB 字库。

## 二  语料的加工处理

（一）语料来源

本系统采用的语料分为两部分。第一部分为语料库主体，包括上述经过前期加工标注和未标注的小学华文教材（包括基础华文、小学华文和高级华文）中的课文内容，不包括课后练习和教师用书的内容；第二部分为扩展部分，包括过去曾经在新加坡使用过的小学华文课本（好儿童华文、CLIPS 华文）和中国汉语水平考试使用的字表和词表。

（二）语料分类与格式

本系统将语料库中的语料分为字、词、句子、课文、拼音、汉字属性、字表、词表和词库九种形式，除了汉字属性以 Excel 格式编写外，其他语料均以文本格式（TXT）编写。其中字、词、句子和课文内容都来自于小学华文教材，这些语料除了正文外，都带有头部标记信息以区分课程、年级和课次，并冠以标记"＊"，课程语料中以 B 代表基础华文、P 代表小学华文、H 代表高级华文；年级信息以 1 至 6 代表；课次信息以两位数字代表。例如 ＊P109 表示小学华文一年级第九课；＊H618 表示高级华文六年级第十八课。

（三）语料编写

所有的语料除了汉字属性需要用 MS Excel 编写外，其他均用 Windows 附带的文本编写工具 NotePad 编写，存盘时编码一定要选择 Unicode，至于文件名称和存盘位置则不受任何限制。

1. 字词

编写前，原始资料必须预先经过分词处理和词性标注，词语和词性标注信息之间以斜线"／"隔开，最后按课程、年级和课次顺序进行编码。如：

　＊B101

　老师／n

　好／a

　你们／r

　好／a

　你们／r

　去／v[①]

2. 句子

原始语料同样经过分词处理和词性标注，词语和词性标注信息之间以斜线"／"隔开，词性之后保留一个英文空格以便与后面的词语隔开，最后按课程、年级和课次进行编码。如：

　＊H101

　《／w 上／v 学校／n 》／w

　太阳／n 照／v ，／w 花儿／n 笑／v ，／w 我／r 背／v 着／u 书包／n 上／v 学校／n 。／w

---

① 由于篇幅所限，在不影响表述的前提下，此处样例信息被删减，下同。

见/v 了/u 老师/n 说/v 声/q 早/a ，/w 见/v 了/u 同学/n 问/v 个/q 好/a 。/w

《/w 上学/v 真/d 开心/a 》/w

我们/r 上/v 了/u 一/m 年级/n ，/w 学/v 唱歌/v ，/w 学/v 画画/v ，/w 又/d 读书/v ，/w 又/c 写字/v ，/w 天/n 天/n 上学/v 真/d 开心/a 。/w

《/w 上学/v 歌/n 》/w

3. 课文

原始语料在开头编码信息处理方面与字词和句子编码相同，其不同在于没有添加词性标注信息，词与词之间以一个英文空格单位隔开。如：

＊P101

老师好！

你们好！

你们去哪里？

我们去操场。

4. 汉语拼音

拼音信息是以拼音库的形式存在的。通过匹配方式与大型词库相联系。本系统包含了处理文本和分词所需的所有词语的汉字形式和拼音形式，拼音与汉字之间以斜线"/"隔开。如：

阿爸/ābà

阿斗/ādǒu

阿飞/āfēi

阿胶/ējiāo

5. 汉字属性

由 18 个项目组成，包括汉字、拼音、声母、韵母、声调、中文解释、英文解释、笔数、部首、结构、部件数、一级部件、二级部件、三级部件、末级部件①、基础华文识读转识写课次、小学华文识读转识写

---

① 汉字切分的层级是由汉字结构的复杂性决定的。结构越复杂，层次越多。如果需要，本系统可以扩展层级级别。

课次和高级华文识读转识写课次（见图3.4）。

| | A | B | C | O | K | G | | H | I | J | K | L | M | N | O | P | Q |
|---|---|---|---|---|---|---|---|---|---|---|---|---|---|---|---|---|---|
| 冷 | lěng | l | eng | 上声 | 1.温度低，与"热"相对<br>2.寂静，不热闹<br>3.生疏，少见的<br>4.不热情，不温和<br>5.不受欢迎的，没有人过问的 | 1.cold<br>2.lonely<br>3.shot from hiding<br>4.cold in manner | 7 | | | 左右结构 | 3 | 冫 | 令、今、丶 | | - | H303 - H411 |
| 慢 | màn | m | an | 去声 | 1.迟缓，速度小，与"快"相对<br>2.态度冷淡，不殷勤，不礼貌 | 1.slow(ly)<br>2.leisurely<br>3.sluggish | 14 | | | 左右结构 | 4 | 忄 | 曼、曰、罒、又 | | - | H303 - H305 |
| 娃 | wá | w | ua | 阳平 | 1.小孩子<br>2.旧称美女<br>3.某些幼小的动物 | 1.child<br>2.baby<br>3.doll | 9 | 女 | | 左右结构 | 3 | 女 | 圭、土、土 | | | H304 - NA |
| 除 | chú | ch | u | 阳平 | 1.去掉<br>2.改变，变换<br>3.不计算在内<br>4.算术中用一个数去分另一个数，是"乘"的反运算<br>5.任命官职 | 1.get rid of<br>2.divide<br>3.except<br>4.remove | 9 | 阝 | | 左右结构 | 4 | 阝 | 余、人、一、木 | | | H304 - H318 |

**图 3.4　汉字信息结构**

6．字表

本系统具有自动生成字表的能力。生成的字表按单字、课次、年级字频、总字频的顺序依次横向排列，统计时可以根据需要分别进行。汉字排列顺序按课次进行，也可转成音序排列。系统允许加入课文以外的其他字表，字表不必编码但必须经过分词处理，文件必须按系统的规定以 zb#方式取名，#为 1—20 的数字，字表名称由系统的初始化文件 nie. ini 决定。例如：

老

师

好

你

们

7．词表

词表的加工较字表复杂。词表不必编码但必须经过分词处理，由于目前所有的分词软件都无法做到百分之百准确，因此人工校对的环节是必需的。词表的排列方式与字表相同。本系统允许加入课文以外的其他词表文件，但必须按系统的规定以 cb#取名，#为 1—20 的数字，词表名称由系统的初始化文件 nie. ini 决定。例如：

老师

好

你们

去

哪里

8．词库

系统分词所依据的标准词表共有 60113 个由单音节词和多音节词组组成的词语。这是本系统词汇处理的主要依据。该词表可随时添加或删除词表中的词语。例如：

不敢

不敢当

不公

不攻自破

不共戴天

不苟

不苟言笑

不顾

# 第三节　PCTC 教材语料库的系统功能

本系统具有导入、导出、检索、统计、对比等功能。为了系统扩展和修改的需要，本系统还设计了工具辅助项目。每个功能项目下设若干子项目供使用者选择。

## 一　导入功能

所有的资料都是通过导入功能写入数据库的。操作时首先打开存放资料的文件夹，然后选取所要读入的文件，可以选取一个或多个文件（按住键盘的 shift 键），最后点击确定。导入功能下设字词导入、句子导入、课文导入、拼音导入、信息导入、字表导入、词表导入和词库导入 8 个子项目，之后可以对不同类型的语言信息进行处理。

## 二　导出功能

"导出"是将储存在数据库里的资料写入一个文本文件或 Excel 文

件中作为其他用途。导出功能项目下设字表导出、词表导出、拼音表导出、构词表导出、汉字属性表导出、词库导出 6 个子项目。除汉字属性表和词库只能整体导出外，其他资源导出前需选择要导出的内容，如导出所用课程或某种课程。导出的资料可以保存为文本文件或 Excel 文件。如果选择后者，须确保电脑中已安装了 MS Excel。

## 三 检索功能

检索是本系统最主要的功能，通过检索可以获得许多有关课文的信息。检索的对象分为字词、课文、构词和拼音四类。通过字词检索，可以获得课文所用字词数量、所在课文、上下文语境等的语言信息；通过课文检索，可以获得与课文有关的许多信息，包括课文内容、课文中的字种、字量、词种、词量、生字、生词、词类、汉字属性、词语例句等；通过输入汉字（词、语素或音节）信息，可以获得该字在教材中的构词信息；通过拼音检索可以获得单字和双音节词的声母、韵母、声调、音节等语音信息。

### （一）字词检索

输入需检索的关键词后就可以查找出含有该词的课文或句子。检索的对象分为单音节词、多音节词、词语词性和搭配词语四类。

在输入框内输入要检索的关键词或字或短语，然后选择检索对象，例如，单音节词、多音节词、词语词性或关联词语。检索词性时必须同时输入词语的书面形式和词性标记符，例如，大家 r，老师 n；检索关联词时如果是两个单音节词，例如"就"和"把"，则直接输入"就把"；如果是两个双音节词，例如"因为"和"所以"，直接输入"因为所以"；前后词长不同的短语，中间必须用英文逗号","隔开，例如，"因为"和"就"必须输入逗号，即"因为，就"。

### （二）检索课文

检索课文是本系统中功能最强大、检索项目最多的一项功能。检索课文采用两种方式显示课文中的语言信息：一是有关课文的语言统计信息。在选定某一课文后，这些信息会自动显示在课文内容的上方。例如课文中的字种、词种、字量、词量、生字、生词、词类分布等。二是特定的语言信息。这些信息须通过点选相关按钮获得，例如，点选生字钮可显示课文生字信息；点选生词钮可知道该课中哪些是生词。如果想获得某个汉字或词语的特定信息，也可以通过点选字词信息钮获得。该项检索可以获取检索特定汉字的属性信息，包括拼音、声母、韵母、声调、笔数、结构、部首、部件数、一至四部件、中英文解释，以及特定词汇的例句和在教材中的分布状况等信息。

（三）构词检索

可以查找教材语料库中任何一个单字的构词信息。只要在输入框内输入被检的单音节字语音，系统将显示由该字参与构词的所用多音节词，以及这些词语的频率和分布信息。

（四）拼音检索

此项功能可以查找课文中出现过的任何一个单字和双音节词语的汉语拼音。如果同时在两个文本输入框内分别输入语音信息，则可以检索词语；如果只在其中一个文本输入框内输入资料，则只检索单字的字音。检索的选项分为五类：指定声母和韵母组成的单音节字、指定声母组成的双音节词、指定韵母组成的双音节词、指定声母和韵母组成的双音节词以及指定声调组成的双音节词。

## 四  统计功能

统计项目分为单字、词语、词性、兼类、声母、韵母、声调和声韵八类。

（一）单字

统计指定课程课文使用的字出现的频次、频率、累计频率、首次出现的课次。统计所有课程，统计的结果会列出所有字在各个课程、各个年级出现的次数和首次出现的课次。

（二）词语

统计指定课程课文使用的词出现的频次、频率、累计频率、首次出现的课次。统计所有课程，统计的结果会列出所有词语在各个课程、各个年级出现的次数和首次出现的课次。

（三）词性

统计词性可以获得该词语在各个年级出现的次数、总共出现的次数和首次出现的课次。

（四）兼类

统计具有多重词性的词语。统计指定课程的词语，统计结果显示各词语在各年级的分布情况；统计所有课程，统计结果显示的是各词语在各课程中出现的总次数和首次出现的次数。

（五）汉语拼音

统计项目包括声母、韵母、声调以及声韵搭配的音节等。可指定课程统计，也可全部课程统计。统计结果是词语按声母排列，并显示各词语在各年级出现的次数和首次出现的课次；选择所有课程，统计的结果是显示各词语在各课程里出现的总次数及首次出现的课次。

## 五 对比功能

本系统除了进行现行小学华文教材的检索、统计外，还可以与过去编写的新加坡小学华文教材以及中国的字词表进行比较。比较结果包含了各类词表信息并以图表显示，其中 1 代表该教材或词表使用了该字词，0 则代表未使用该字词。对比采用两种形式：一是现行教材与过去新加坡华文教材的用字、用词比较；二是现行教材与中国字词表的用字、用词比较。本系统提供的字表主要有：2002 年新加坡开始实施的《中小学华文字表》（小学华文字表）、《小学华文教材》（CLIPSCL）字表、《小学华文教材》（CLIPSHCL）高级华文字表、《好儿童华文》（HETCL）字表、《好儿童华文》（HETHCL）高级华文字表、《中国汉语水平考试大纲》（HSK）全级字表、《中国汉语水平考试大纲》（IISK）甲级字表、《中国汉语水平考试大纲》（HSK）乙级字表、《中国汉语水平考试大纲》（HSK）丙级字表、《中国汉语水平考试大纲》（HSK）丁级字表；主要词表包括《小学华文教材》（CLIPSCL）词表、《小学华文教材》（CLIPSHCL）高级华文词表、《好儿童华文》（HETCL）词表、《好儿童华文》（HETHCL）高级华文词表、《中国汉语水平考试大纲》（HSK）全级词表、《中国汉语水平考试大纲》（HSK）甲级词表、《中国汉语水平考试大纲》（HSK）乙级词表、《中国汉语水平考试大纲》（HSK）丙级词表、《中国汉语水平考试大纲》（HSK）丁级词表、《普通话水平测试实施纲要》词表、《汉字应用水平测试词语表》和北大词表。

## 六 辅助工具

本系统配有多个自行设计的实用工具,主要包括分词工具、注音工具、字词表生成工具、插入字表和词表工具、压缩数据库工具,设置字表词表名称工具、语料库生成工具等。

### (一) 分词

"分词"为本系统自主开发的一个实用工具,它能迅速地将文本资料切分为字和词。分词方法采用最大匹配法(The Maximum Matching Method)(简称"MM 法")和逆向最大匹配法(The Opposite Directional Maximum Matching Method)(简称"OMM 法")。

1. 最大匹配法(MM)

在机器中存放一个最长词语有 N 个汉字的规范词库(通常是一个数据库)。MM 法是每次从语料中抽取最前的 N 个字串和词库匹配,如果词库中有这 N 个字的词语存在,则匹配成功,这 N 个字字长的词语就被切分下来;如果词库内没有这 N 个字字长的词语,则匹配失败,去掉这 N 个字字串的最后一个字,剩下 N – 1 个字,再和词库进行匹配,如此进行,直到匹配成功。例如,当前字串为:"我们都是国家的未来主人翁……"第一次抽取"我们都是国家的未"(假设词库中最长的词语是 8 个字)进行匹配,第一次匹配失败,去掉"未"剩下"我们都是国家的",再进行匹配,再失败,如此进行,直到第七次匹配,这时只剩下"我们",匹配成功,"我们"就被切分下来。接着再抽取"都是国家的未来主"进行匹配,一直到整个字串的词语都被切分下来(我们/都/是/国家/的/未来/主人翁)。

2. 逆向最大匹配法(OMM)

OMM 法的分词过程和 MM 法相同,不同的是 OMM 法的分词方向和 MM 法相反,每次抽取的是字串的最后 N 个字,如果匹配失败,则去掉字串的第一个字。例如,第一次抽取"国家的未来主人翁",如果匹配失败,则去掉"国",将剩下的"家的未来主人翁"再进行匹配,到第六次时,将剩下的"主人翁"和词库进行匹配,这时匹配成功,"主人翁"就被切分下来。

3. 汉语分词所碰到的问题

汉语与英语不一样，英语是由字母拼写成单词的，书写时，词与词之间由空格分开，所以人工分词或自动分词都不成问题。汉语就不一样了，词与词之间没有空格间隔，所以对汉语进行自动分词非常困难，再加上歧义、词与短语的混淆、未登录词、人名、地名等的干扰，不管采用的是 OMM 法还是 MM 法都无法完成 100% 的分词工作，最终还需要人工的干预。据专家统计，机器自动分词至多只能完成约 90% 的分词工作，剩下的约 10% 必须经过人工处理。也就是在经过机器切分后，再通过人工干预将错误切分的词纠正过来，例如"他学会了游泳"，可能会被切分为"他/学会/了/游泳"，而正确的切分应该是"他/学/会/了/游泳"。

（1）歧义

歧义的情况可分为以下三类：

第一，字串 ABC，其中 AB 和 BC 都是词，如，"只有为人民工作才有价值"中的"只有"和"有为"都是词。

第二，字串 AB，其中 A 是词，B 是词，AB 也是词。如，"他把墙壁抹得太平了"，"太"是词，"平"是词，"太平"也是词。

第三，字串 ABC，其中 AB 是词，BC 是词，A 是词，B 是词。如，"他过得太平淡了"，"太"是词，"平"是词，"平淡"是词，"太平"是词。

（2）词语与短语

例如，"学会"可能是名词也可能是由两个单字组成的短语，例如，"他学会了游泳"中"学会"不是词而是短语。切分的结果可能是"他/学会/了/游泳"。正确的分词应该是"他/学/会/了/游泳"。

（3）人名和地名

如，"李文化名为李强……""李文"为人名。切分的结果可能为"李/文化/名为/李强"。正确的切分应该是"李文/化名/为/李强"。

（二）注音

为文本资料加上汉语拼音，可以选择将拼音加在文字的上面或者下面。结果以 MS Word 格式输出。

（三）字词

生成字表和词表以供对比之用。

（四）插入

系统只允许导入 20 个课文以外的字表和词表，超过 20 个就必须通过"插入"功能另行创建字表和词表。新建立的字表或词表自动命名为 zb21 或 cb21。

（五）压缩

系统运行一段时间后，运行速度会逐渐减慢。原因是数据库经过不断读取信息，文件会逐渐变大，所以运行一段时间后需经过压缩处理，才能恢复正常。

（六）设置

系统的字表和词表名称由存放在缺省文件夹内一个名为 nie. ini 的初始文件决定。点击"设置"就可以打开此文件。修改后要存盘才会生效。

（七）创建

生成本系统缺省数据库 nie. accdb。

（八）说明

打开本文件，系统内安装有本系统的使用说明。


## 七　数据库结构

本系统的所有资料都储存在一个名为 nie. accdb 的数据库内，数据库采用 MS Access 2007 年格式，数据库共分为 17 个表（Table），每个表又再细分为若干个字段（Field）。

| BDZ | |
| --- | --- |
| Field Name | Data Type |
| ID | AutoNumber |
| DZ | Text |
| TL | Number |

图 3.5　基础华文单字表数据库

| HDZ | |
| --- | --- |
| Field Name | Data Type |
| ID | AutoNumber |
| DZ | Text |
| TL | Number |

图 3.6　高级华文单字表数据库

图 3.7　小学华文单字表数据库

图 3.8　基础华文词语表数据库

图 3.9　高级华文词语表数据库

图 3.10　小学华文词语表数据库

图 3.11　句子数据库

图 3.12　词性标注句子数据库

## KW

| Field Name | Data Type |
| --- | --- |
| ID | AutoNumber |
| KW | Memo |
| KC | Text |

图 3.13 教材课文数据库

## PY

| Field Name | Data Type |
| --- | --- |
| ID | AutoNumber |
| CY | Text |
| PY1 | Text |
| PY2 | Text |
| PY3 | Text |
| PY4 | Text |
| PY5 | Text |
| nPY | Number |
| PY | Text |
| SM | Text |
| YM | Text |
| SD | Text |

图 3.14 拼音数据库

## DZ

| Field Name | Data Type |
| --- | --- |
| ID | AutoNumber |
| DZ | Text |
| B1 | Number |
| B2 | Number |
| B3 | Number |
| B4 | Number |
| B5 | Number |
| B6 | Number |
| BKC | Text |
| BID | Number |
| BAdd | Yes/No |
| BTL | Number |
| BFQ | Number |
| BAF | Number |
| H1 | Number |
| H2 | Number |
| H3 | Number |
| H4 | Number |
| H5 | Number |
| H6 | Number |

图 3.15 教材单字数据库

## CY

| Field Name | Data Type |
| --- | --- |
| H2 | Number |
| H3 | Number |
| H4 | Number |
| H5 | Number |
| H6 | Number |
| HKC | Text |
| HID | Number |
| HAdd | Yes/No |
| HTL | Number |
| HFQ | Number |
| HAF | Number |
| P1 | Number |
| P2 | Number |
| P3 | Number |
| P4 | Number |
| P5 | Number |
| P6 | Number |
| PKC | Text |
| PID | Number |
| PAdd | Yes/No |
| PTL | Number |
| PFQ | Number |
| PAF | Number |

图 3.16 教材词语数据库

INFO

| Field Name | Data Type |
|---|---|
| ID | AutoNumber |
| DZ | Text |
| PY | Text |
| Initial | Text |
| Final | Text |
| Tone | Text |
| CMean | Memo |
| EMean | Memo |
| StrokeCount | Text |
| IndexComp | Text |
| Structure | Text |
| NumComp | Text |
| Comp1 | Text |
| Comp2 | Text |
| Comp3 | Text |
| Comp4 | Text |
| BKC | Text |
| HKC | Text |
| PKC | Text |

图 3.17　汉字属性数据库

CYCX

| Field Name | Data Type |
|---|---|
| ID | AutoNumber |
| CY | Text |
| B1 | Number |
| B2 | Number |
| B3 | Number |
| B4 | Number |
| B5 | Number |
| B6 | Number |
| BKC | Text |
| BTL | Number |
| H1 | Number |
| H2 | Number |
| H3 | Number |
| H4 | Number |
| H5 | Number |
| H6 | Number |
| HKC | Text |
| HTL | Number |
| P1 | Number |
| P2 | Number |
| P3 | Number |
| P4 | Number |
| P5 | Number |
| P6 | Number |
| PKC | Text |
| PTL | Number |

图 3.18　教材词类数据库

CK

| Field Name | Data Type |
|---|---|
| ID | AutoNumber |
| CY | Text |
| | |

图 3.19　汉语词库

| ZB | |
|---|---|
| **Field Name** | **Data Type** |
| ID | AutoNumber |
| DZ | Text |
| ZBB | Text |
| ZBH | Text |
| ZBP | Text |
| ZB1 | Text |
| ZB2 | Text |
| ZB3 | Text |
| ZB4 | Text |
| ZB5 | Text |
| ZB6 | Text |
| ZB7 | Text |
| ZB8 | Text |
| ZB9 | Text |
| ZB10 | Text |
| ZB11 | Text |
| ZB12 | Text |
| ZB13 | Text |
| ZB14 | Text |
| ZB15 | Text |
| ZB16 | Text |
| ZB17 | Text |
| ZB18 | Text |
| ZB19 | Text |
| ZB20 | Text |
| ZB21 | Text |

| CB | |
|---|---|
| **Field Name** | **Data Type** |
| ID | AutoNumber |
| CY | Text |
| CBB | Text |
| CBH | Text |
| CBP | Text |
| CB1 | Text |
| CB2 | Text |
| CB3 | Text |
| CB4 | Text |
| CB5 | Text |
| CB6 | Text |
| CB7 | Text |
| CB8 | Text |
| CB9 | Text |
| CB10 | Text |
| CB11 | Text |
| CB12 | Text |
| CB13 | Text |
| CB14 | Text |
| CB15 | Text |
| CB16 | Text |
| CB17 | Text |
| CB18 | Text |
| CB19 | Text |
| CB20 | Text |

图 3.20 其他字表数据库        图 3.21 其他词表数据库

## 八 安装程序

本系统可以安装在任何版本的中英文 Windows 环境下。在安装之前，必须先安装 3.5 版本或以上的 DotNet，也必须安装 MS Access。如果不安装 MS Access，就必须安装 Access Run Time 2010。此外，还须安装 MS Word 和 MS Excel。不安装 Word，就不能输出 MS Word 格式的文件；不安装 MS Excel，就不能输出和导出 Excel 格式的文件。

（一）打开光盘的 setup 文件夹

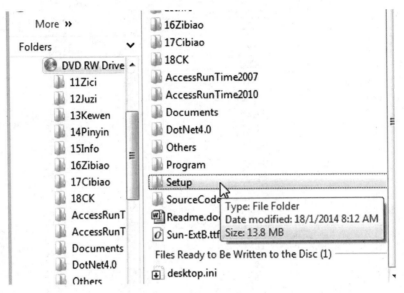

图 3.22　安装程序（一）

（二）选中文件夹内的 setup. exe

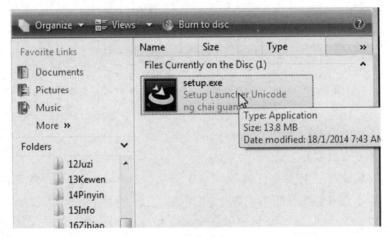

图 3.23　安装程序（二）

（三）点击鼠标的右键

图 3.24　安装程序（三）

（四）点击 Run as administrator 进入安装画面

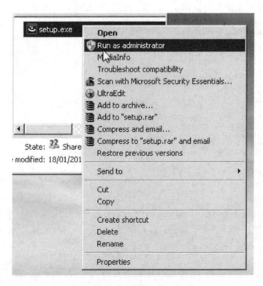

图 3.25　安装程序（四）

（五）点击 Next 按钮

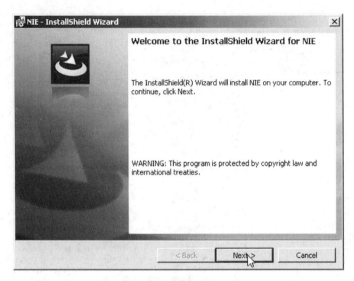

图 3.26　安装程序（五）

（六）选择 I accept…然后按 Next

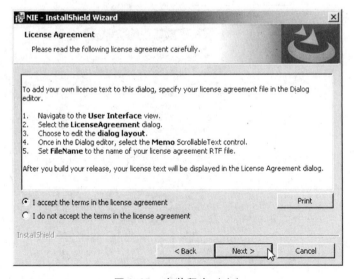

图 3.27　安装程序（六）

（七）点击 Next

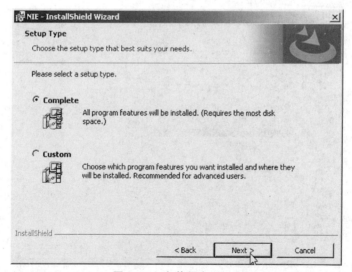

图 3.28　安装程序（七）

（八）点选 Complete，然后按 Next

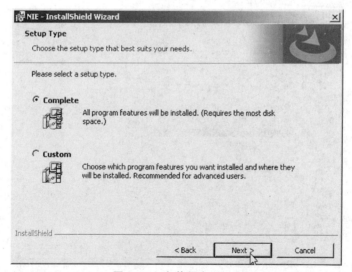

图 3.29　安装程序（八）

（九） 选择 Anyone who uses…

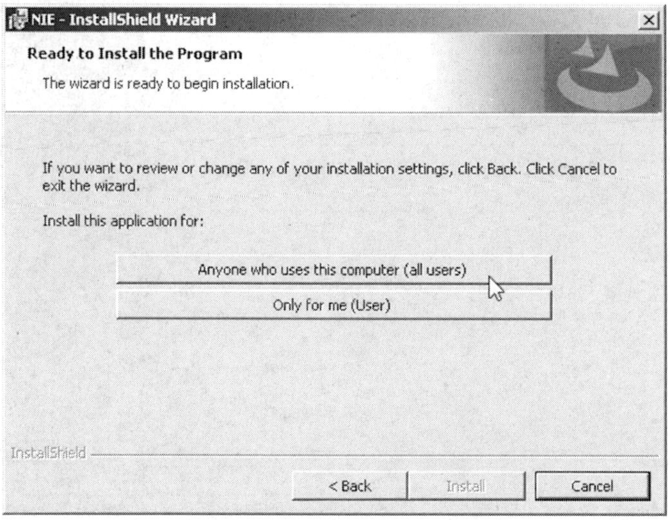

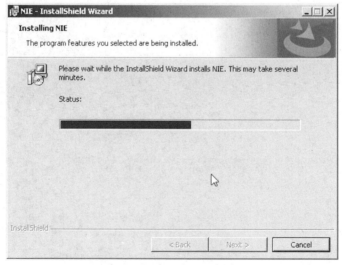

图 3.30　安装程序（九）

（十） 安装进行中

图 3.31　安装程序（十）

（十一）　按 Finish 结束

执行程序 nie.exe 和其他相关文件都安装在 C 盘的文件夹 nie 内。其中 nie.ini 为系统的初始化文件，nie.bmp 为系统主界面图形显示文件，nie.accdb 为系统缺省数据库，readme.docx 为系统说明。

图 3.32　安装程序（十一）

## 九　运行

安装完毕，桌面上会自动生成一个如图 3.33 所示的新图标。点击鼠标左键两下打开"小学华文语料库"主界面。

图 3.33　运行程序（一）

图 3.34　运行程序（二）

# 第四节　PCTC 教材语料库功能演示

## 一　语料导入

本教材语料库的所有资料在设计过程中已预先读入数据库，使用者安装后马上就可进行上节介绍过的语料检索、统计和对比工作，不需要启动本项功能。如果使用者打算重新建立一个新的数据库，语料导入功能将会助其完成这项工作。首先必须创建一个新的数据库以覆盖原有的数据库，然后把存放在光盘子目录 Data 内的所有资料逐个导入新建的数据库内。详细步骤如下：

1. 点击工具栏底下的"创建"功能。
2. 点击 Yes 按钮。
3. 点击主界面的"导入"。
4. 选择要导入的对象，例如"字词"。
5. 打开"打开文件"对话框。
6. 打开存放字词资料的文件夹。
7. 按住 Shift 键，同时选取三个文件。
8. 按"Open"按钮读入资料。

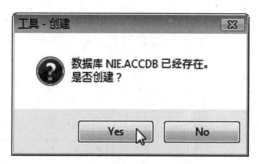

图 3.35　语料导入

## 二　语料导出

（一）导出字词

1. 点击主界面的导出功能。
2. 选择导出"字表"。
3. 课程选择"小学华文"。
4. 按"确认"按钮。

图 3.36　语料导出选择

5. 导出结果如图 3.37 所示。

| 单字 | P1 | P2 | P3 | P4 | P5 | P6 | BKC | HKC | PKC |
|---|---|---|---|---|---|---|---|---|---|
| 1 真 | 17 | 24 | 25 | 22 | 19 | 12 | B101 | H101 | P101 |
| 2 了 | 37 | 237 | 315 | 359 | 292 | 285 | B101 | H101 | P101 |
| 3 又 | 6 | 28 | 38 | 41 | 35 | 20 | B101 | H101 | P101 |
| 4 唱 | 11 | 11 | 40 | 46 | 4 | 46 | B101 | H101 | P101 |
| 5 歌 | 6 | 5 | 0 | 10 | 22 | 1 | B101 | H101 | P101 |
| 6 唱 | 4 | 2 | 0 | 5 | 4 | 1 | B101 | H101 | P101 |
| 7 年 | 1 | 29 | 4 | 22 | 36 | 52 | B101 | H101 | P101 |
| 8 宝 | 15 | 5 | 4 | 3 | 4 | 0 | B111 | H101 | P101 |
| 9 开 | 9 | 31 | 20 | 36 | 46 | 25 | B101 | H101 | P101 |
| 10 动 | 6 | 22 | 18 | 28 | 30 | 40 | B104 | H101 | P101 |

图 3.37　语料导出结果（一）

6. 若选择"所有课程",导出结果如图 3.38 所示。

| | 单字 | BKC | HKC | PKC | BTL | HTL | PTL | ATL |
|---|---|---|---|---|---|---|---|---|
| 1 | 一 | B101 | H101 | P101 | 676 | 1711 | 1403 | 3790 |
| 2 | 丁 | B109 | H109 | P109 | 12 | 15 | 15 | 42 |
| 3 | 七 | B114 | H113 | P113 | 3 | 32 | 20 | 55 |
| 4 | 万 | B217 | H217 | P217 | 3 | 23 | 25 | 51 |
| 5 | 丈 | B510 | H516 | P513 | 2 | 3 | 3 | 8 |
| 6 | 三 | B106 | H103 | P103 | 39 | 141 | 98 | 278 |
| 7 | 上 | B101 | H101 | P101 | 307 | 666 | 567 | 1540 |
| 8 | 下 | B102 | H101 | P102 | 130 | 306 | 261 | 697 |
| 9 | 不 | B102 | H101 | P101 | 333 | 877 | 710 | 1920 |

图 3.38　语料导出结果（二）

7. 导出的资料可以选择保存为文本文件或 Excel 文件。

（二）导出词表

操作方法同上。

1. 选择导出基础华文。

| | 词语 | B1 | B2 | B3 | B4 | B5 | B6 | BKC | HKC | PKC |
|---|---|---|---|---|---|---|---|---|---|---|
| 1 | 开心 | 3 | 4 | 4 | 5 | 1 | 0 | B101 | H101 | P101 |
| 2 | 看 | 3 | 28 | 48 | 48 | 14 | 15 | B101 | H101 | P101 |
| 3 | 见 | 2 | 1 | 5 | 6 | 3 | 1 | B101 | H101 | P101 |
| 4 | 了 | 24 | 154 | 192 | 209 | 93 | 84 | B101 | H101 | P101 |
| 5 | 说 | 18 | 49 | 61 | 90 | 29 | 34 | B101 | H101 | P101 |
| 6 | 声 | 1 | 1 | 0 | 2 | 4 | 0 | B101 | H101 | P101 |
| 7 | 早 | 1 | 1 | 0 | 1 | 1 | 0 | B101 | H101 | P101 |

图 3.39　导出基础华文词表

2. 若选择导出所有课程,界面显示如图 3.40 所示,点击存盘即可。

| | 词语 | BKC | HKC | PKC | BTL | HTL | PTL | ATL |
|---|---|---|---|---|---|---|---|---|
| 1 | 一 | B101 | H101 | P101 | 491 | 1233 | 1017 | 2741 |
| 2 | 一万四千 | | H611 | P610 | 0 | 1 | 1 | 2 |
| 3 | 一下 | B409 | H216 | P216 | 4 | 13 | 13 | 30 |
| 4 | 一下子 | B212 | H211 | P211 | 4 | 18 | 16 | 38 |
| 5 | 一不小心 | | H307 | P307 | 0 | 2 | | 2 |

图 3.40　导出整套教材词表

（三）导出构词

操作方法与上述方法略有不同,导出的结果不通过屏幕显示而是写入一个文本文件内。

1. 若选择高级华文，界面显示如图3.41所示。

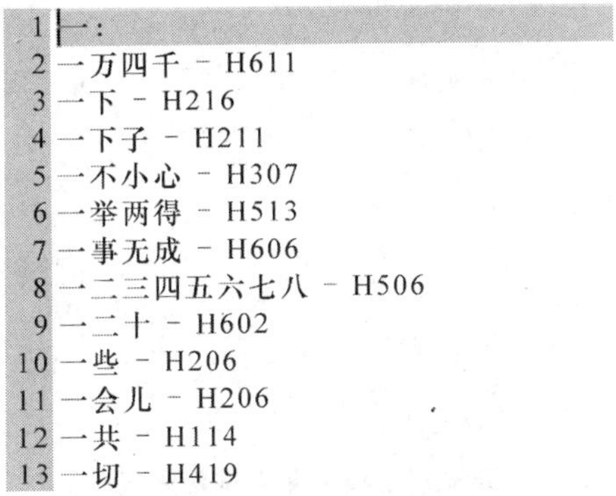

```
1 一：
2 一万四千 - H611
3 一下 - H216
4 一下子 - H211
5 一不小心 - H307
6 一举两得 - H513
7 一事无成 - H606
8 一二三四五六七八 - H506
9 一二十 - H602
10 一些 - H206
11 一会儿 - H206
12 一共 - H114
13 一切 - H419
```

图 3.41　导出构词表

2. 若选择所有课程，界面显示如图3.42所示，所有构词情况按照顺序自动排列成表。

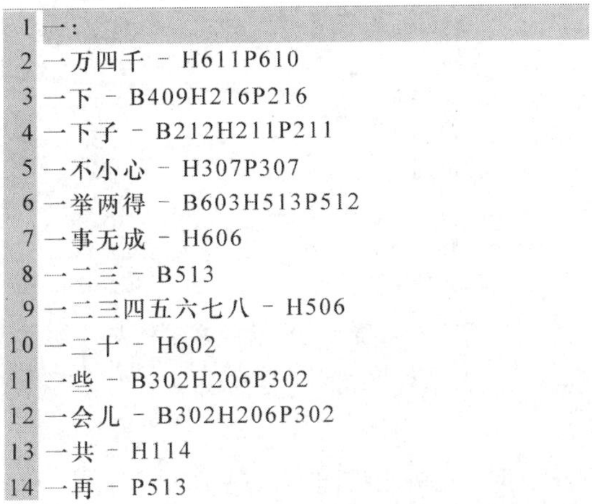

```
1 一：
2 一万四千 - H611P610
3 一下 - B409H216P216
4 一下子 - B212H211P211
5 一不小心 - H307P307
6 一举两得 - B603H513P512
7 一事无成 - H606
8 一二三 - B513
9 一二三四五六七八 - H506
10 一二十 - H602
11 一些 - B302H206P302
12 一会儿 - B302H206P302
13 一共 - H114
14 一再 - P513
```

图 3.42　导出构词总表

（四）导出拼音

1. 选择基础华文，如图3.43所示，拼音按照音节在课文里出现的先后顺序排列。

```
1 老师/lǎoshī
2 好/hǎo
3 你们/nǐmen
4 去/qù
5 哪里/nǎli
6 我们/wǒmen
7 操场/cāochǎng
8 做/zuò
9 什么/shénme
0 玩/wán
1 游戏/yóuxì
2 书包/shūbāo
3 读书/dúshū
```

**图 3.43　导出课程拼音总表**

2. 若选择系统拼音，则所有音节按照第一个汉字的音序自动排列，如图 3.44 所示。

```
1 阿/ā
2 阿/ē
3 啊/ā
4 啊/à
5 啊/á
6 啊/ǎ
7 啊/a
8 锕/ā
9 嘎/á
10 哎/āi
```

**图 3.44　导出整套教材拼音总表**

（五）属性

操作步骤与上述其他功能相同，从略。

（六）词库

操作步骤与上述其他功能相同，从略。

## 三　语料检索

（一）字词检索

1. 单音节词检索——以"师"为例

（1）在输入框内输入检索字"师"。

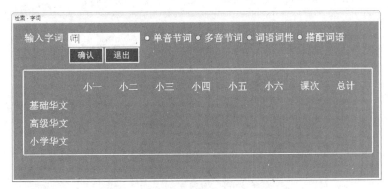

图 3.45　检索字词（一）

（2）按确认。显示课文中有两处满足搜索条件。

图 3.46　检索字词（二）

（3）对图中的"高级华文"进行点击。显示课文中有两个句子满足搜索条件。

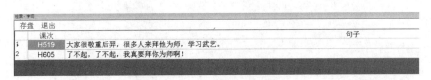

图 3.47　检索字词（三）

2．双音节词检索——以"老师"为例

（1）在输入框内输入检索词"老师"，然后按确认。

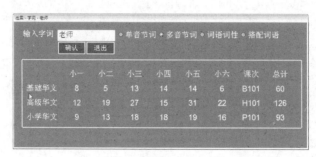

**图 3.48　检索字词（四）**

（2）对图中的基础华文进行点击。

图 3.49 显示共有 59 个句子满足搜索条件。

| 52 | B513 | 林老师又问。 |
|----|------|------------|
| 53 | B513 | 林老师高兴地说：是啊，遇到危险时，大家要合作。 |
| 54 | B605 | 我一边擦着眼泪一边说：妈妈，老师不让我当主角。 |
| 55 | B605 | 我们班要……要表演节目，老师不让我当主角，要我做后台的工……工作！ |
| 56 | B605 | 文美不会演，老师反而选她当主角！ |
| 57 | B607 | 但是，有些问号，如果没有老师的讲解，我们就不知道它们的答案，比如"灵机一动"这个成语。 |
| 58 | B609 | 在老师的解说下，我们明白了为什么会有蓝眼金发的白雪公主，也知道了英国的米老鼠和美国的大不相同。 |
| 59 | B609 | 今天，在老师的带领下，我们参观了这个玩具博物馆。 |

**图 3.49　检索字词（五）**

3．检索词性——以动词"长大"为例

（1）在输入框内输入"长大 v"，然后按确认按钮。

**图 3.50　检索不同词类（一）**

（2）点击图中的高级华文。

| | 课次 | 句子 |
|---|---|---|
| 1 | H201 | 你们/r在/p换牙/v，/w你们/r长大/v了/u！/w |
| 2 | H416 | 长大/v后/n，/w我/r他/d要/v像/v哥哥/n一样/a参加/v舞狮队/n！/w |
| 3 | H419 | 他/r小时候/n常常/d给/p他/r讲/v爱国/a英雄/n的/u故事/n，/w鼓励/v他/r学/v好/v武艺/n，/w长大/v。 |
| 4 | H501 | 回想/v起来/v，/w教室/n里/f一阵/q沉默/v真/a是/d可贵/a，/w让/v我们/r一下子/m长大/v了/u许多/a。/w |
| 5 | H603 | 小/a白兔/n长大/v后/n，/w每/r当/p看到/v大/a蘑菇/n回忆/v起/v雨/n中/f那/r一/m幕/q，/w浓/a浓/a的/u |
| 6 | H603 | 每/r逢/v有/v客人/n到来/v，/w曹操/n都/d要/v夸奖/v他/r几/m句/q，/w说/v他/r长大/v以后/n能/v做/v大事/n。/w |

图 3.51　检索不同词类（二）

4．检索词语搭配

（1）检索关联词语——以关联词"因为……所以"为例

第一，输入关联词语"因为……所以"，然后按确认。

输入字词　因为所以　·单音节词　·多音节词　·词语词性　·搭配词语
确认　退出

| | 小一 | 小二 | 小三 | 小四 | 小五 | 小六 | 课次 | 总计 |
|---|---|---|---|---|---|---|---|---|
| 基础华文 | 0 | 0 | 1 | 1 | 0 | | B312 | 3 |
| 高级华文 | 0 | 0 | 0 | 3 | 2 | 2 | H404 | 7 |
| 小学华文 | 0 | 0 | 1 | 3 | 0 | 2 | P312 | 6 |

图 3.52　检索词语搭配（一）

第二，点击小学华文，然后按确认，显示如图 3.53 所示。

| | 课次 | |
|---|---|---|
| 1 | P312 | 爱因斯坦不因为出了名就改变自己，所以人们都称赞他。 |
| 2 | P404 | 因为路面高低不平，又有很多小石头，所以他的脚被擦伤了。 |
| 3 | P405 | 服务生微笑着回答：正因为他粗鲁，所以我要用温和的方式对待他； |
| 4 | P405 | 正因为道理一说就明白，所以用不着大声。 |
| 5 | P602 | 因为她们头上都戴着红色头巾，所以被人们称为红头巾。 |
| 6 | P602 | 因为需要给家里寄钱，所以她们生活很节俭。 |

图 3.53　检索词语搭配（二）

（2）检索任意搭配词——以"为……就"为例

第一，输入搭配短语"为……就"，然后按确认。

图 3.54　检索词语搭配（三）

第二，点击高级华文。显示如图 3.55 所示，存盘后可以任意调用。

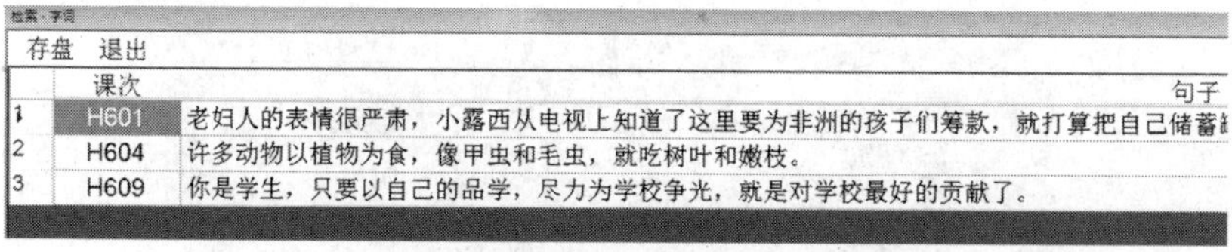

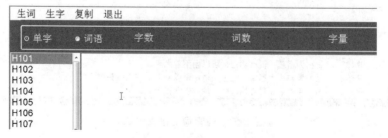

图 3.55　检索词语搭配（四）

（二）检索课文

调用语料库中的课文——以小一高级华文第 5 课为例。

1. 点击主界面的"检索"。

2. 点击"课文"下的"高级华文"（如图 3.56 所示）。

图 3.56　检索课文（一）

3. 点击右栏的 "H105"。

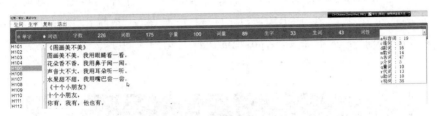

图 3.57　检索课文（二）

从显示的数据中可以获得以下信息：本篇课文共有 226 个字，175 个词语，用字 100 个，用词 89 个，生字 33 个，生词 43 个。

4. 用鼠标选取课文中的 "尝"，可以获得有关 "尝" 字的一些信息。课文方面的信息有："尝" 在各年级出现的次数；"尝" 在本课文之前未出现过，之后会再出现 13 次。字方面的信息有：拼音、声母、韵母、声调、笔数，等等（如图 3.58、图 3.59 所示）。

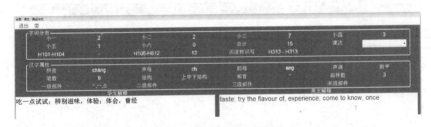

图 3.58　检索汉字信息

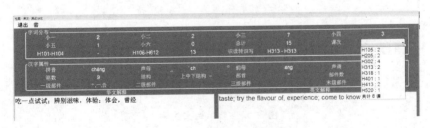

图 3.59　检索字频分布信息

5. 点选左上角的词语。

6. 用鼠标选取课文中的"耳朵"。课文中所有含"耳朵"的句子都会显示出来。其中 H101—H104 表示本课文之前出现的次数；H106—H612 表示本课文之后出现的次数（见图3.60）。

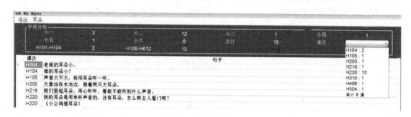

图3.60　检索词语例句

7. 点击左上角的生词，可以显示课文中的所有生词（以红和蓝间隔显示）（见图3.61）。

图3.61　显示课文生词

8. 点击左上角的生字，可以显示课文中的所有生字（以红和蓝间隔显示）（见图3.62）。

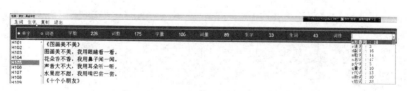

图3.62　显示课文生字

（三）检索拼音

1. 检索声母 + 声母词语——以声母"ch + ch"为例

（1）打开左边组合框，选择 ch。

（2）打开右边组合框，选择 ch（见图 3.63）。

（3）点击确认。

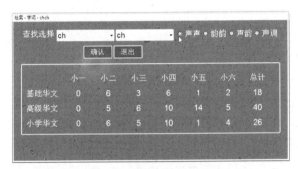

图 3.63　检索双音节声母（一）

（4）点击基础华文。

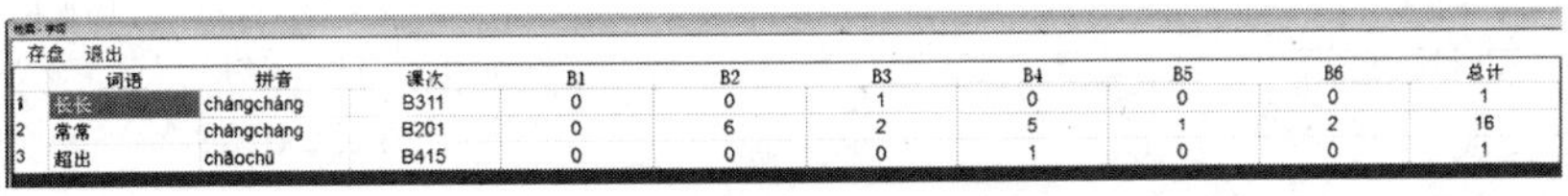

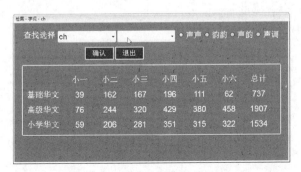

图 3.64　检索双音节声母（二）

2. 检索带声母的单字——以声母"ch"为例

（1）打开左边组合框，选择 ch。

（2）点击确认（如图 3.65 所示）。

图 3.65　检索单音节声母（一）

（3）点击基础华文（如图 3.66 所示）。

| | 词语 | 拼音 | 课次 | B1 | B2 | B3 | B4 | B5 | B6 | 总计 |
|---|---|---|---|---|---|---|---|---|---|---|
| 1 | 茶 | chá | B310 | 0 | 0 | 2 | 3 | 2 | 0 | 7 |
| 2 | 茶 | chá | B114 | 1 | 1 | 0 | 2 | 0 | 0 | 4 |
| 3 | 蔡 | chā | B412 | 0 | 0 | 0 | 0 | 2 | 2 | 4 |
| 4 | 岔 | chā | B313 | 0 | 0 | 2 | 1 | 2 | 0 | 5 |
| 5 | 插 | chā | B315 | 0 | 0 | 2 | 0 | 0 | 0 | 3 |
| 6 | 刹 | chā | B202 | 0 | 1 | 0 | 1 | 0 | 0 | 2 |
| 7 | 常 | cháng | B201 | 0 | 13 | 5 | 19 | 5 | 5 | 47 |
| 8 | 唱 | cháng | B101 | 3 | 2 | 0 | 1 | 0 | 0 | 6 |

图 3.66　检索单音节声母（二）

## 四　语料统计

### （一）字频统计——以"基础华文"为例

点击统计列表下的"基础华文"（如图 3.67 所示）。如需调用，存盘即可。

| | 单字 | 课次 | 小一 | 小二 | 小三 | 小四 | 小五 | 小六 | 次数 | 频度 | 累计频度 |
|---|---|---|---|---|---|---|---|---|---|---|---|
| 1 | 的 | B102 | 34 | 126 | 208 | 219 | 129 | 105 | 821 | 2.7025 | 2.7025 |
| 2 | 了 | B101 | 24 | 156 | 201 | 217 | 99 | 85 | 782 | 2.5741 | 5.2767 |
| 3 | 我 | B101 | 69 | 96 | 177 | 205 | 96 | 79 | 722 | 2.3766 | 7.6533 |
| 4 | 一 | B101 | 37 | 114 | 164 | 207 | 90 | 64 | 676 | 2.2252 | 9.8785 |
| 5 | 小 | B103 | 61 | 135 | 82 | 65 | 22 | 11 | 376 | 1.2377 | 11.1162 |
| 6 | 不 | B102 | 16 | 43 | 74 | 106 | 56 | 38 | 333 | 1.0962 | 12.2124 |
| 7 | 有 | B102 | 15 | 50 | 80 | 77 | 66 | 33 | 321 | 1.0567 | 13.2690 |
| 8 | 上 | B101 | 19 | 64 | 83 | 74 | 41 | 26 | 307 | 1.0106 | 14.2796 |

图 3.67　统计教材字频

### （二）所有课程进行词频统计

若要对所有课程进行词频统计，点击统计列表下的"所用课程"（如图 3.68 所示）。如需调用，存盘即可。

| | 词语 | 课次 | B1 | B2 | B3 | B4 | B5 | B6 | 次数 | 课次 | H1 |
|---|---|---|---|---|---|---|---|---|---|---|---|
| 1 | 老师 | B101 | 8 | 5 | 13 | 14 | 14 | 6 | 60 | H101 | 12 |
| 2 | 好 | B101 | 21 | 35 | 30 | 26 | 8 | 8 | 128 | H101 | 24 |
| 3 | 你们 | B101 | 6 | 5 | 5 | 6 | 0 | 2 | 34 | H107 | 5 |
| 4 | 去 | B101 | 12 | 26 | 44 | 41 | 8 | 10 | 141 | H102 | 13 |
| 5 | 哪里 | B101 | 1 | 2 | 6 | 1 | 3 | 0 | 13 | H113 | 1 |
| 6 | 我们 | B101 | 19 | 16 | 27 | 33 | 8 | 13 | 116 | H101 | 18 |
| 7 | 操场 | B101 | 4 | 1 | 0 | 0 | 0 | 0 | 5 | H109 | 3 |
| 8 | 做 | B101 | 11 | 13 | 23 | 7 | 3 | 8 | 85 | H102 | 16 |
| 9 | 什么 | B101 | 13 | 11 | 11 | 16 | 5 | 8 | 64 | H103 | 14 |
| 10 | 玩 | B101 | 6 | 10 | 5 | 5 | 1 | 2 | 28 | H106 | 4 |

图 3.68　统计教材词频

（三）小学华文词性与兼类统计

1. 若要对课程进行词性统计，点击统计列表下的“所用课程”（如图 3.69 所示）。

统计 - 词性 - 小学华文

存盘　退出

| | 词语 | PKC | P1 | P2 | P3 | P4 | P5 | P6 | PTL |
|---|---|---|---|---|---|---|---|---|---|
| 1 | 小/a | P101 | 61 | 181 | 85 | 56 | 32 | 55 | 470 |
| 2 | 好/a | P101 | 25 | 43 | 49 | 39 | 30 | 19 | 205 |
| 3 | 早/a | P101 | 4 | 2 | 0 | 1 | 2 | 5 | 14 |
| 4 | 开心/a | P101 | 3 | 9 | 4 | 6 | 4 | 3 | 29 |
| 5 | 圆/a | P102 | 7 | 0 | 1 | 3 | 1 | 0 | 12 |
| 6 | 可爱/a | P102 | 1 | 5 | 3 | 0 | 0 | 1 | 10 |
| 7 | 漂亮/a | P102 | 1 | 5 | 1 | 7 | 0 | 1 | 15 |
| 8 | 白/a | P102 | 6 | 12 | 2 | 1 | 1 | 3 | 25 |
| 9 | 尖/a | P103 | 1 | 0 | 5 | 1 | 1 | 0 | 8 |
| 10 | 明/a | P103 | 2 | 0 | 1 | 0 | 3 | 0 | 6 |

图 3.69　统计教材兼类词（一）

2. 若要对基础华文课程进行兼类统计，点击统计列表下的“基础华文”（如图 3.70 所示）。如需调用，存盘即可。

存盘　退出

| | 词语 | 课次 | B1 | B2 | B3 | B4 | B5 | B6 | 合计 |
|---|---|---|---|---|---|---|---|---|---|
| 1 | 一/d | B108 | 3 | 5 | 1 | 9 | 4 | 7 | 29 |
| 2 | 一/a | B601 | 0 | 0 | 0 | 0 | 0 | 1 | 1 |
| 3 | 一/m | B101 | 24 | 83 | 124 | 133 | 55 | 42 | 461 |
| 4 | 一样/u | B310 | 0 | 0 | 1 | 1 | 1 | 0 | 3 |
| 5 | 一样/a | B204 | 0 | 1 | 3 | 4 | 2 | 1 | 11 |
| 6 | 一起/n | B102 | 1 | 3 | 0 | 2 | 2 | 0 | 8 |
| 7 | 一起/d | B102 | 4 | 7 | 9 | 11 | 0 | 1 | 32 |
| 8 | 一边/n | B404 | 0 | 0 | 0 | 1 | 0 | 0 | 1 |
| 9 | 一边/d | B109 | 4 | 2 | 2 | 0 | 2 | 4 | 14 |

图 3.70　统计教材兼类词（二）

3. 如果想比较兼类词之间的用法差异，则点击图中的“一样”，可以显示出带“一样”的所有句子（见图 3.71）。如需调用，存盘即可。

统计 - 兼类 - 基础华文

存盘　退出

| | 课次 | 句子 |
|---|---|---|
| 1 | B204 | 长/v大/a后/n，/w我/r也/d要/v和/c他们/r做/v一样/a的/u工作/v，/w建/v起/v一/m座/q座/q高大/a的/u组屋/n！/w |
| 2 | B302 | 爸爸/n妈妈/n回来/v看见/v了/u，/w说/v：/w我们/r家/n的/u椅子/n也/d听话/a了/u，/w像/v丽文/n一样/a懂事/a，/w |
| 3 | B310 | 小/a花/n猫/n把/p脚掌/n翻/v过来/v一/m看/v，/w笑/v了/u：/w啊/u，/w原来/d我/r和/c小/a猪/n一样/u，/w汗/n都/d |
| 4 | B310 | 小/a黑/a猪/n又/d点/v了/u三/m次/q，/w结果/n还/d是/v一样/a，/w急/v得/u它/r满头/n大/a汗/n。/w |
| 5 | B405 | 可是/c，/w天/n乐/a和/c他们/r不/d一样/a。/w |
| 6 | B414 | 原来/d爷爷/n不/d是/v爱/v吃/v炸/v鸡/n，/w而/c是/v要/v支持/v这/r家/q不/d一样/a的/u快餐/n店/n。/w |
| 7 | B414 | 不/d一样/a的/u快餐/n店/n |

图 3.71　提取兼类词例句

（四）统计所有课程中词语的声母

点击统计表下声母一栏，显示课文中所有词语按声母次序的排列。如需调用，存盘即可。

| | 词语 | 拼音 | 声母 | BKC | HKC | PKC | BTL | HTL | PTL | ATL |
|---|---|---|---|---|---|---|---|---|---|---|
| 1 | 安安 | ān'ān | 0/0 | B302 | | P302 | 4 | 0 | 4 | 8 |
| 2 | 暗暗 | àn'àn | 0/0 | | H202 | P202 | 0 | 1 | 1 | 2 |
| 3 | 偶尔 | ǒu'ěr | 0/0 | | | P502 | 0 | 0 | 1 | 1 |
| 4 | 阿宝 | ābǎo | 0/b | | H517 | P516 | 0 | 2 | 2 | 4 |
| 5 | 岸边 | ànbiān | 0/b | | H222 | P222 | 0 | 4 | 2 | 6 |
| 6 | 二百 | èrbǎi | 0/b | | | P503 | 0 | 0 | 1 | 1 |
| 7 | 阿财 | ācái | 0/c | | H517 | P516 | 0 | 3 | 3 | 6 |
| 8 | 安顿 | āndùn | 0/d | | H603 | | 0 | 0 | 0 | 1 |
| 9 | 耳朵 | ěrduo | 0/d | B104 | H104 | P104 | 12 | 18 | 22 | 52 |

图 3.72　统计汉语拼音声母

# 五　语料对比

（一）不同教材课文用字的对比

| | 单字 | 高级华文 | 小学华文 | 基础华文 | ALLZB |
|---|---|---|---|---|---|
| 1 | 老 | 1 | 1 | 1 | 111 |
| 2 | 师 | 1 | 1 | 1 | 111 |
| 3 | 好 | 1 | 1 | 1 | 111 |
| 4 | 你 | 1 | 1 | 1 | 111 |
| 5 | 们 | 1 | 1 | 1 | 111 |
| 6 | 去 | 1 | 1 | 1 | 111 |
| 7 | 哪 | 1 | 1 | 1 | 111 |
| 8 | 里 | 1 | 1 | 1 | 111 |
| 9 | 我 | 1 | 1 | 1 | 111 |

图 3.73　对比不同教材用字

（二）课文用词的对比

| | 词语 | 高级华文 | 小学华文 | 基础华文 | ALLCB |
|---|---|---|---|---|---|
| 1732 | 爱迪生 | 0 | 1 | 1 | 011 |
| 1733 | 旁听 | 1 | 1 | 1 | 111 |
| 1734 | 作业 | 1 | 1 | 1 | 111 |
| 1735 | 其中 | 1 | 1 | 1 | 111 |
| 1736 | 加 | 1 | 1 | 1 | 111 |
| 1737 | 等于 | 0 | 1 | 1 | 011 |
| 1738 | 母亲 | 1 | 1 | 1 | 111 |

图 3.74　对比不同教材用词

（三）课文用字与其他字表的对比

| | 单字 | 高级华文 | 小学华文 | 基础华文 | 2002字表 | CLIPSCL | CLIPSHCL | HETCL | HETHCL | HSK全级 | HSK甲级 |
|---|---|---|---|---|---|---|---|---|---|---|---|
| 1 | 老 | 1 | 1 | 1 | 1 | 1 | 1 | 1 | 1 | 1 | 1 |
| 2 | 师 | 1 | 1 | 1 | 1 | 1 | 1 | 1 | 1 | 1 | 1 |
| 3 | 好 | 1 | 1 | 1 | 1 | 1 | 1 | 1 | 1 | 1 | 1 |
| 4 | 你 | 1 | 1 | 1 | 1 | 1 | 1 | 1 | 1 | 1 | 1 |
| 5 | 们 | 1 | 1 | 1 | 1 | 1 | 1 | 1 | 1 | 1 | 1 |
| 6 | 去 | 1 | 1 | 1 | 1 | 1 | 1 | 1 | 1 | 1 | 1 |
| 7 | 哪 | 1 | 1 | 1 | 1 | 1 | 1 | 1 | 1 | 1 | 1 |
| 8 | 里 | 1 | 1 | 1 | 1 | 1 | 1 | 1 | 1 | 1 | 1 |
| 9 | 找 | 1 | 1 | 1 | 1 | 1 | 1 | 1 | 1 | 1 | 1 |
| 10 | 格 | 1 | 1 | 1 | 1 | 1 | 1 | 1 | 1 | 1 | 1 |

图 3.75　对比不同字表

（四）课文用词与其他词表的对比

| | 小学华文 | 基础华文 | CLIPSCL | .IPSHK | HETCL | HETHCL | HSK全级 | HSK甲级 | HSK乙级 | HSK丙级 | HSK | 普通话水平 | 应用 | 北大 | ALLCB |
|---|---|---|---|---|---|---|---|---|---|---|---|---|---|---|---|
| 16045 | 0 | 0 | 0 | 0 | 0 | 0 | 0 | 0 | 0 | 0 | 1 | 1 | 1 | 0000000000 |
| 16646 | 0 | 0 | 0 | 0 | 0 | 0 | 0 | 0 | 0 | 0 | 1 | 1 | 1 | 0000000000 |
| 16647 | 0 | 0 | 0 | 0 | 0 | 0 | 0 | 0 | 0 | 0 | 1 | 1 | 0 | 0000000000 |
| 16648 | 0 | 0 | 0 | 0 | 0 | 0 | 0 | 0 | 0 | 0 | 1 | 1 | 1 | 0000000000 |
| 16649 | 0 | 0 | 0 | 0 | 0 | 0 | 0 | 0 | 0 | 0 | 1 | 1 | 0 | 0000000000 |
| 16650 | 0 | 0 | 0 | 0 | 0 | 0 | 0 | 0 | 0 | 0 | 1 | 1 | 1 | 0000000000 |
| 16651 | 0 | 0 | 0 | 0 | 0 | 0 | 0 | 0 | 0 | 0 | 1 | 0 | 0 | 0000000000 |

图 3.76　对比不同词表

# 六　辅助工具

（一）分词

1. 选择资料存放格式——纯文本

图 3.77　自动分词（一）

## 2. 读入纯文本文件

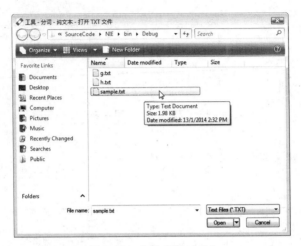

图 3.78    自动分词（二）

## 3. 文件已读入，选择分词方法——逆向

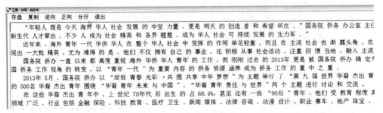

图 3.79    自动分词（三）

## 4. 分词完毕

通过插入或删除空格，人工纠正被错误切分的词语。

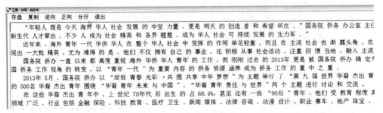

图 3.80    自动分词（四）

5. 添加数据库的词语

用鼠标选取要添加的词语，如果数据库中没有该词语，对话框提示是否添加，点击确定即可。

6. 删除数据库中的词语

如果数据库中存在该词语，对话框提示是否删除，点击确定即可将该词语从数据库中删除。

（二）注音

1. 点击工具对话框下的拼音项目，选取需要事先以纯文本形式储存的文件。

2. 读入文件后选择拼音标注的位置，点击确定。

| | | " | niánqīngrén 年轻人 | jìshì 既是 | jīntiān 今天 | hǎiwài 海外 | huárén 华人 |
|---|---|---|---|---|---|---|---|
| shèhuì 社会 | fāzhǎn 发展 | de 的 | zhōngjiān 中坚 | lìliàng 力量 | ， | yàoshì 要是 | míngtiān 明天 |
| de 的 | chuàngzào 创造 | zhě 者 | hé 和 | xīwàng 希望 | suǒzài 所在 | ， | " |
| guówùyuàn 国务院 | qiáo 侨 | wù 务 | bàngōngshì 办公室 | zhǔrèn 主任 | qiú 裘 | yuán 援 | píng 平 |
| zuìjìn 最近 | rú 如 | shì 是 | shuō 说 | ， | " | hǎiwài 海外 | huáyì 华裔 |
| xīnshēngdài 新生代 | réncáibèichū 人才辈出 | ， | bùshǎo 不少 | rén 人 | chéngwéi 成为 | shèhuì 社会 | jīngyīng 精英 |

图 3.81　自动注音

（三）字词

1. 点击工具对话框下的字词项目，选取需要事先以纯文本形式储存的文本文件。

2. 点击生成字表按钮，系统将自动生成字表，字表按频率高低连续排列，同频次的字按音序排列。

```
存盘　生成字表　生成词表　退出
为业年华中生生国一人来地行政作有出是高力领各村务侨得建新任自学起联广界多提融经流成共办举近青代识以络士认工们动
在和方班大情家而事天育可进教设区这习研责还世九夏第届明坚今才尤难续持仅楚翘创造辇公园亭望希想梦者春室所杰且援察考
示是最彩光变转容表月既涵之放绽源企英精批量内协也保险科技医包卫工程调纪未讨论硕法疗训由此见正访阔括甚投金媒位
深至受闽因好合询献咨增负解围绕部占贡骁积极入当馈回夏活去获部分别北京心注的确定面整挥露头直用己足少宝涌现已被四渐遇
期能引己努式样值制构搭把信胞
```

图 3.82　自动生成字表

3. 点击生成词表按钮，系统将自动生成词表，词表按频率高低连续排列，同频次的词按词的音节数排列，频率和音节相同者，按词语在文本中出现的先后顺序排列。

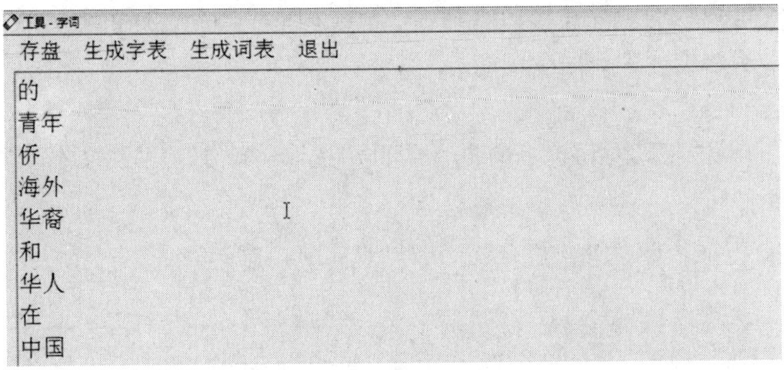

图 3.83　自动生成词表

# 第五节　小结

本章主要介绍了新加坡小学华文教材语料库的总体设计、平台和数据库建构、语料加工处理以及主要系统功能，从中可以窥探该语料库设计的总体思路和原则。笔者认为，PCTC 是真正实用的教材语料库，它具备教学服务功能，能够为教材分析和教学设计提供准确的语言信息和语料支持。PCTC 教材语料库在语料选择、功能建构和界面设计上具有以下特点。

第一，有针对性的语料选择。

本教材语料库的语料全部来自现行的新加坡小学华文教材，虽然容量不大，总字量仅 17 万左右，但非常实用，且具针对性。通过对这些语料的加工处理，我们可以准确把握教材的各种语言信息，为进一步的教材分析和教学设计提供数据支撑。

第二，有针对性的功能建构。

本教材语料库提供了语音、汉字、词汇、搭配等各种语言信息的检索和统计功能。这是目前所有汉语通用或专用语料库中没有的。设计这些功能的目的一方面是进行汉语教材分析，另一方面是针对课堂教学，希望这些语言资源能更好地服务华文教学。语料库要发挥定量统计和定序检索的优势，语言信息标注和检索软件设计至关重要，本语料库通过个性化的功能设计，将语料库数据统计和语料提取的优势充分发挥了出来。

第三，人性化的检索方式。

强大的语言检索功能固然重要，便捷的检索方式同样不可缺少。传统语料库的检索通常采用关键词检索方式。这种语料库不仅功能单一，而且使用不便。本教材语料库提供了丰富且简便的检索方式。例如，词语例句的提取既可以通过字词检索方式获得，也可以在课文中直接点选获得。语音信息的检索采用音素匹配的检索方式，操作起来十分方便。

# 第四章 基于 PCTC 教材语料库的
# 语言要素研究

## 第一节 基于 PCTC 教材语料库的语音负担研究

### 一 引言

语音负担（Phonological Functional Load）是指某个语音单位（声母、韵母、声调等）在语音传递过程中所承载的信息量，也称为"音位功能负担"（Phoneme Functional Load）。这个概念最早用于音位系统内部的二元对立研究，是一种用来计算音位对立最直观的量化指标（Meyerstein，1970）。后来 Hockett（1955）将这一概念进行了发展，他以 Shannon（1951）的信息论为基础，同时兼顾语言序列的频率因素，提出一个定性的定义。Hockett 认为，任何一种语言都是一个音位的序列，它的熵（描写系统状态的函数）是可计算的。音位负担是指音位在传递过程中的信息量。音位负担与音位的频率有密切关系，但两者存在差异，音位频率关注语言内部音位数量的多寡，而音位负担则关注音位之间对立的重要程度。音位负担的计量单位是熵，熵值越高，表示传递的信息越多，语音负担越重，反之则意味着语音负担越轻。一种语言的熵取决于使用该语言的语料规模、音素构成单位数量的多寡以及对立音素在该语言语音系统中的分布状态。

音位负担理论在语音研究领域应用广泛，除了研究音位外，也可以研究区别特征、超音段和单词等。利用音位负担进行汉语语音研究可以根据研究目的的不同选择不同的研究单位，例如，研究者可以从音系学角度采用元音音位、辅音音位和调位等作为基本单位来计算汉语的音位负担，也可以采用传统音韵学的声母、韵母、声调的分类方式，将语音单位切分为声、韵、调三个独立单位元进行语音负担的计算。本研究关注语音负担在二语教学中的应用，故采用传统音韵学的划分方法。为避免与原概念产生意义混淆，我们采用"语音负担"替代"音位负担"，但在文献回顾时我们有时仍然会使用"音位负担"或"功能负担"的名称。

音位负担用于汉语语音（含方言）研究可上溯到 20 世纪 60 年代。王士元（Wang，1967）首先利用音位负担进行了汉语语音演化研究，他提出了音位负担计算必须满足的五个条件，并总结出四种计算音位负担的方法。Surendran & Levow（2004）采用多语检测与跟踪语料库（Topic Detection and Tracking Multilanguage Text Corpus）对汉语声调系统进行了语音功能负担量的计算，并与荷兰语、英语、德语等一些非声调语言进行比较，结果显示，汉语声调在汉语语音系统中扮演着非常重要的角色，声调的功能负担与韵母的功能负担相当，但比荷、英、德三语重音的功能负担更大。孔江平（2013）利用黄布凡 1992 年编著的《藏缅语族语言词汇》建立语音数据库，对 49 种藏缅语系的语言点进行了声、韵、调系统的功能负担计算，其公式采用了王士元（Wang，1967）计算音位对立的理论和方法，首先计算出声母、韵母和声调的负担量总数值，再从中比较出声、韵、调的负担量差异。研究结果显示，语言系统中声调的有无对声、韵的负担量影响显著，有声调的语言声、韵的语音负担量明显低于无声调语言中声母和韵母的语音负担量；同为有声调的语言或方言，声调的信息量与声、韵母的信息量成反比，声、韵母的负担量越大，声调的负担量则越小，而声、韵母的负担量在同一个数量级上则差别不大。方华萍（2013）沿用孔江平的方法对北京话和温州话的语音功能负担量进行了研究，结果发现，北京话声母、韵母和声调的语音负担量比例是 0.96∶1∶0.68，而温州话声母、韵母和声调的负担量比例则是 1∶0.99∶0.88，两者之间存在明显差异。

上述研究的对象不同，方法有别，研究结果也存在较大差异。孔江平与方华萍采用的语料类型相同，均采用词表作为研究材料，但研究对象不同。前者是藏缅语中的 49 个语言点，后者是汉语方言中的北京话和温州话，但研究结果相似。两位学者都认为，声调的语音负担量低于声母和韵母，而声母、韵母之间的负担量在各种语言之间存在差异。孔江平和方华萍的研究结论与 Surendran 不一致，后者认为，在汉语语音系统内部声母的音位负担量最大，约为韵母或声调的两倍以上，而韵母和声调的音位负担量相当。笔者分析，造成上述差异的原因可能来自两方面：一是语言类型不同所导致的音位数量或结构差异造成了负担量的差异；二是不同的研究语料和计算方法造成了这些差异，因为 Suren-dran 的语料来自生活语料库，孔江平和方华萍的语料则源自词表，他们所采用的计算方法也不一样。

鉴于目前有关汉语语音负担研究在选择研究单位、研究材料和研究方法方面分歧较大，研究结果也存在不同程度的差异，因此开展更加全面系统的研究就显得十分必要。本研究尝试以新加坡小学华文教材语料库作为研究对象，从词表和语料库总词量两方面，对汉语声、韵、调的语音负担进行系统性研究。选用新加坡小学华文教材语料库主要有两个原因：一是该语料库的语音数据完整，既能以词表为统计单位计算汉语语音音节，又能以语料库为统计单位计算总音节量，可以充分满足研究需要。二是本研究关注教材语音负担对新加坡华语语音习得的影响，因此选择教材语料更具有针对性。本研究的主要问题是：

第一，汉语声、韵、调系统的语音负担是否均等？

第二，如果汉语声、韵、调系统内部各语音要素的语音负担存在差异，那么差异程度如何？

第三，采用词表与语料库两种不同统计方法是否对汉语声、韵、调的语音负担造成了影响？

## 二　语料来源和研究方法

### （一）研究语料描述

本研究的语料源自 2009 年研发的新加坡小学华文教材语料库中的三套华文教材，总字量为 170540 个，字种数为 2358 个。以一个汉字记录一个音节计，转写成音节后的音节总频次为 170540（含频次），音节构字数为 2358 个（含同音字，但不含频次）。前者代表含构词音节和音节频次的音节总表（简称"W 系统"），后者则代表只含构词音节不含音节频次的音节种类表（简称"Y 系统"）。将上述两个音节表分别按声母、韵母和声调进行切分，制成两个含声、韵、调信息语音负担分析表。将上述数据从教材语料库中提取出来备用。

为了确保音节切分的准确性，还必须对音节内部成分进行技术处理。例如，零声母分别用 0，w，y1，y2 进行标记，0 表示开口呼韵母前的零声母，w 代表合口呼韵母前的零声母，y1 代表齐齿呼韵母前的零声母，y2 代表撮口呼韵母前的零声母，声母总数为 25 个；韵母中因拼读而产生的变形都进行了还原处理，以保证统计的一致性，如 wen、dun、wei、gui、you、diu 中的韵母都统一为 uen、uei 和 iou。舌面元音 ［i］和两个舌尖元音 ［ɿ］和 ［ʅ］分别标记为 i、i1 和 i2；四声用数位 1、2、3、4 标记，轻声标记为 5。语料库中的同音字和多音字都进行了校对和分化，根据实际读音标注。研究资料详见表 4.1，表 4.1 中的 W 与 Y 标记详见下一节说明。

表 4.1 语音系统研究数据

| 对象 | 代码 | 语料数量 | 语音系统单位数量 | |
| --- | --- | --- | --- | --- |
| 华语语音 | W | 169472 | 声母（I） | 25 |
| | | | 韵母（F） | 39 |
| | | | 声调（T） | 5 |
| | Y | 2358 | 声母（I） | 25 |
| | | | 韵母（F） | 39 |
| | | | 声调（T） | 5 |

（二）研究方法

本书采用 Surendran & Levow（2004）设计的计算语音功能负担的方法，该法与 Hockett（1955）设计的二元对立音位负担计算方法相似。首先，我们设定新加坡小学教材语料库为包含了一系列词语的离散型语言序列，这些词语又由一系列音节序列组成，音节中包含了声母、韵母、声调等语音要素。我们称之为 $M_u$，它可以指包括字词频率在内的音节音量总表（W），也可以是只含字词种类、不含字词频率的音节类型总表（Y），两份数据代表不同的总体，必须分别计算。其次，假设 $x$ 代表 $M_u$ 中的语音单位，$cx$ 是 $x$ 在语料库中出现的频次，我们可以利

用下列公式计算出 $x$ 在语料库中的概率 $P(x)$：

$$p(x) = \frac{c(x)}{\sum_y c(y)}$$

接着，采用 Shannon 求熵值的公式对 $M_u$ 的信息量进行计算：

$$H_0(M_u) = -\sum p(x)\log_2 p(x)$$

完成了 $M_u$ 信息量的计算后，我们便可对任意特定语音单位进行语音负担的测算。由于语音负担是以通用的方式反映一组语音单位各成员对于区别意义的贡献，因此可以通过消解语音对立产生信息量变化来计算语音负担。例如，假定我们将 FL（Functional Load）定义为一种语言的两种形态之间熵的差异，那么 $FL(x, y)$ 则代表了 $x/y$ 对立的语音负担。FL 代表 $x$ 和 $y$ 对立时的原始语言状态，$FL(x, y)$ 为 $x$ 和 $y$ 对立消解后的语言状态，$x$ 和 $y$ 融合必然造成信息量的变化，语音负担 $FL(x, y)$ 正是通过 $x$ 和 $y$ 融合后同音现象增加和词频分布变化来测量信息量的。计算公式如下：

$$FL(x, y) = \frac{H(L) - H(Lxy)}{H(L)}$$

又假设我们希望获取汉语声调的 $FL_u^{(tone)}$，可将 $M_u$ 中的全部声调改用"*"替代，使声调内部对立完全消解，更换后的语音状态为 $M_u^{-tone}$，计算 $M_u^{-tone}$ 状态下的熵，再与原始状态下的熵值进行比较分析，最终获得声调的语音负担。

$$FL_u(tones) = \frac{H(M_u) - H(M_u^{-tones})}{H(M_U)}$$

### 三 研究结果与讨论

在理论上，我们可以测量汉语语音系统中所有的对立语音单位的语音负担，只不过需要做大量的统计工作。本书关注语音负担与语音教学的关系，因此只将研究重心放在音节内部的声母、韵母和声调总负担量以及它们内部重要对立音素的语音负担上，这样做在系统性方面可能有所欠缺，但研究焦点会突出。以下我们从汉语语音的声、韵、调三方面进行分析。

（一）声、韵、调系统的语音负担

从总体上看，汉语声母、韵母和声调的语音负担是不均等的，韵母的语音负担最重，声母次之，声调的语音负担最轻。无论是采用包括频率在内的音节音量总表（W），还是不含频率的音节类型总表（Y）作为统计材料，结果基本不变（见表 4.2 所示）。

表 4.2　　　　　　　　汉语声母、韵母、声调的总负担量表

| $x$ | $FL_W(x)$ | $FL_Y(x)$ | $FL_W(x)$ 调整 | $FL_Y(x)$ 调整 |
|---|---|---|---|---|
| 声母 | 0.23 | 0.28 | 0.89 | 0.85 |
| 韵母 | 0.26 | 0.33 | 1 | 1 |
| 声调 | 0.11 | 0.15 | 0.42 | 0.46 |

　　表 4.2 数据显示，韵母、声母和声调的语音负担差异在一个狭窄区间浮动，其中韵母的 $FL$ 最重，在 0.26—0.33 之间；声母次之，大约在 0.23—0.28 之间；声调最轻，在 0.11—0.15 之间，不到韵母的一半，韵母、声母和声调的 $FL$ 比例大约是 1：0.85（0.89）：0.46（0.42）。这个研究结果与孔江平（2013）关于藏缅 49 种语言的声、韵、调负担量的基本结论一致，与方华萍（2013）关于北京话的研究结果也基本一致，二位学者均认为韵母的 $FL$ 最重，声调最轻。但在负担量的重要程度上我们的结论与他们有所不同。本书中声调的负担比例要比方华萍的低许多。由于本书与孔江平和方华萍的研究对象不同，因此不具有可比性，但是三者之间的一致性反映了同语系语言之间某种共性，这一点值得深入探讨。

　　本书与 Surendran and Levow（2004）的研究计算方法一样，但研究结果并不完全一致。他们的研究资料是来自语料库的汉语音节（syllable）和词（word）两类，后者与本书采用的单音节研究单位不具有可比性，暂不讨论。从以音节为对象的研究结果看，他们采用汉语音位作为研究单位，结果显示，辅音音位的（Consonants）语音负担是 0.235，元音音位（vowels）为 0.091，调位语音负担为 0.108。本书以汉语音韵学的声、韵、调为研究单位，声母 $FL$ 为 0.23（W）和 0.28（Y），声调的 $FL$ 是 0.11（W）和 0.15（Y），结果很接近。但韵母的负担量却相差很大，本书得到的韵母语音负担在声、韵、调中是最重的，达到

0.26（W）和0.33（Y），大约是 Surendran and Levow（2004）的三倍。究其原因，主要是两者在计算单位上存在差异。本书的计算单位是声母、韵母和声调，而他们使用的是辅音音位、元音音位和调位。两者在概念、分类方法和单位数量方面都存在差异。汉语元音音位和韵母的数量差异很大，两者计算结果不同是可以解释的。而声母与辅音之间的差异不大，只是在是否计算辅音韵尾（n，ng）上，声调和调位的数量差异仅仅在是否计算轻声这一点上，因此两者具有可比性，他们与本书有关声母和声调负担量的结果非常接近，说明本书具有较高的信度。

需要指出的是，上述语音负担的计算结果是就汉语语音系统而言的。并未考虑到声、韵、调之间语音单位数量的差异，如果将这一因素考虑在内，以平均负担量作为评断依据，结果则完全不同。声调（5个）的平均 FL 是 0.022（W）、0.05（Y），负担最重；声母（25个）为0.0092（W）、0.0112（W），位居第二；韵母（39个）的平均 FL 最轻，为0.0067（W）、0.0085（Y）。

（二）声母内部的语音负担

声母内部的语音负担可以从发音部位、发音方法以及个别成组对立音素进行考察。

表4.3 显示，声母系统内部舌尖中音（d，t，n，l）的 FL 最重，与其他发音部位二元对立的负担总量分别达到 312（Y）和 286（W）。这主要是因为舌尖中音在声母系统中使用功能最强，与开口呼、合口呼、齐齿呼和撮口呼韵母都能组合，而且使用频率也高，因此所承担的语音负担就大；舌尖后音（zh，ch，sh，r）位居第二，负担量为舌尖中音的90%（Y）和74%（W）。舌尖后音虽然只能与开口呼和合口呼韵母相拼，组合能力甚至不如双唇音，但数量较双唇音多一个，而且内部功能配置齐全，能与绝大多数开口呼和合口呼韵母拼合，有些音素（如 sh）的使用频率也很高，所以语音负担较重。居第三和第四位的分别是双唇音（b，p，m）（Y：242，W：177）和舌面音（j，q，x）（Y：239，W：177）。这两组音的 FL 相当，负担量大约为舌尖中音的78%（Y）和62%（W）。舌根音（g，k，h）名列第五，FL 只有舌尖中音的73%（Y）和57%。舌根音在 Y 系统中的比重高于 W 系统，说明舌根音虽然具有较强的音节组合能力，但是构成音节后使用频率相对

要低许多。舌尖前音（z，c，s）和唇齿音（f）的 FL 列第六位和第七位，大约只是舌尖中音的一半左右。其中唇齿音因为只有 f 一个声母，而且组合能力较弱、使用频率较低，语音负担低在情理之中。舌尖前音只能与开口呼和合口呼韵母拼合，组合能力远低于舌尖中音，它与舌尖后音虽然具有相同的组别拼合能力，两者都只能与开口呼、合口呼韵母相拼，但在组内拼合能力方面不如后者（如 z，c，s 不能与 ua，uai，uang 相拼，但 zh，ch，sh 却可以），加之拼合音节的使用频率不高，所以语音负担偏轻。深入分析各组语音子系统内部二元对立的语音负担，显示舌尖中音与舌尖后音（Y；64，W：59）、舌面音（Y：63，W：56）和双唇音（Y：59，W：56）对立的语音负担位列前三名，而唇齿音与舌尖前音（Y：11，W：6）、舌根音（Y：19，W：11）和双唇音（Y：22，W：13）对立的语音负担最轻。

**表 4.3　　　　　声母发音部位二元对立的语音负担　　　　　（个）**

| Y * | 双唇 | 唇齿 | 舌尖前 | 舌尖中 | 舌尖后 | 舌面 | 合计 | 排名 | 比例（%） |
|---|---|---|---|---|---|---|---|---|---|
| 双唇 | | | | | | | 242 | 3 | 78 |
| 唇齿 | 22 | | | | | | 134 | 7 | 43 |
| 舌尖前 | 28 | 11 | | | | | 184 | 6 | 59 |
| 舌尖中 | 59 | 30 | 43 | | | | 312 | 1 | 100 |
| 舌尖后 | 49 | 30 | 41 | 64 | | | 282 | 2 | 90 |
| 舌面 | 48 | 22 | 29 | 63 | 43 | | 239 | 4 | 77 |
| 舌根 | 36 | 19 | 32 | 53 | 55 | 34 | 229 | 5 | 73 |
| W | 双唇 | 唇齿 | 舌尖前 | 舌尖中 | 舌尖后 | 舌面 | 合计 | 排名 | 比例（%） |
| 双唇 | | | | | | | 177 | 3 | 62 |
| 唇齿 | 13 | | | | | | 96 | 7 | 34 |
| 舌尖前 | 17 | 6 | | | | | 131 | 6 | 46 |
| 舌尖中 | 56 | 30 | 39 | | | | 286 | 1 | 100 |
| 舌尖后 | 35 | 21 | 27 | 59 | | | 211 | 2 | 74 |
| 舌面 | 32 | 15 | 20 | 56 | 31 | | 177 | 3 | 62 |
| 舌根 | 24 | 11 | 22 | 46 | 38 | 23 | 164 | 5 | 57 |

\* 所有 Y 和 W 中的 FL 数值已经经过了放大处理，实际值需乘以 0.001。

根据形成阻碍和解除阻碍的方式不同，可以将声母分为塞音、塞擦音、擦音、鼻音和边音五类。我们据此对新加坡小学华文教材语料库的声母系统 Y 和 W 进行了语音负担的计算，表 4.4 显示，塞音的语音负担最重，合计达 328（Y）和 240（W），其中塞音与塞擦音二元对立的负担量达到 107（Y）和 75（W），与擦音的二元对立语音负担也差不多（Y：103，W：72）；塞擦音和擦音的总体语音负担量位居第二和第三，数值十分接近，显示它们在音节组合能力和使用频率方面大体相当，而且比较稳定；鼻音和边音数量少，音节组合能力和使用频率都远不及以上三类，所以担负的语音负担相对较轻，都不及塞音的 50%，其中鼻音和边音的二元对立语音负担最轻，只有 11 个（Y）和 12（W）。

表 4.4　　　　　　　　声母发音方法二元对立的语音负担　　　　　　　（个）

| Y | 塞音 | 塞擦音 | 擦音 | 鼻音 | 合计 | 排名 | 比例（%） |
|---|---|---|---|---|---|---|---|
| 塞音 | | | | | 328 | 1 | 100 |
| 塞擦音 | 107 | | | | 274 | 2 | 84 |
| 擦音 | 103 | 88 | | | 263 | 3 | 80 |
| 鼻音 | 61 | 40 | 37 | | 149 | 4 | 45 |
| 边音 | 57 | 39 | 35 | 11 | 142 | 5 | 43 |
| W | 塞音 | 塞擦音 | 擦音 | 鼻音 | | 排名 | 比例（%） |
| 塞音 | | | | | 240 | 1 | 100 |
| 塞擦音 | 75 | | | | 187 | 2 | 78 |
| 擦音 | 72 | 58 | | | 180 | 3 | 75 |
| 鼻音 | 48 | 28 | 26 | | 114 | 4 | 48 |
| 边音 | 45 | 26 | 24 | 12 | 107 | 5 | 45 |

除了成组比较外，我们也对一些具有典型对立特征的个别声母进行了对立语音负担量的考察，结果显示，不同对立声母的语音负担差异显

著，其中 j/q 对立的语音负担最重，达 75（Y）和 51（W），稳居第一，d/t 在 Y 系统中名列第二，在 W 系统中位列第三。这两对声母的语音负担明显高于其他各组，属于特别重要的声母；n/l 和 sh/r 的语音负担受频率影响最大。在 Y 系统中，它们的语音负担较轻，只列第七位和第十二位，但在 W 系统中 n/l 的语音负担明显增加，与 j/q 并列第一。sh/r 的情况类似，在 Y 系统中仅位列第十二位，但在 W 系统中跃居第四位，是两系统中语音负担变化最重的一组声母。这说明，这两组声母在语料库中的使用频率出现了激增的情况。其他各组声母在 W 系统中的语音负担都比在 Y 系统中低，显示这些声母在 W 系统中的使用频率处于相对劣势（详情见表4.5）。

表 4.5　　　　　　　　　单个声母二元对立的语音负担比较

| 语言 | 对立类型 | 对立声母 | 语音负担 | 排名 | 语言 | 对立类型 | 对立声母 | 语音负担 | 排名 |
|---|---|---|---|---|---|---|---|---|---|
| Y* | 送气/不送气 | (b, p) | 52 | 4 | W | 送气/不送气 | (b, p) | 23 | 8 |
| | | (d, t) | 67 | 2 | | | (d, t) | 35 | 3 |
| | | (g, k) | 42 | 5 | | | (g, k) | 30 | 5 |
| | | (j, q) | 75 | 1 | | | (j, q) | 51 | 1 |
| | | (z, c) | 21 | 13 | | | (z, c) | 18 | 9 |
| | | (zh, ch) | 55 | 3 | | | (zh, ch) | 29 | 6 |
| | 舌尖前/后音 | (z, zh) | 36 | 8 | | 舌尖前/后音 | (z, zh) | 14 | 12 |
| | | (c, ch) | 26 | 11 | | | (c, ch) | 11 | 13 |
| | | (s, sh) | 31 | 9 | | | (s, sh) | 16 | 10 |
| | 舌尖后清/浊擦音 | (sh, r) | 24 | 12 | | 舌尖后清/浊擦音 | (sh, r) | 31 | 4 |
| | 唇齿清擦音/舌根清擦音 | (f, h) | 38 | 6 | | 唇齿清擦音/舌根清擦音 | (f, h) | 16 | 10 |
| | 舌尖中鼻音/边音 | (n, l) | 37 | 7 | | 舌尖中鼻音/边音 | (n, l) | 51 | 1 |
| | 双唇/舌尖中浊鼻音 | (m, n) | 27 | 10 | | 双唇/舌尖中浊鼻音 | (m, n) | 26 | 7 |

＊所有 Y 和 W 中的 FL 数值已经经过了放大处理，实际值需乘以 0.0001。

（三）韵母内部的语音负担

韵母内部按照韵母开头元音的不同，可以分为开口呼、齐齿呼、合口呼和撮口呼四类。分析表4.6中的资料发现，这四类韵母所承担的语音负担也是不均等的。开口呼韵母的语音负担最重，其他依次为齐齿呼、合口呼和撮口呼。彼此的负担比例在Y系统中为1:0.85:0.72:0.5，在W系统中为1:0.84:0.67:0.47。显示四呼韵母中开、齐、合、撮的语音负担呈现出梯级递减的趋势，其中齐齿呼的FL比开口呼少15%左右，合口呼少30%左右，撮口呼的FL则只有开口呼的50%左右。另外，在W系统中，合口呼、撮口呼的FL比在Y系统中低，说明这两类韵母的使用频率不如开口呼和齐齿呼韵母。

表4.6　　　　　　　韵母四呼二元对立的语音负担

| Y | 开口呼 | 齐齿呼 | 合口呼 | 排名 | W | 开口呼 | 齐齿呼 | 合口呼 | 排名 |
|---|---|---|---|---|---|---|---|---|---|
| 开口呼 | | | | 1 | 开口呼 | | | | 1 |
| 齐齿呼 | 0.22 | | | 2 | 齐齿呼 | 0.18 | | | 2 |
| 合口呼 | 0.20 | 0.14 | | 3 | 合口呼 | 0.16 | 0.10 | | 3 |
| 撮口呼 | 0.12 | 0.10 | 0.05 | 4 | 撮口呼 | 0.09 | 0.08 | 0.03 | 4 |

从韵母结构的角度分析，鼻音韵母FL是最重的，其次是复韵母和单韵母，它们之间的负担比例在Y系统中为1:0.9:0.85，差值在10%—15%左右；在W系统中复韵母、单韵母与鼻韵母的FL差距有所缩小，约为1:0.97:0.93。这说明复韵母和单韵母虽然数量比鼻韵母少，但是构成音节后的使用频率较高，因此它们的FL在W系统中增加了。表4.7是韵母结构二元对立的语音负担量。

表4.7　　　　　　　韵母结构二元对立的语音负担

| Y | 单韵母 | 复韵母 | 排名 | W | 单韵母 | 复韵母 | 排名 |
|---|---|---|---|---|---|---|---|
| 单韵母 | | | 3 | 单韵母 | | | 3 |
| 复韵母 | 0.15 | | 2 | 复韵母 | 0.13 | | 2 |
| 鼻韵母 | 0.19 | 0.21 | 1 | 鼻韵母 | 0.14 | 0.15 | 1 |

　　我们继续对六个舌面单元音韵母进行考察，测量它们参与二元对立的语音负担情况。结果显示，六个单元音韵母的语音负担出现了明显的两极分化现象，u，a 和 i 的 FL 远远高于 e，o 和 ü。在 Y 系统中，u 的 FL 最重，i 和 a 分列第二、三位，在 W 系统中，a 的 FL 跃居第一位，u 名列第二位，但差距很小，i 稳居第三位；在居后三位的韵母中，e 的 FL 靠前，最后两位是 ü 和 o，它们的 FL 只有第一位的 25% 左右。Y 系统中六个舌面单元音韵母的 FL 比例为 1:0.82:0.77:0.4:0.29:0.27，W 系统中的比例为 1:0.98:0.90:0.53:0.25:0.16。深入考察个别韵母二元对立的 FL，发现在 Y 系统中 a/u，i/u 和 i/u 对立的 FL 居前三位，都与 u 韵母有关，W 系统中的前三位分别是 a/u，a/i 和 e/u，两个与 u 有关，两个与 a 有关。后两位出现了 FL 为零的现象，在两个系统中 e/o 和 o/ü 对立 FL 等于零，说明这两组韵母在汉语语音系统中不存在对立关系，只有互补关系，具有很大的冗余度，因此，当进行对立消解分析时，它们的 FL 不变。另外 e/ü 对立的 FL 也极小，原因是这一对韵母在汉语语音系统中几乎成互补关系，只在与声母 n，l 组合成音节时可能形成对立，即使如此，它们的使用频率也很低，所以在 W 系统中，它们对立的 FL 几乎为零。

表 4.8　　　　　六个主要单元音韵母二元对立的语音负担　　　　　（个）

| Y | a | o | e | i | u | 合计 | 排名 | 比例（%） |
|---|---|---|---|---|---|---|---|---|
| a |  |  |  |  |  | 155 | 3 | 77 |
| o | 20 |  |  |  |  | 55 | 6 | 27 |
| e | 20 | 0 |  |  |  | 81 | 4 | 40 |
| i | 38 | 19 | 7 |  |  | 166 | 2 | 82 |
| u | 74 | 16 | 52 | 54 |  | 202 | 1 | 100 |
| ü | 3 | 0 | 2 | 48 | 6 | 59 | 5 | 29 |
| W | a | o | e | i | u | 合计 | 排名 | 比例（%） |
| a |  |  |  |  |  | 127 | 1 | 100 |
| o | 9 |  |  |  |  | 20 | 6 | 16 |
| e | 17 | 0 |  |  |  | 67 | 4 | 53 |
| i | 48 | 7 | 6 |  |  | 114 | 3 | 90 |
| u | 51 | 4 | 44 | 24 |  | 124 | 2 | 98 |
| ü | 2 | 0 | 0 | 29 | 1 | 32 | 5 | 25 |

除了对上述单韵母进行 FL 测算外，我们还对一些特殊的单韵母、复韵母和鼻韵母进行了选择性的对立 FL 计算（详细结果见表4.9）。

表4.9 主要韵母二元对立的语音负担

| 语言 | 对立类型 | 对立韵母 | 语音负担 | 排名 | 语言 | 对立类型 | 对立韵母 | 语音负担 | 排名 |
|---|---|---|---|---|---|---|---|---|---|
| Y* | 复元音韵母 | （ai，ei） | 16 | 8 | W | 复元音韵母 | （ai，ei） | 12 | 8 |
| | | （ou，uo） | 35 | 5 | | | （ou，uo） | 32 | 2 |
| | | （ao，iao） | 25 | 6 | | | （ao，iao） | 16 | 7 |
| | | （ie，üe） | 13 | 9 | | | （ie，üe） | 10 | 9 |
| | | （ia，ua） | 0 | 15 | | | （ia，ua） | 0 | 15 |
| | | （iou，uei） | 0.9 | 13 | | | （iou，uei） | 0.4 | 13 |
| | | （ou，iou） | 3.9 | 11 | | | （ou，iou） | 4 | 11 |
| | 鼻音韵母 | （an，ang） | 65 | 1 | | 鼻音韵母 | （an，ang） | 28 | 4 |
| | | （en，eng） | 41 | 4 | | | （en，eng） | 21 | 5 |
| | | （in，ing） | 46 | 3 | | | （in，ing） | 33 | 1 |
| | | （ian，iang） | 52 | 2 | | | （ian，iang） | 31 | 3 |
| | | （uan，uang） | 25 | 6 | | | （uan，uang） | 19 | 6 |
| | | （uen，ueng） | 0.9 | 13 | | | （uen，ueng） | 0.3 | 14 |
| | | （ong，iong） | 0 | 15 | | | （ong，iong） | 0 | 15 |
| | | （üan，ün） | 13 | 9 | | | （üan，ün） | 6 | 10 |
| | 舌尖元音韵母 | （i［ɿ］，-i［ʃ］） | 0 | 15 | | 舌尖元音韵母 | （i［ɿ］，-i［ʃ］） | 0 | 15 |
| | 卷舌韵母 | （er，e） | 3.7 | 12 | | 卷舌韵母 | （er，e） | 3 | 12 |

\* 所有 Y 和 W 中的 FL 数值已经经过了放大处理，实际值需乘以 0.0001。

总体而言，不同韵母二元对立的 FL 差别很大，有些对立韵母的 FL 很重，例如 an／ang，ian／iang，in／ing，en／eng，ou／uo 的 FL 无论在 Y 系统中还是在 W 系统中都是高的，虽然名次先后稍有不同，但都稳居前五名，较其他韵母的 FL 高许多。与此相反，另一些韵母对立的 FL 却很低，ia／ua 和 ong／iong 和 -i［ɿ,］／-i［ʃ］ 对立的 FL 甚至为零，显示这些韵母内部没有对立关系，只有互补关系。语音融合不会产生信息丢失。其他 FL 很低的韵母还有一些，如 uen/ueng，iou/uei 和 er/e。其他韵母的二元对立 FL 详见表4.9，这里不再赘述。

（四）声调内部的语音负担

研究声调内部不同调类对立的语音负担量，显示不同调类二元对立所承担的语音负担并不相同。在 Y 系统中去声与阴平的二元对立语音负担最重，达4.27，与上声对立的语音负担为3.55，与阳平对立的语音负担是3.4，与轻声对立的语音负担最轻，只有0.06。这一结果表明，在不考虑词频的条件下，去声在汉语声调中占最重要地位，所承担的信息量最大，其次是阴平、上声和阳平及轻声。在 W 系统中，去声与上声对立的语音负担为2.83，是所有二元对立（2.10）中最重的，其次是去声与阴平（2.45），去声与阳平，去声与轻声（0.25）。其他二元对立的语音负担详见表4.10。

表 4.10　　　　　　　　　声调二元对立的语音负担

| Y * | 阴平 | 阳平 | 上声 | 去声 | W | 阴平 | 阳平 | 上声 | 去声 |
|---|---|---|---|---|---|---|---|---|---|
| 阳平 | 2.83 | | | | 阳平 | 1.46 | | | |
| 上声 | 2.92 | 2.43 | | | 上声 | 1.89 | 1.65 | | |
| 去声 | 4.27 | 3.4 | 3.55 | | 去声 | 2.45 | 2.10 | 2.83 | |
| 轻声 | 0.06 | 0.06 | 0.05 | 0.06 | 轻声 | 0.05 | 0.03 | 0.05 | 0.25 |

* 所有 Y 和 W 中的 FL 数值已经经过了放大处理，实际值需乘以0.01。

比较 Y 系统与 W 系统，显示去声在两个系统中所承担的语音负担均最重，阴平在 Y 系统中居第二位，在 W 系统中位列第三，上声在 Y 系统中位第三，在 W 系统中跃居第二位，显示频率对上声语音负担的提升产生积极作用，相反，阴平的频率会随着语料的增加而下降。阳平稳居第四位，轻声是声调中语音负担最轻的，去声与轻声对立的语音负担为0.25，是所有轻声对立中最高的，说明在 W 系统中，去声与轻声对立最为重要。

（五）小结

通过上述研究，我们可以得出以下结论：

第一，汉语声母、韵母和声调的语音负担不是平均的，总体上看，韵母的语音负担最重，其次是声母，声调的语音负担最轻。但从平均负担量看，声调的语音负担却最重。

第二，声母内部不同发音部位和发音方法的语音负担存在差异，按发音部位论，语音负担量的顺序排列大致是：舌尖中音＞舌尖后音＞双唇音＞舌面音＞舌根音＞舌尖前音＞唇齿音；按发音方法论，语音负担量的顺序排列大致是塞音＞塞擦音＞擦音＞鼻音＞边音；个别声母对立的语音负担差异显著，有些语音负担很重，有些语音负担很轻。不同统计方法对上述排序有影响，但影响有限。

第三，韵母内部四呼的语音负担存在差异，开、齐、合、撮四呼的语音负担呈现梯级递减的趋势；在单韵母、复韵母和鼻韵母中，鼻韵母的语音负担最重，单韵母最轻，差异大小与不同统计方法有一定的关系。

第四，声调的负担量比较显示，去声的语音负担最重，阳平和轻声的语音负担稳居第四位和第五位，上声和阴平的语音负担受频率影响较大，在 Y 系统中，阴平第二位，上声第三位，在 W 系统中，上声跃居第二位，阴平退居第三位。

第五，频率是影响语音负担的重要因素，频率与语音负担成正比。但频率不是改变语音负担的唯一因素，语音单位之间的对立或者互补关系也会直接影响二元对立的语音负担。

总之，影响汉语语音负担的因素主要有两项：一是语音系统内部的结构和分布规律，如果不同语音单位之间是对立关系，而且冗余度低，那么二元对立单位的语音负担就重；相反，如果语音单位之间是互补关系，则语音负担为零；如果语音单位元之间是部分对立、部分互补的关系，那么语音负担则由对立程度决定。另一个影响语音负担的主要因素是语音单位的使用频率，就汉语而言，如果声、韵、调在构成音节后的使用频率增加，则语音负担相应增加。如果音节的构字能力强，语音负担也会增加。可见，语音负担是由语音单位的生成能力和音节活跃度共同决定的，任何个别参数的变化都会影响熵值，进而改变声、韵、调的语音负担。这些发现对汉语语音教学具有十分重要的意义。

## 四　对汉语教学的启示

汉语作为第二语言的语音教学研究长期以来是被严重低估和忽视的。其中最突出的表现是语音基础研究严重滞后，对汉语语音系统的计量研究十分薄弱。究其原因，一是语音研究不如汉字和词汇研究方便易行，基于语料库的语音统计需要做大量的语音标注和音素切分等基础工作，耗时费力；二是有效的研究手段不多，除了频率统计外，过去我们还没有更好的语音统计研究的方法。语音负担作为测量汉语语音要素信息负载的重要指标，能够系统全面揭示汉语语音系统的配置关系和数量分布，这不仅对我们研究汉语语音的内在特点有参考价值，对二语语音教学研究也很有启发作用。

### （一）语音等级标准制定的重要参考指标

2010 年《汉语国际教育用音节和汉字词汇等级划分》（以下简称《划分》）研制成功并正式实施（刘英林、马箭飞，2010）。《划分》首次提出了利用通用汉字字表，结合使用度和难易度指针确定汉语音节等级的研究方法，并据此将汉语常用音节划分为三级，作为汉语语音教学的基本内容。《划分》是第一个将语音与汉字、词汇放在同等重要地位并进行等级划分的纲领性文件，对二语语音教学，特别是语音教学观念的改变具有特殊意义。不过，《划分》在语音统计方法上显然并不完美，因为通过测量汉字的常用度来确定汉语音节等级的方法虽然简单易行，但并不能全面反映汉语音节的构成特点和使用规律。赵金铭（2014）认为，汉语基本音节的提取应通过计算音节的构字能力、构词能力、四声配置和音节的使用频率（各类词表统计）完成。赵金铭对汉语语音特点的分析是正确的，但统计方法十分复杂，很难避免实际操作过程中因变量之间交互作用而产生的统计效度问题。如果采用语音负担的计算方式则可以避免这些问题。在语音负担的计算方法中，语音频率、音节构词能力以及音节在语音系统中的对立或互补关系均已被列入统计范围之内，因此它可以充分反映语音要素在语音系统中的重要程度。研究者可以根据研究目的选择词表（静态）或语料库（动态）中的语料作为语音负担研究对象，从中发现两者之间语音负担的细微变化。例如，在汉语韵母中六个舌面单元音韵母的 FL 在 W 系统与 Y 系统中的语音负担出现微妙变化，其中 a 的语音负担在 W 系统中比在 Y 系统中重，而 u 和 i 情况则相反，在 W 系统中比在 Y 系统中轻，这说明 a 在 W 系统中出现了频率激增的情况，由此改变了其在语音系统中的负担比重。而 u 和 i 构成的音节中较少超频字或活跃的语音组合，因此出现语音负担相对下降的倾向。同样的情况也发生在声母系统内部，例如 n/l 对立的语音负担在 W 系统中的重要程度明显高于在 Y 系统中，zh/ch 的情况则相反，它们所代表的同音字数量大，构词能力也较强，但是使用度不高，所以在 Y 系统中的语音负担明显重于在 W 系统中。这说明选择词表还是语料库整体作为语音负担的统计对象，对语音负担会产生直接影响。笔者认为，以语料库为汉语语音负担的研究对象能够更加全面地反映语音系统内在的本质特征。

（二）确定教学重点的重要指标

汉语作为第二语言的语音教学常以语音难易度作为安排教学重点的依据，以克服难点的多寡作为评判语音教学成败的重要标准。就国别化的语音教学而言，将教学难点设定为教学重点无可厚非，因为难点是造成学生发音或记音错误的直接根源，语音难点不克服，洋腔洋调就不可避免，交际过程就会出现障碍。但如果将语音教学重点仅限于教学难点，就失之偏颇了。因为语音难易度是建立在对比分析基础上的主观标准，不同语言背景的学习者学习汉语语音的难易度是不同的，同为难点，不同母语学习者的偏误类型也存在差异。例如从发音角度看，[f] 是韩国和泰国学生的共同难点，韩国学生通常将唇齿音 f 读成 p 或 b，而泰国学生则是将清音 [f] 读成浊音 [v]。可见语音难易度是建立在对比分析基础上的主观标准，它可以作为确定语音教学重点和筛选、编排语音教学内容的标准之一，但不能作为确定语音教学重点的唯一标准。制定语音教学的重点必须首先从汉语语音系统内部着手，通过客观的语音要素的统计分析来加以明确。语音负担统计法无疑是一种有效的测量工具，它可以准确地反映出汉语语音在语音系统中的使用频率、音节组合能力和音位对立程度。语音负担重的音节在汉语音系中的地位就高，教学的价值也高。例如，舌尖前音、舌尖后音、舌面音均为二语语音教学的难点，但三者的语音负担差别很大，舌尖后音是声母系统中语音负担最重的，舌面音居中，而舌尖前音的语音负担很轻，在教学中显然应该有所侧重，要强化舌尖后音的教学。

（三）解释语音习得顺序的重要依据

研究二语习得规律的主要途径是通过对比分析发现母语与目的语之间的语音差异，并以此解释学习者的错误，预测学习中可能要面对的困难。从语音习得的成效看，克服语音难点无疑是语音能力提高的重要表征，但是语音研究结果显示，建立在对比分析和中介语研究基础上的语音难易度并不能解释所有的语音偏误，也并不是所有的语音错误都能从母语的负迁移中找到答案的，许多在发音原理上被认为容易的音素，学生却时常发错。李宇明（1995）认为，应当从语言难度和输入频度两个方面来解释语言发展的顺序性。他认为，语言形式的复杂程度以及它所包含的认知的复杂程度会影响语音习得的顺序；各个音位在语言输入中出现的频率也会影响语音习得的顺序。而语音系统内部的语音负担差异无疑是影响语音习得成效的重要因素。Pye, Ingram & List（1987）曾采用语音负担理论解释盖丘语（Quiché）语音习得顺序。他在比较盖丘语和英语的辅音习得顺序时发现盖丘语儿童掌握 [1] 的时间比英语儿童早，他认为，其中的原因是盖丘语 [1] 的语音负担比英语重。笔者认为，语音负担理论也可以对过去的语音习得研究提供进一步的解释和补充。例如 Li & Thompson（1977）研究过 17 名年龄在 1 岁半到 3 岁之间、说国语的中国台湾儿童，结果发现，四个声调的习得顺序存在很大差异，阴平和去声先出现，阳平和上声后出现，不仅如此，儿童对声调的掌握早于语音（音段）的掌握。作者从儿童发音机制上对上述研究结果进行解释，认为儿童控制声带（声调）比控制共鸣腔（音段）容易。笔者认为，汉语声调习得顺序也可以通过比较声调系统内部语音负担的差异进行验证。从本书研究的结果看，去声和阴平的语音负担比阳平和上声重，声调的平均语音负担也比声母和韵母重，这说明声调的使用频率和分布都处于领先位置，声调习得的确存在频率效应。

## 五　小结

语言是一个无规律的离散系统。随着语言单位元内部使用单位的变化，混乱的程度也随之改变。语音负担的比值是由熵决定的，但熵没有一个确定值。影响熵值的因素很多，首先是语料库的规模。规模越大，熵值越接近于稳定状态。本书对教材语音系统声、韵、调的语音负担进行了较全面的统计分析，获得有关语音负担的第一手资料，这些资料为进一步开展语音习得研究提供了可信的参考数据。但由于本书选用的语料库规模较小，而且语料库范围仅限于小学生使用的生活和文学语料，词汇量较小，低频词的分布范围也比大型语料库要窄许多，这些因素都可能会影响研究结果的推广性。另外，本书没有选择音位作为计算单位，这使得研究精度受到影响，例如，辅音 n 在汉语中可以充当声母也可以出现在韵尾的位置。如果以音位作为研究单位，那么辅音音位的熵值肯定会发生变化，辅音和元音的音位负担比值也会不同。由于研究目的所限，本书没有在音位负担方面进行全面深入的分析，这是本研究的不足之处。

# 第二节　基于 PCTC 教材语料库的词类分布考察

## 一　引言

在语言教学过程中，词汇教学居于核心地位（Ellis，2002）。母语学习者习得词汇的路径有两条：一条是通过日常生活自然习得，这类词汇一般是口语词；另一条是通过专业教育，从语文课程或其他专业知识学习中学得。这两条路径相互支持，相互促进，因此，学习者掌握词汇的数量就大、质量就高。二语学习者则不同，由于受语言环境、教学条件、学习时间等因素的制约，其接触目的语的时间有限。由于第二语言学习者无法达到母语学习者所能达到的阅读量和词汇接触密度，因此学习的成功率往往较低（邓恩明，1998）。教学研究显示，生词量影响教材语言的难度（何涛，2002；郭曙纶，2007），控制教材的生词量对汉语教学十分重要（李晓琪，2006）。词汇在教材中的"分布应均匀，并从低年级到高年级略呈递增趋势，将能降低学生的理解难度（王战旗、吴欣，2008）。同时，教材中词汇的重现率也会对学习者的词形和词音辨别以及词语识别率产生影响（萧炳基，1990；周清海、梁荣基，1995）。教材编写中确保新词汇可以在短期内有较高的复现率，将有利于显著地提高习得效率和记忆效果（吴世雄，1998）。尽管许多学者都赞同教材编写应该对词汇分布和重现率加以重点关注，但是在具体实施过程中却很难做到。因此也有学者认为，在基础教材的课文编写中，生词的重现只是其中一个很小的问题。词汇分布不均是词汇运用中的必然现象，如果想让我们的课文自然流畅，就只能顺应这种自然现象（刘颂浩，2006）。

目前，在二语教学界有关教材词汇分布的研究多集中在词汇量的统计分析和词表比较方面。例如，康艳红、董明（2005）探讨了两部对外汉语教材，对其词语的平均词频、重现频率、重现分布等情况进行了细致考察，结果显示，两套教材重现率为零的词汇比例偏高，而重现率达 4 次的词汇仅占 40% 左右。

苏新春（2006）分析了中国北京大学和北京语言大学的两套初级汉语教材，研究发现，两套教材都表现出高频词少、覆盖力强的特点。另外，苏新春的研究显示，两套教材的共有词语少。

周小兵、干红梅（2008）以 10 部商务汉语教材为对象，分析各教材的生词等级、共选词语、高频词和语素，发现不少教材生词等级偏高，不同教材的共选词语极少，并探讨了相关原因。

上述研究的对象和范围虽然存在差异，但结论基本一致。即教材中常用词数量不多，但有较高的覆盖率；非常用词虽然数量较大，但使用频率和覆盖率均较低。另外，即使同质性的教材，例如初级阶段的口语教材，彼此之间的共有词比例也很低。

虽然汉语教学界在教材词频效应的研究方面取得了进展。但是现有研究基本上都停留在对教材词汇的整体性统计描述上，对不同词类中词汇分布和频率却很少涉及。研究的深度也存在不足。主要表现在：

第一，教材词类分布研究的对象还不够明确。例如，到底是以生词为研究对象，还是以教材的总词汇量作为研究对象。目前的研究还局限在前者。如李如龙、吴茗（2005）在分析《对外汉语初级教程》（邓懿主编，全四册）时采用建立课文生词（共 1320 个，不计专有名词）库、生词用字数据库和生词所用语素的数据库的方法。这种以生词为统计对象得出的字词比例是不准确的。如果以不准确的统计结果为依据否定"词本位"编写原则显然也是有失公允的。牛书田（2008）根据《发展汉语》、马田甜（2012）根据《新实用汉语课本》生词表统计出各种词类的分布比例，得出实词占 95%，虚词不足 5% 的结果。牛书田认为介词、连词和助词在词汇表整体编排的分配比例上是较为均衡的，进而证明实词教学的重要性。这些研究结论都是以教材生词为研究对象得出的。其可信度多受到质疑。

第二，词类划分的不统一造成研究结果存在内部差异。例如，南洋理工大学国立教育学院教学理论与实践研究中心（CRPP，2006）的《新加坡华族儿童口语词表及简要说明》将词类分为 19 类，名、动、形三类词的词种数（type）比例为 44.3∶25.7∶9.6，名、动、形三类词的词量比例（token）为 15.2∶28.3∶3.98。

新加坡华文教研中心口语语料库课题组（2012）的《新加坡小学一年级华语口语词汇表（初稿)》将词类分为 18 类，名、动、形三类词的词种数（type）比例为 46.9∶28.2∶10，名、动、形三类词的词量比例（token）为 16.4∶29.2∶4.2。这些差异对研究结果会产生一定的影响。

本书将利用现有的研究成果，运用 PCTC 教材语料库，结合新加坡华文教学的实际，对新加坡华文教材的词类分布进行全面、系统的统计分析。主要研究问题包括：

其一，新加坡小学华文教材（SPCT）词类分布有何特点？

其二，SPCT 词类词频特征如何？超频词和孤频词的分布特点如何？

其三，SPCT 兼类词的数量和分布如何？

其四，SPCT 最常用的 100 个基本词汇在词类、语义和搭配上呈现出的分布状态如何？

## 二　研究对象、研究工具和研究方法

### （一）研究对象

本书研究对象是新加坡现行的小学华文教材，包括《小学华文》《小学高级华文》和《基础华文》（小五、小六）三部分。这是一套专为新加坡六年制小学华文课程编写的全国统编教材。该教材由新加坡教育部课程规划与发展司和中国人民教育出版社合作编写，2010 年由新加坡教育出版社完成整套教材的出版。

《小学华文》（CLT）和《小学高级华文》（HCLT）各有 12 册，供修读华语的六年制小学生使用，其中华文水平较高的学生修读高级华

文，程度中等或较弱的学生修读《小学华文》；《基础华文》（BCLT）
共有 4 册，供修完小学四年华文课程但水平无法达到继续修读《小学
华文》课程的小五、小六学生修读。需要说明的是，小一到小四是学
生学习华文的奠基阶段，为了让华文能力较弱的学生也有提高华文水平
的机会，教育部没有为这批学生开设基础华文课程，而是让他们与中等
程度的学生一起修读《小学华文》，利用不同难度的教学内容满足差异
教学的要求。《小学华文》分导入单元、核心单元和深广单元，程度较
弱的学生修读导入单元和深广单元，中等程度的学生修读核心单元和深
广单元。因此，虽然这个阶段没有基础华文课程，但我们可以通过教学
单元判别不同的教学内容。

（二）研究工具

利用自主开发的教材语料库（PCTC）进行教材数据的收集、分词
和赋码标注。其中词性标注采用中国"信息处理用现代汉语词类标记
规范"，利用自动标注软件进行词类标注，同时进行多次人工校对，以
保证标注结果的准确性。

词类标注参考了中科院的分词系统使用的词性标注标准，但是根据
新加坡华文教学的实际进行适当的词类归并，共确定名词（n）、动词
（v）、形容词（a）、副词（d）、数词（m）、量词（q）、代词（r）、叹
词（e）、拟声词（o）、介词（p）、连词（c）、助词（u）、习语（i）、
和语素（k）14 类。词类标注主要依据《现代汉语词典》与《现代
汉语规范词典》。当两者出现差异时，进行个别考察分析，择优录取。
例如，"一"表示整个、全时，《现代汉语词典》仍标为数词，《现代汉
语规范词典》标为"形容词"，本书选《现代汉语规范词典》的词性，
标为形容词。另外，也对一些结合较紧且比较稳定的词语进行自定义。
如"感兴趣"作为一个整体，不再切分，标为形容词。

（三）研究方法

第一，通过教材语料库生成 BCLT、CLT、HCLT 及三套教材的词类
总表和词种词次表。

第二，对上述数据进行分类统计比较，发现不同词类的数量和
比例。

第三，通过词种和词次比（TTR）确定各词类的词频和重现状况。

第四，对三套教材中的兼类词进行统计分析。掌握兼类词的词类特征和分布特点，解释上述词汇使用频率高或低的内在原因。

第五，根据研究结果提出改进教材编写和教学策略的建议。

## 三 研究结果分析

### （一）新加坡小学华文教材的词类分布

### 1. 各词类的词种数量和比重

表 4.11 　　　　　　　　　　　**三套教材词类比例** 　　　　　　（个 ; %）

| 词类/教材类型 | 基础华文 | 小学华文 | 高级华文 |
|---|---|---|---|
| 实词 | | | |
| 名词 | 1339 (45.50) | 2313 (44.74) | 2828 (45.70) |
| 动词 | 804 (27.34) | 1484 (28.70) | 1743 (28.17) |
| 形容词 | 305 (10.36) | 541 (10.46) | 655 (10.59) |
| 副词 | 157 (5.34) | 286 (5.53) | 302 (4.88) |
| 数词 | 34 (1.16) | 42 (0.81) | 41 (0.66) |
| 量词 | 82 (2.79) | 114 (2.21) | 126 (2.04) |
| 代词 | 53 (1.80) | 60 (1.16) | 69 (1.12) |
| 拟声词 | 11 (0.37) | 18 (0.35) | 35 (0.57) |
| 叹词 | 4 (0.14) | 10 (0.19) | 11 (0.18) |
| 虚词 | | | |
| 介词 | 34 (1.16) | 45 (0.87) | 46 (0.74) |
| 连词 | 31 (1.05) | 56 (1.08) | 61 (0.99) |
| 助词 | 17 (0.58) | 23 (0.45) | 25 (0.40) |
| 其他 | | | |
| 习语 | 66 (2.24) | 171 (3.31) | 238 (3.85) |
| 语素 | 5 (0.17) | 7 (0.14) | 8 (0.13) |
| 总计 | 2942 | 5170 | 6188 |

　　从上述统计数据可以看出，新加坡小学华文教材中名词、动词和形容词的比例最高，占全部词类的 80% 以上。其中名词比例居首位，约占 45%；其次是动词，约占 28%；形容词的比例大约在 10%。这也充分说明名、动、形这三类实词在语言教学中具有举足轻重的作用。

　　副词是汉语中较为特殊的一类，它的语法功能明确，但语义类型较为复杂。副词虽然是实词中相对封闭的一类，但数量不少。从三套教材中副词的数量变化可以看出，副词在总词类中所占比例大约在 5%。

　　其他实词类（包括习语）的比例相对较低。大致又可分为两种类型：一类是数词、量词、代词和习语，这类词的比例在 0.66%—3.85%，其中数词和代词的绝对数量较少，也较稳定，受文本量变化的影响较小；量词和习语则稳定性较差，具有随机性特征，具体表现为这两类词在三套教材中的数量变化明显。另一类是拟声词、叹词和语素，这类词的比例极低，比例都在 0.5% 以下。三套教材中常用语素一致性较高，其他两类词共性较少，差异明显。

　　三类虚词的数量很少，比例很低，累计不足 3%。其中助词只有 25 个，仅占全部词类的 0.4%，介词和连词的比例都在 1% 左右，三套教材中这两类词的数量变化不明显，其中介词的稳定性更高些。

　　总体而言，三套教材的词类分布呈现出惊人的相似，大致呈"金字塔"分布。其中名词、动词、形容词构成三角形的基础，占总词量的 84% 左右，副词、代词、数词、量词、介词、连词和习语这七类词居中，约占 15%，助词、叹词、拟声词和语素处于尖顶，比重很低，只有 1% 左右。

　　2. 各词类的词频分布和词种与词次比（TTR）

　　表 4.11 显示，三套教材在词种方面的词类分布呈现出幂律分布特征。实词和虚词数量差别巨大，实词内部开放类的名词、动词、形容词与封闭类的副词、数量词、代词、拟声词和叹词也相差很远，这说明在词种方面，实词的名、动、形占绝对优势，是语言的主体。这一结论与英语相关研究结论一致（Kauschke, C. & Klann–Delius, G., 2007, 何安平、郑旺全，2009）。但是，词种统计只能让我们了解教材中所包括的词汇量，并不能反映各类词汇的频率和分布状况。要揭示这些隐藏在文本中的信息，必须进行不同词类的词频统计。Kauschke, C. &

Klann – Delius, G. (2007) 通过 TTR 统计发现儿童语言中词类的 TTR 是不同的, 其中名词、动词和形容词的 TTR 均大于 0.5, 副词、助词、代词和其他功能词的 TTR 均低于 0.4。

接下来我们将从两个角度分析词类与频率的关系。首先, 整体考察各类词在教材中的分布情况, 这可以通过统计词类词频和总词频的比值获得; 其次, 借助统计各类词种与词次比 (TTR) 了解不同词类的重现状况 (见表 4.12)。

表 4.12 三套教材词类分布和词量词次比

| 词类/教材类型 | 基础华文 | | 小学华文 | | 高级华文 | |
|---|---|---|---|---|---|---|
| 实词 | % | TTR | % | TTR | % | TTR |
| 名词 | 27.6↓ | (0.23) | 27.19 | (0.19) | 27 | (0.19) |
| 动词 | 26.45↓ | (0.15) | 26.21 | (0.12) | 25.91 | (0.12) |
| 形容词 | 7.01↓ | (0.2) | 6.67 | (0.17) | 7.03 | (0.16) |
| 副词 | 7.83↑ | (0.09) | 8.08 | (0.08) | 8.29 | (0.06) |
| 数词 | 3.48↑ | (0.05) | 3.59 | (0.03) | 3.54 | (0.02) |
| 量词 | 3.13↑ | (0.13) | 3.21 | (0.08) | 3.28 | (0.07) |
| 代词 | 9.18↑ | (0.03) | 8.6 | (0.02) | 8.31 | (0.015) |
| 拟声词 | 0.07↓ | (0.65) | 0.06 | (0.58) | 0.12 | (0.46) |
| 叹词 | 0.07↓ | (0.25) | 0.09 | (0.25) | 0.1 | (0.21) |
| 虚词 | | | | | | |
| 介词 | 3.23↑ | (0.05) | 3.46 | (0.03) | 3.36 | (0.03) |
| 连词 | 1.3↑ | (0.11) | 1.55 | (0.08) | 1.58 | (0.07) |
| 助词 | 9.95↑ | (0.008) | 10.4 | (0.005) | 10.6 | (0.004) |
| 其他 | | | | | | |
| 习语 | 0.37↓ | (0.75) | 0.55 | (0.58) | 0.58 | (0.63) |
| 语素 | 0.32↑ | (0.07) | 0.31 | (0.05) | 0.32 | (0.04) |
| 总计 | 100 | | 100 | | 100 | |

三套教材词类词频统计显示，不同词类在总词量上的比重发生了变化。名词、动词、形容词占总词量的比重明显下降，从80%多降到60%左右。其中名词的比重降幅更高达18%。三套教材之间的比较显示，随着总词量的增加，名词、动词的比例反而随之降低，形容词则出现上下波动的不规律变化。将表4.12中的数据与表4.11中的数据比较，三类词语都出现数量增加，比重反降的背离情况，这说明名、动、形中有许多词汇重现率很低，词种增加并没有伴随着词频增加。同样的情况也发生在习语、拟声词和叹词上，以高级华文为例（下同），习语的比重从3.85%降低到0.58%，拟声词从0.57%降到0.12%，叹词则从0.18%降到0.1%。上述六类词可称为频率"递减性词类"。

与"递减性词类"相反，其他八类词都是"递增性词类"。该类词的词种比重与词频比重存在递增性，但增幅的大小存在内部差异。其中增幅最大的是助词，从0.4%增加到10.6%，每个助词的平均词频高达236次。代词的增幅次之，从1.12%激增到8.31%；增幅第三的是副词，从4.88%上升到8.29%。上述三类词总共贡献了总词量的26.6%。其他比重增加的词类依次是介词（2.61%）、数词（2.19%）、量词（1.27%）、连词（0.6%）和语素（0.2%），合计不足6.8%。

经过词频统计，实词的比例从97%降到85%左右；虚词的比例从3%上升到15%左右。数据表明，虚词的总体重现率优于实词。

不同词类词种比到词频比的变化反映了汉语词类在文本中的重现情况存在差异。有些词类在增加文本量的情况下通常会增加词种，但词频增幅不显著，这类主要是名词、动词和形容词。另一类词的词种量随文本量增加变化不显著，但词频增幅十分明显。助词、代词是最典型的代表。另外还有一类词，词种和词频随文本量增加呈现出齐升的现象，副词和介词即是。这是我们对表4.11和表4.22进行对比分析获得初步结论。但是，从上述分析中我们也发现，词频比重的增减除了与词类词频有关外，还与词种的绝对量有关。汉语实词中有些是开放性的，如名词、动词和形容词，有些是封闭性的，如数词、量词、代词、副词、叹词、语素等，习语和拟声词从理论上说也应该是封闭性的。虚词全都是封闭性的，而且常用虚词数量十分集中，这些都是影响词种和词频比重变化的因素。因此，简单分析词频增减并不能准确反映不同词类的频率特征。下面我们将从词种词次比来讨论不同词类的频率状况。

Kauschke & Klann – Delius（2007）认为，要解释语言输入对语言习得的影响，仅计算词频是不够的，应该进一步测量词种与词次的比例（TTR）。TTR 实际上反映了某类词语频率上的总体特征，TTR 的数值在 0—1（不等于 0，也不等于 1）。TTR 数值越大，表明词汇重现率越低，当 TTR 数值高于 0.5 时，表示该类词语中的大多数词语重现率等于 0；当 TTR 数值低于 0.1 时，表示该类词汇重现率很高，对语言习得有利。图 4.1 是根据表 4.12 中的数值绘制的柱状图，它直观地展示了不同词类的 TTR 情况。

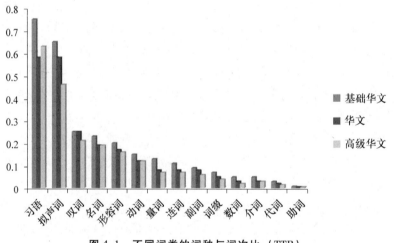

图 4.1　不同词类的词种与词次比（TTR）

图 4.1 显示，三套教材中习语和拟声词的 TTR 数值最高，平均超过 0.5 以上。表明这类词语重现率极低，至少 50% 以上的词汇没有重现的机会，叹词、名词、形容词和动词的 TTR 稍低，介于 0.12—0.25，表明这类词语的平均重现率为 3—7 次，在不考虑异常分布的情况下，可以达到比较理想的词汇重现率，其他词类如量词、连词、副词、词缀、数词、介词、代词和助词 8 类词的平均 TTR 均在 0.1 以下，平均重现率均超过 10 次。

3. 三套教材中的超频词和孤频词

所谓超频词，是指在语言中使用频率特别高，通用性很超强的一类词。孤频词是指在特定语料库中重现率为零的一类词。确定超频词的主要依据是频率，至于应该达到多大频率才算超频词，并没有严格的规定，它取决于语料规模的大小。对于大型语料库而言，词汇频率在0.01%（个体词频/总词频）以上可以算是超频词。新加坡小学华文教材语料库规模较小，我们将 0.3% 作为超频率的取舍参数。表 4.13 列出了三套教材中超频词的词类分布情况。

表 4.13　　　　　　　　　　各类词中超频词的数量和分布

| 课程/词类 | 基础华文 | | 华文 | | 高级华文 | |
|---|---|---|---|---|---|---|
| | 数量 | 频次 | 数量 | 频次 | 数量 | 频次 |
| 动词 | 14 | 2160 | 13 | 3642 | 13 | 4785 |
| 副词 | 7 | 920 | 6 | 1765 | 7 | 2332 |
| 代词 | 6 | 1341 | 6 | 2483 | 7 | 3123 |
| 助词 | 6 | 2031 | 5 | 4221 | 5 | 5348 |
| 名词 | 5 | 500 | 4 | 846 | 5 | 1317 |
| 形容词 | 3 | 530 | 3 | 899 | 4 | 1379 |
| 介词 | 3 | 489 | 3 | 1308 | 2 | 1033 |
| 量词 | 2 | 310 | 2 | 584 | 2 | 729 |
| 连词 | 1 | 128 | 1 | 225 | 1 | 255 |
| 数词 | 1 | 458 | 1 | 958 | 1 | 1172 |
| 合计 | 48 | 8867 | 44 | 16931 | 47 | 21473 |
| 百分比（%） | 1.70 | 39.50 | 0.90 | 37.20 | 0.80 | 38.10 |

表 4.13 显示，新加坡小学华文教材语料库中超频词数量有限（48、44、47 个），仅占全部词种数的 0.8%—1.7%。可是它们的累积频率却高达近 40%（39.5%、37.2%、38.1%）。超频词最多的词

类是动词（14、13、13），其次是副词（7、6、7）、代词（6、6、7）、助词（6、5、5）和名词（5、4、5）等，形容词、介词、量词、连词和数词中的超频词较少，都在 4 个以下。值得注意的是，助词是虚词中超频词最多的一类，数量虽然较动词少许多，但是累积频率却超过动词，是所有超频词类中词频最高的，是名副其实的超级词类。这主要是因为三个结构助词"的"、"地"、"得"和动态助词"了"和"着"的词频高造成的。另外，拟声词、叹词、习语和语素中暂未发现超频词。

超频词还有一个显著的特点，就是词语分布十分稳定、集中。比较三套教材中的超频词，相同的超频词高达 44 个。其中动词 14 个（来、去、是、有、上、说、到、想、要、走、看、做、给、会）；代词 6 个（我、你、他、它、我们、这）；副词 6 个（不、很、都、就、也、又）；助词 5 个（的、地、得、了、着）；名词 4 个（人、天、里、妈妈）；形容词 3 个（大、小、好）；量词两个（个、只）；介词 2 个（把、在）；数词 1 个（一）和连词 1 个（和）。

两套教材共有的超频词只有副词"还"（BCLT & HCLT），一套教材独有的五个，分别是"爸爸（名）、对（介）、呢（助）"（BCLT）和"多（形）、那（代）"（HCLT）。

下面我们进一步考察孤频词的词类分布情况。三套教材孤频词的数量和分布如表 4.14 所示。

从总体上看，三套教材的孤频词均超过了总词种数的三分之一，BCLT 达到 37.12%，CLT 达到 42.21%，HCLT 更超过 42.49%。这说明两点：第一，孤频词会随着词种数的增加而增加（至于上限比例是多少，还需进一步研究）。BCLT 的词种是 2942 个，CLT 是 5170 个，HCLT 是 6188 个，HCLT 的词种比 BCLT 增加了 1.1 倍，孤频词的数量也从 BCLT 的 1092 个，增加到 CLT 的 2182 个以及 HCLT 的 2629 个，增幅分别达 1 倍和 1.4 倍。第二，简单增加文本数量并不能降低孤频词的比例（不含大型语料库），相反，文本的总频次越高，孤频词的比例不但不会下降，反而会上升。有大批孤频词没有因为文本容量增加而获得重现的机会。

表4.14 各类词中孤频词的数量和分布

| 课程/词类 | 基础华文 | | 华文 | | 高级华文 | |
|---|---|---|---|---|---|---|
| | 数量（个） | 比例（%） | 数量（个） | 比例（%） | 数量（个） | 比例（%） |
| 名词 | 522 | 17.74 | 981 | 18.98 | 1196 | 19.33 |
| 动词 | 281 | 9.55 | 629 | 12.17 | 770 | 12.44 |
| 形容词 | 131 | 4.45 | 247 | 4.78 | 306 | 4.95 |
| 习语 | 47 | 1.6 | 116 | 2.24 | 171 | 2.76 |
| 副词 | 51 | 1.73 | 119 | 2.3 | 95 | 1.54 |
| 量词 | 15 | 0.51 | 24 | 0.46 | 22 | 0.36 |
| 代词 | 12 | 0.41 | 12 | 0.23 | 18 | 0.29 |
| 连词 | 8 | 0.27 | 17 | 0.33 | 13 | 0.21 |
| 拟声词 | 7 | 0.24 | 11 | 0.21 | 17 | 0.28 |
| 介词 | 9 | 0.31 | 8 | 0.16 | 7 | 0.11 |
| 数词 | 5 | 0.17 | 4 | 0.08 | 4 | 0.07 |
| 语素 | 3 | 0.10 | 5 | 0.10 | 6 | 0.10 |
| 助词 | 1 | 0.03 | 3 | 0.06 | 1 | 0.02 |
| 叹词 | 0 | 0 | 6 | 0.12 | 3 | 0.05 |
| 合计 | 1092 | 37.12 | 2182 | 42.21 | 2629 | 42.49 |
| 词种量 | 2942 | | 5170 | | 6188 | |

　　具体分析不同词类中孤频词的分布，我们发现名词中的孤频词最多，其次是动词和形容词，这再次证明了名、动、形作为汉语的主体部分，具有很强的开放性和不稳定性。习语和副词是另两类相对不稳定的词类，它们的数量不如名、动、形大，但是稳定性也不强，尤其是习语，有些生活中常用的惯用语比较稳定，而成语和歇后语等熟语的重现率就很低，表现出随机性和不稳定性。其他词类中孤频词比较少。在表4.14 中，它们的比例占1%左右。

　　（二）新加坡小学华文教材中的兼类词及其分布

　　词的兼类指的是如果同字同音同义的一个词具有不同词类的语法功

能，则认为这个词兼属不同的词类，简称"兼类"。词语兼类是汉语的特点之一。汉语中的兼类现象十分普遍，这对语言学习会产生一定的影响。兼类词与同音词和多音词不同，但是书面形式相同，例如"花钱"的"花"是动词，"开花"的"花"是名词，但两者之间意义无关，是同音词，而非兼类词。再如，"一种水果"中的"种"是量词，读"zhǒng"；"种地"中的"种"是动词，读"zhòng"。两个词词形相同，发音和意义不同，是多音词，也不是兼类词。在语料库中，如果没有对上述两类词进行专门的标注，这类词是无法从兼类词中分化出来的，必须进行人工干预。新加坡小学华文教材语料库只进行词性标注，并没有对同音词和多音词进行专门标注，因此我们进行了人工校对。

1. 三套教材中兼类词的数量和种类

通过导出语料库中的词类词表，我们得到三套教材的兼类词表，经过人工校对和筛选后，得到一份兼类词表，经统计后获得以下数据（如表 4.15 所示）。

表 4.15　　　　　　　　　三套教材中兼类词的数量和分布

| 课程/组别 | 基础华文 | | 华文 | | 高级华文 | |
|---|---|---|---|---|---|---|
| | 数量（个） | 比例（%） | 数量（个） | 比例（%） | 数量（个） | 比例（%） |
| 两类 | 123 | 90.4 | 190 | 87.6 | 240 | 89.2 |
| 三类 | 11 | 8.1 | 23 | 10.6 | 27 | 10.04 |
| 四类 | 2 | 1.5 | 4 | 1.8 | 2 | 0.74 |
| 总计 | 136 | 100 | 217 | 100 | 269 | 100 |

表 4.15 显示，三套教材的兼类词数量并不大，大约占总词种的 6%—10%。其中兼两类的最多，分别是高级华文的 89.2%，华文的 87.6% 和基础华文的 90.4%。兼属三类的词语大幅度减少，其中基础华文最少，有 11 组，占 8.1%；华文 23 组，占 10.6%；高级华文最多，占 10.04%。这说明，随着文本量的增大，兼三类的词语略有增加，但是兼两类的词汇不升反降。兼四类的词语数量极少，而且都像是使用频率极高的常用词。

从音节数来看，单音节词中的兼类词比例高于多音节词。高级华文的兼类词中单音节词有 163 组，占 60.6%；华文兼类词中单音节词达 151 组，占总数的 69.6%；基础华文单音节兼类词有 98 组，比重高达 72.1%。这说明在新加坡小学华文教材中，单音节词的兼类比例随文本增加，难度加大而降低。在程度较高的高级华文中，多音节兼类词有上升的趋势。

2. 三套教材兼类词的词性分布考察

表 4.16　　　　　　　　三套教材中兼类词的词性分布

| 课程 | | 基础华文 | | 华文 | | 高级华文 | |
|---|---|---|---|---|---|---|---|
| 组别 | 兼类词性 | 数量（个） | 比例（%） | 数量（个） | 比例（%） | 数量（个） | 比例（%） |
| 两类 | 动/名 | 30 | 22.1 | 48 | 22.1 | 65 | 24.2 |
| | 名/量 | 21 | 15.4 | 28 | 12.9 | 33 | 12.3 |
| | 动/形 | 18 | 13.2 | 27 | 12.4 | 37 | 13.8 |
| | 形/副 | 8 | 5.9 | 15 | 6.9 | 26 | 9.7 |
| | 动/介 | 9 | 6.6 | 8 | 3.7 | 7 | 2.6 |
| | 名/形 | 10 | 7.4 | 10 | 4.6 | 18 | 6.7 |
| | 动/副 | 8 | 5.9 | 12 | 5.5 | 15 | 5.6 |
| | 名/副 | 4 | 2.9 | 5 | 2.3 | 8 | 3 |
| | 动/量 | 5 | 3.7 | 8 | 3.7 | 5 | 1.9 |
| 三类 | 动/名/量 | 4 | 2.9 | 6 | 2.8 | 6 | 2.2 |
| | 动/名/形 | 1 | 0.7 | 6 | 2.8 | 4 | 1.5 |
| 比例 | | 118 | 86.8 | 173 | 79.7 | 224 | 83.3 |
| 其他 | | 18 | 13.2 | 44 | 20.3 | 45 | 16.7 |
| 总计 | | 136 | 100 | 217 | 100 | 269 | 100 |

统计显示，三套教材的兼类情况十分复杂，初步计算超过 20 种，比例较高的，大约有 11 种。这些兼类分布比较分散，其中比例最高的是动词和名词的兼类，占全部兼类词的 22%—24%。如果加上兼三类

的那些词，比例可达 25% 左右。其次是名词和量词的兼类以及动词和形容词的兼类，比例为 12%—15%，比前一种情况少了一半。第三大类是形容词和副词的兼类、动词和介词的兼类、名词和形容词的兼类以及动词和副词的兼类。这类兼类词的比例为 5%—9%。最后一类是名词和副词的兼类以及动词和量词的兼类，比例为 2%—3%，兼三类的情况可以归入两类中，不单独计算。其他兼类数量很少，比例不足 2%。这里不再列举。

各种兼类中词频较高的词语如下：

动、名兼类。双音节词居多。如比赛、报告、代表、传说、发明、工作、建议、教训、命令、设计、要求、运动、祝愿、伤、学、印、画、盖等。

名、量兼类。大都是单音节词，量词是从名词借来的。如盒、家、口、脸、面、丝、场、车、根、桶、团、眼等。

动、形兼类。如不行、方便、富有、感动、满意、明白、团结、滑、活、静、亮、亲、少、差、呆、低、饿。

形、副兼类。如本来、一定、自然、总、大、单、乱、全。

动、介兼类。如比、按、从、当、给、跟、将、靠、照。

名、形兼类。如礼貌、理想、秘密、热闹、神气、重、棒、错、花、尖、牢。

动、副兼类。如比较、不断、到底、好像、肯定、没有、拼命、相当、没。

名、副兼类。如究竟、一边、一面、一起、一时、边。

动、量兼类。这类词大都是单音节的。如串、滴、堵、架、扇。

动、名、量兼类和动、名、形兼类大致与动、名兼类和名、量兼类的情况相似。不再赘述。

从上文可见，三套教材兼类词中主要是名词、动词和形容词，副词和量词次之，虚词中兼类最多的是介词，连词和助词很少。从音节上看，兼类词中单音节词占优势，特别是有量词和介词参与的兼类词，如名、量兼类，动、量兼类和动、介兼类则全部都是单音节词；双音节词占多数的兼类词主要是动、名兼类，名、形兼类，名、副兼类和动、副兼类词；动、形兼类和形、副兼类中单双音节的比例大致相当。

　　通过对三套现行新加坡小学华文教材词类的统计分析，我们可以得出以下结论：

　　第一，三套教材的词类分布呈现偏态分布特征。从词种上看，名词、动词、形容词的数量最多，约占全部词类的 84%，副词、习语、代词、数词、量词、介词、连词的数量次之，约占 15%，其他词类如助词、叹词、拟声词和语素数量很少，大约仅占 1%。

　　第二，如果结合词频进行考察，不同词类占总词频的比重发生了显著变化，显示不同词类的重现率也出现偏态分布特征。主要表现是习语、名词、动词、形容词、拟声词和叹词的比重下降，其中习语最明显，其次是拟声词和叹词，名词、动词、形容词下降的幅度虽然只有 20%，但数量最大，显示这类词中的大批词语没有获得重现的机会。

　　与上述六类词相反，一些封闭性词类的比重有明显上升，显示功能性词语在语言表达中的特殊作用。其中助词的词频升幅最大，比重增加了 20 多倍。代词的重现率也很高，词频比重也增加 8 倍左右。其他比重增加的词类包括数词、量词、副词、介词、连词和语素等。

　　TTR 的统计结果显示，不同词类的重现率差距明显，习语、拟声词的平均重现率不到 1，叹词、名词、形容词和动词的 TTR 虽然达到 3—7 次的较理想水平，但内部差异明显，有些词语频率很高，但也存在大批孤频词；量词、连词、副词、词缀、数词、介词、代词和助词八类词的平均 TTR 均在 0.1 以下，平均重现率均超过 10 次，属于理想水平，尤其是助词和代词重现率极高，远远超过语言习得所需的重现水平。

　　第三，不同词类内部词频差距很大，有些常用词的词频很高，有些又十分低。对超频词和孤频词的分析显示，超频词的数量仅 49 个，占词种的 1% 左右，却贡献了 39% 左右的频率。超频词最多的是动词（14），其次是副词（7）、代词（6）、助词（6）和名词（5），形容词、介词、量词、连词、数词中也有 1—3 个不等的超频词。超频词占用大量宝贵的教学资源，应该设法减少。

　　孤频词数量很大，大约占全部词种的 37%—42%。其中名词、动词、形容词中的孤频词最多，其次是习语和副词，其他词类也有零星分布，说明整套教材的重现率很低。

　　第四，兼类词分析显示，新加坡华文教材词语的兼类现象并不普遍，大约占词种数的 6%—10%。大量兼类现象发生在名词、动词、形容词和副词、量词这些实词之间。虚词主要是介词参与了兼类活动。连词和助词数量很少。兼类词的音节数与词类有密切相关性，介词、量词参与的兼类词中基本上是单音节词，副词参与的兼类词中双音节词居多。

## 四　教学建议

江新（1998）指出，词汇教学如能使词汇围绕一定的主题或中心出现，可以提高词汇的重现率，而"熟练地运用词汇既信赖于语境，也依赖于自动地快速地提取词义。很明显，学生经常遇到的词比只见过一次或少数几次的词更容易从记忆中自动提取。因此，要熟练地运用一个词，必须进行多次重复的接触"。柳燕梅（2002）建议多管齐下提高生词重现率，一是"在课程与教材选取上，采用多课型、多教材，使一些常用的基础词汇可以在多个课型、多种教材间得以重现"；二是"在教学安排上，增加与词汇相关的教学环节，如生词预习、生词复习、生词练习，使词汇在不同的教学环节中多次重现"；三是"在重现方式上，生词应以完整的形、音、义结合体出现，某些重点词或难词可以采用短时重现和定时重现的循环方式，加强它们对学生视、听觉的刺激；四是在教学手段上，可利用多种教具来重现生词，并根据词的常用性、重要性或难度等，对重现的次数、重现时持续的时间进行控制，从而做到有的放矢、因'词'施教。此外，当生词重复出现时教师适时提醒学生注意，也是提高学生词汇敏感度、促进学习的有效方法"。仲清（2009）也提出了几点建议：不同课型要相互配合，彼此呼应，因为"不同课型的存在是提高生词复现率的大好机会，可以促使学生在听说读写等各个方面对生词进行再认识和应用。另外无论是教材编写还是教学活动，都应该注重整体性，讲究课型之间的配合，充分利用每一个复现生词的机会。如果教材整体性、科学性强，那么在精读课上讲解过的生词，听力课上可以再现发音，阅读课上可以再现词形和语境，口语课和写作课上则可以输出、应用，并且及时纠正错误。经过几轮重复，学生对生词的感性认识和理性认识都得到强化、巩固并牢记，避免了在时间、精力上的浪费"。

　　除了上述方法外，我们认为，还可以利用教材语料库采用技术手段调节词汇重现率。本书统计结果告诉我们，自然文本的词类重现率存在不平衡现象，助词、代词和一些副词的词频明显偏高，而名词、动词和形容词的词频却很低，而简单增加学习量并不能改变这种频率趋势。针对这种自然现象，我们应该采用科技手段在编写教材时进行必要的人工干预和控制。例如，在可用可不用助词的地方尽量不用；在可用代词或名词的地方尽量使用名词，以便提高名词的频率。这样做虽然可能会影响语言表达的自然度和流畅度，但是对提高词汇重现率无疑是有利的；在形容词方面，可以通过添加修饰语或同义词替代的方式增加特定词语的出现频率；在动词方面，则可通过同义词替换方式调节低频动词的重现率。例如，"做饭"和"煮饭"是近义词，动词"做"的使用频率明显高于"煮"，如果教材编写者希望提高"煮"的出现频率，就应该选择"煮饭"而非"做饭"。总之，在资讯科技日益普及的今天，我们应该充分发挥语料库在检索语料、整合资源以及统计分析方面的技术优势，对教材词汇进行合理调节和监控，使教材的频率分布更加合理，从而提高教材语料的质量和词汇教学的成功率。

# 第五章　PCTC 教材语料库在华文教学中的应用

## 第一节　PCTC 教材语料库在不同教学阶段的应用
### ——以语音教学为例

### 一　引言

语音教学是汉语教学的基础。由于"语言的质地就是发音，发音不对，语法就不对，词汇就不对"（赵元任，1968：150），语音训练在整个汉语教学体系中处于优先地位。《汉语拼音方案》作为记录汉语的语音符号系统，是"汉语语音教学中不可缺少的工具"（赵金铭，2009），理应受到足够的重视。然而现实并非如此，与语法、词汇等其他语言要素相比，语音教学往往被有意无意地忽略，教学效果并不令人满意，甚至出现了滑坡的趋势。语音教学成效不彰的根源有教学时间过于短暂、语音教学设计缺乏系统性和针对性、语音教学与其他教学配合不适当（叶军，2003）。语音乃口耳之学，语音教学的成功固然需要教师掌握相关的语音学原理和语音教学法，但更离不开系统化的语音教材和恰当的语音训练材料。佟秉正（1991）、鲁健骥（2010）认识到语音操练对于语音习得的必要性，提出语音教学应与词汇和语法等其他语言要素教学相结合的建议，强调教师应选择学生学过的有意义的词语、短语和短句作为训练材料，避免教授无意义的音节，等等。然而，这些建议并未受到足够的重视，语音教学重教轻练的局面并未得到根本改变。本章提出利用教材语料库辅助语音教学的新策略，冀望弥补现有语音教材和课堂教学的缺失，以期有效提升二语语音教学的效率。

语音教学有狭义和广义之分，狭义的语音教学仅指汉语拼音的教学，包括声母、韵母、声调等，而广义的语音教学应包括声、韵、调的组合、语流音变，以及语音习惯、语感的养成等。本章主要研究两个问题：一是教材语料库如何辅助语音教学，尤其是广义的语音教学；二是教材语料库辅助语音教学的优势何在。

## 二 新加坡小学语音教学的现状及存在的问题

汉语语音教材通常遵循两条设计思路。第一条思路是从音素教学过渡到语流教学，即先掌握汉语拼音的声母、韵母、声调、音节、拼写规则等基本语音要素，学会汉语拼音的认读和书写，并在此基础上认读和标注字音，最后在语流中使用汉语拼音进行口语的纠音纠调，在阅读中注音识字、识词，辅助阅读。第二条思路是直接通过语流教语音，将声母、韵母、声调等语音要素的教学与口语教学结合起来，不单独进行系统的语音知识教学。不同的设计思路带来教材在总体设计上的差异。采用第一条思路的教材编写者，通常设计独立的语音教学单元，让学生先集中学习汉语拼音系统（具体方法存在不同），再以此为基础编写相应的口语和书面语教材，培养学生的口语和阅读能力。采用第二条思路的编写者一般不专设语音单元，而是以语流教学为主轴，在口语或书面语的语流中穿插语音要素的教学。

新加坡现行小学华文教材采用了第一条设计思路，在学生入学的前期集中教授汉语拼音。我们可将新加坡小学华文的语音教学分为三个阶段，其中第一阶段为集中教学阶段（小学一年级的前14周），它是显性语音教学阶段，其余的为隐性语音教学阶段。第一阶段的语音教学利用14周的时间完成，内容包括声母、韵母、声调、音节及拼写规则等语音要素，要求学生能认读和拼写音节。第二阶段为全文注音辅助阅读阶段（14周后——小学二年级结束），小学一年级和小学二年级的课文采用全文注音。这一阶段除少数能力较弱的学生利用拼音辅助口语教学外，大多数学生利用汉语拼音注音识字、辅助阅读。第三阶段为部分注音辅助阅读阶段，它有两种形式：小学三年级、小学四年级注音方式由全文注音改为只注前一年和本年新学的生字；小学五年级、小学六年级仅为生字注音，汉语拼音逐渐退出，汉字语码占据主导地位，至于语音输入的教学基本上由教师自行处理。训练内容和阶段安排见表 5.1。

表 5.1　　　　　　　　　　　汉语拼音教学架构

| 训练项目 | 小学一年级 | 小学二年级 | 小学三年级 | 小学四年级 | 小学五年级 | 小学六年级 |
|---|---|---|---|---|---|---|
| 声母教学 |  |  |  |  |  |  |
| 韵母教学 |  |  |  |  |  |  |
| 声调教学 |  |  |  |  |  |  |
| 拼写规则 |  |  |  |  |  |  |
| 音节拼读 |  |  |  |  |  |  |
| 注音识字 |  |  |  |  |  |  |
| 辅助口语 |  |  |  |  |  |  |
| 辅助阅读 |  |  |  |  |  |  |
| 语音输入 |  |  |  |  |  |  |

　　语音教学集中进行，使原本表音功能较弱的汉字附加了表音符号，为阅读教学的开展提供了便利条件，但这样设计客观上给语音教学也带来了许多困难。首先是语音训练前后脱节。这主要表现在两方面：一是从音素、音节到语流教学的过渡过急、过快，导致学生对语音知识的内化不充分，在阅读中经常出现发音和拼读错误；二是语音教学过多关注于字音训练，且在语音教学内容的选择上强调依音选词，导致语音训练内容与后期的词汇、语法教学及语言技能训练内容脱节。例如，在语音阶段学习的很多词语，如"恐龙""饼干""拳头""春卷""奖杯"等学生熟悉的词语，在阅读课文中没再出现，学生完全没有巩固和复习的机会。而阅读文本中大量实用的语音资源未能用于语音教学。例如，在教导学生上声的连读音变时，教师往往凭借语感给出相关的例子，殊不

知教材中实际上存在着大量由上声领头的双音节词①，可惜这些语音资源被掩藏在繁杂的语料中，无法被准确地检索和提取。其次是中高年级缺乏语音训练。进入阅读文本教学后，语音训练的重点应该从音素教学转向音段教学，语气、重音和语流音变等教学内容本应该落实在阅读教学中，但是由于此时华文教材已将教学重心转向字词和阅读理解教学，要兼顾语音教学的系统性和针对性的确困难。在这种情况下，语音教学只能依附于识字及阅读教学，教师只能根据学生在朗读课文中所出现的错误进行随机地纠音纠调，自然谈不上系统化、有针对性的语音教学。再次是现行教材在语音教学内容上存在偏差，主要表现为对汉语拼音作为汉字输入工具的重要性重视不够。虽然新加坡教育部在《乐学善用——2010 母语检讨委员会报告书》中为汉语拼音的功能进行了重新定位，提出将语音输入作为中学部分课程考试评估的工具。新加坡《小学华文课程标准 2007》也将音序检字法和利用汉语拼音输入汉字作为小学三、四年级学生必须掌握的技能，但是这些政策和建议在教学中的落实情况并不理想，教学依旧过分强调汉语拼音的注音、正音等辅助功能，忽略了汉语拼音记录汉语和输入汉字等实用功能。教材中也没有专门安排汉语拼音输入法的教学内容，这进一步削弱了拼音输入教学在语音教学中的地位。

造成新加坡小学语音教学效果不佳的原因是多方面的。从语言习得角度分析，这同母语语音习得与二语语音学习的差异性有关。母语学习具有系统性，"语音格局是成体系的，不同元音之间的相对位置在总体上是一种有序的平衡分布；而第二语言的语音学习是逐个进行的，因此它的发音常常缺乏系统性"（石锋，2009）。从课程设计的角度看，语音教材安排不合理也是原因之一。新加坡华文语音教学采用前置式集中教学设计，这种教学安排客观上也造成了语音教学缺乏延续性，训练不够系统全面的结果。语音教学和阅读教学的分阶段性设计也导致了教材中语音资源无法得到充分、合理的利用；大量语音资源被湮没在阅读文

①　以小学高级华文课本为例，教材语料库中包含上声＋阴平的双音节词 155 个，上声＋阳平的双音节词 186 个，上声＋上声的双音节词 140 个，上声＋去声的双音节词 322 个，上声＋轻声的双音节词 56 个。

本中，无法被有效提取出来为语音教学服务。此外，无论是教材编写者还是一线教师，一般都重视狭义语音教学，汉语拼音教学结束后，语音教学也随之结束，而对广义的语音教学一般上认识不足，没有将语音教学与词汇教学，与培养学生的音感、语感结合起来，客观上也降低了语音教学效率。本章将探讨在保留现有教材设计架构的前提下，在语音集中教学阶段与阅读教学阶段，如何利用教材语料库进行语音训练，尤其是广义的语音训练，以及如何将语音教学与汉字、词汇和语法教学有机结合的问题。

## 三 PCTC 教材语料库辅助语音教学的基本原理和方法

新加坡小学华文教材语料库以收集小学华文教学资源为建库目标，是一种专门针对语言教学研究和课堂教学实践需要而设计的专用语料库，其中的语音库以及所配置的语音检索功能可以快速、准确地提取、分类和统计教材中的语音信息。教材语料库有别于传统教材的显著特征是其特有的语料储存、表现形态以及强大的操作功能系统。与传统纸本教材比较，教材语料库改变了语言的存在状态，例如，纸本教材中标注汉语拼音是预设的，是否标注、何时标注、如何标注是受控的，一旦印刷就无法改变，而在教材语料库中汉语拼音可以在课文中自由隐现，教师可根据需要选择注音或非注音文本进行教学。另外，教材语料库的关键词（也可以显示音节）检索技术可以改变语言的呈现方式，语料库使用者可以根据需要重新组织语言，将原来以篇章形式呈现的语言转变为以关键词为中心的分行呈现形式。从教材语料库的设计功能看，它具有给语言信息定位、定序和定量三大功能。利用语料库的检索和统计软件，我们可以轻易获得各种语音资源（如声母、韵母、声调、音节、语气词、声调组合、语流音变等）在教材中的相对位置、先后顺序和数量分布信息。这些经过改造的语音资源可为教师开展语音教学提供便利和可能。

教材语料库辅助语音教学是以人机互动为前提的。教材语料库提供语音资源，教师根据教学需要对这些资源进行提取、筛选、重组，使之有效地服务于语音教学，其基本操作步骤如下：

第一，建立带语音标注功能的新加坡小学华文教材语料库，利用自主设计的检索软件准确、便捷地提取、整合教材中相关语音资源。新加坡小学华文教材语料库具备多种语音检索功能，既可以进行单项语音信息检索，如声母、韵母、声调、音节等，也能进行语音组合信息检索，如上声音变、轻声、儿化、语气词、声韵调组合、语流音变等，还可以根据需要统计上述所有语音项目的数量，获取上述语音信息在教材中的位置和分布状况。

　　第二，根据教学需要确定教学内容或操练项目。确定教学内容最主要的依据应该是课程标准。新加坡小学华文教学在语音教学阶段有明确、具体的教学内容和训练项目，转入阅读教学后，语音教学依附于字词教学和朗读训练，语音教学逐渐淡化。因此，在利用语料库进行语音教学前，首先需要明确教学内容。《小学华文课程标准 2007》中虽有语音教学的级别目标和教学内容，但不够细致，对汉语拼音集中教学后的语音教学任务也没有涉及。我们在课程标准语音教学目标的基础上细化了教学内容（具体内容和安排见表 5.2）。

表 5.2　　　　　　　　　　　　　语音教学内容

| 等级教学内容<br>教学阶段 | 一年级（小学一年级至小学二年级） | 二年级（小学三年级至小学四年级） | 三年级（小学五年级至小学六年级） |
|---|---|---|---|
| 语音教学阶段 | 学习声母、韵母、声调，认读音节，拼写音节 | 无 | 无 |
| 阅读教学阶段 | 认读字音，学习上声音变，轻声，儿化音 | 学习音序检字，汉语拼音输入汉字，陈述、疑问、感叹、祈使的语气 | 学习音节组合，重音（词重音、意群重音、逻辑重音），停顿（语法停顿、句逗停顿） |

　　第三，提取语音信息。这一步骤通过人机互动方式完成。首先，教师须明确检索信息的类型和特点，这包括需要提取的信息是音素还是音节，是单音节还是多音节，是纯拼音形式还是汉字加注音形式等；其次，从教材语料库中检索提取语音信息。这一步骤由语料库自动完成，简单的信息可以一次完成，个别复杂信息需多次检索才能被

准确提取。

第四，对语音信息进行二次筛选。从语料库中提取的语音信息从数量上看是不均匀的，有些类型的信息量很大，大大超出了教学需要；有些语音信息的难易度不同，适用于不同程度的学生。另外，教师可能会对所提取的语音信息有特殊的要求，例如语音信息出现的位置、频率等。因此，对语音信息的二次筛选是必要的。由于二次筛选工作是在初次检索基础上进行的，教师的工作负担大大降低。

第五，根据教学的需要设计不同类型、不同难易度的练习。这一步骤由教师主导，练习的编制过程与传统教学基本相同。

## 四 PCTC 教材语料库在不同教学阶段对语音教学的辅助

教材语料库辅助语音教学主要体现在两个方面：一是在语音教学阶段利用语料库资源进行音素、音节训练；二是在阅读教学阶段利用语料库拓展语音教学。前者的目的是优化语音资源，提高语音输入的质量。材料选择策略在于提前利用后期教材资源，使语音教学和词汇、语法教学贯通，提高语音输入的频率。后者的目的则是既巩固语音阶段的教学成果，又可以开展更高层次的语音教学。根据课程标准的要求重新组织教材中的语音资源，进行语音的系统化教学，弥补前期语音教学阶段的缺失和不足。材料选择采用定位检索方式进行，以满足特殊的教学需要。

（一）语音教学阶段教材语料库的应用

案例 1　声母教学中送气音与不送气音的对比

声母中的送气与不送气音教学是二语语音教学的难点之一。大多数新一代新加坡学生的第一语言是英语，对这一组声母的区别特征不够敏感，尤其在记音时常发生混淆。而现行教材在音素教学阶段并没有针对这组声母安排专项练习，造成相关操练严重不足，对后期语音输入的准确性产生不利影响。因此有必要设计补充练习进行强化训练。具体做法如下：

第一，设定教学目标：掌握双音节词中送气音与不送气音的认读，具有初步的识音辨义能力。

第二，利用新加坡小学华文教材语料库中声母配对的检索功能收集送气音与不送气音成对出现的双音节词语。检索结果如表 5.3 所示。

表 5.3　　　　　　　　　　　送气音与不送气音的组合

| 年级 | 词语 | 汉语拼音 |
|---|---|---|
| 小学一年级 | 跑步、点头、土地、功课 | pǎobù，diǎntóu，tǔdì，gōngkè |
| 小学二年级 | 旁边、鞭炮、地铁、冬天、听到、赶快、坚强、早餐、争吵 | pángbiān，biānpào，dìtiě，dōngtiān，tīngdào，gǎnkuài，jiānqiáng，zǎocān，zhēngchǎo |
| 小学三年级 | 瀑布、奔跑、当天、低头、代替、动听、电梯、田地、广阔、进去、墙角、清洁、求救、杂草 | pùbù，bēnpǎo，dàngtiān，dītóu，dàitì dòngtīng，diàntī，tiándì，guǎngkuò，jìnqù，qiángjiǎo，qīngjié，qiújiù，zácǎo |
| 小学四年级 | 登台、掉头、动态、态度、唐代、特地、特点、顾客、假期、尽情、惊奇、取经、情景、请教、期间、琴键、支持、指出、战场 | dēngtái，diàotóu，dòngtài，tàidu，tángdài tèdì，tèdiǎn，gùkè，jiàqī，jìnqíng，jīngqí，qǔjīng，qíngjǐng，qǐngjiào，qūjiān，qínjiàn，zhīchí，zhǐchū，zhànchǎng |
| 小学五年级 | 通道、团队、高空、观看、可贵、考古、奇迹、自从 | tōngdào，tuánduì，gāokōng，guānkàn，kěguì，kǎogǔ，qíjì，zìcóng |
| 小学六年级 | 并排、独特、打听、大厅、打通、干枯、港口、军情、强劲、秦军、请柬、再次、主持 | bìngpái，dútè，dǎting，dàtīng，dǎtōng，gānkū，gǎngkǒu，jūnqíng，qiángjìng，qínjūn，qǐngjiǎn，zàicì，zhǔchí |

第三，根据不同的训练需要筛选出供训练使用的语音材料。筛选过程应考虑材料常用度、难易度、适用年级，以及在教材中出现的先后顺序等。

第四，利用上述所选材料编制送气音与不送气音的对比练习。举例如下：

练习一：朗读下列音节

A. pǎobù　B. diǎntóu　C. tǔdì　D. gōngkè　E. zǎocān　F. zhēngchǎo

练习二：用线将拼音与意义连起来

diàntī　　　　　　　　　　side

gōngkè　　　　　　　　　to run

zǎocān　　　　　　　　　holiday

pángbiān　　　　　　　　to quarrel

| | |
|---|---|
| pǎobù | elevator |
| jiàqī | breakfast |
| zhēngchǎo | homework |

语音教学阶段借助教材语料库辅助语音教学需要注意一些问题。训练时应避免出现汉字，因为在语音教学阶段的主要教学任务是发音和记音，教学的主要目的是帮助学生准确发音以及掌握汉语拼音的系统知识。意义在语音教学中起辅助作用，在语音教学中具有导出意义。一方面可以避免语音学习枯燥乏味，另一方面通过音义学习可以强化刺激，扩大学生的口语词汇，为即将开始的阅读学习做好词汇的储备。汉字并非语音教学阶段的必学知识，过早出现汉字反而容易分散教学重点，增加学生的学习负担，对学生掌握汉语发音和汉语拼音系统不利。另外，在选择教材语料库的语音材料时应充分考虑学生的先备知识，有些备选语音材料所代表的字词是学生学过的（如生活用语），这些材料可以作为复习语音知识的语料使用，而有些备选材料超出了学生的先备知识范围，选择时就必须格外谨慎，选择条件就要更高，而词频因素、学习的时间顺序、语音难易度都是选择语音材料的重要考量。

（二）阅读教学阶段教材语料库的应用

阅读教学阶段音素和音节教学的任务已基本完成，词语层面的语音组合训练以及语流中各种语音现象，如重音、节奏、语气语调、语流音变等应成为语音教学的重点。对学生语音技能的训练也应从仅强调发音准确，拼写正确，转为更高层次的发音、记音的组合模式以及功能性的语音练习。教材语料库在这一阶段可以发挥更大的作用，教师可以根据课程标准的要求充分利用教材中的语音资源进行各种形式的归类教学，以将语音教学推向更高层次。

案例2　声调的组合练习

现行新加坡小学华文的声调教学主要采用唱四声的教学方法，这种教法简单易行，教师学完音节后随即可以进行操练，但是唱调法也存在明显不足，即过分侧重单音节的声调练习，忽视声调的组合训练，造成学生读单音节字音时发音较准确，一旦进入语流就"走调"的现象。研究显示，汉语声调的难点主要不在音高模式，而在声调的相对音高。字调练习固然重要，更重要的是掌握语流中的调域变化（赵金铭、孟子敏，1997：368）。声调的组合训练能培养学生感知汉语声调音高变化，逐步掌握声调组合模式的能力。利用教材语料库进行声调组合练习比传统声调组合训练更具优势：一是收集材料简便；二是可确保所选材料与学生的知识水平和语言能力接近，弥补传统教学在选择材料时难易度控制上的不足；三是训练所用的语音材料均来自学生即将学习的阅读课文，对今后的词汇和朗读教学也大有益处。具体操作程序如下：

第一，设定教学目标：根据声调的难易度编制不同类型的声调组合，培养学生的声调连读能力。

第二，利用声调组合检索方式从教材语料库中检索不同声调组合的语音材料。由于新加坡小学华文教材语料库中的语音材料数量较大，可限定检索范围。本案例仅限于小学一年级课文，检索结果如表 5.4 所示。

表 5.4　　　　　　　　　　　　　声调组合

| 声调组合 | 词语 | 汉语拼音 |
| --- | --- | --- |
| 阴平 + 阴平 | 书包、开心、声音、青蛙、天空、发生、公鸡、今天、青山、沙发、书签、香蕉、应该 | shūbāo，kāixīn，shēngyīn，qīngwā，tiānkōng，fāshēng，gōngjī，jīntiān，qīngshān，shāfā，shūqiān，xiāngjiāo，yīnggāi |
| 阴平 + 阳平 | 冲凉、山羊、刷牙、安全、出来、聪明、忽然、花园、清晨、森林、突然、乌云 | chōngliáng，shānyáng，shuāyá，ānquán，chūlái，cōngmíng，hūrán，huāyuán，qīngchén，sēnlín，tūrán，wūyún |
| 阴平 + 上声 | 铅笔、操场、花朵、开口、青草、身体、双手、溪水、开始、拍手、亲手、书本、思考、温暖、烟火 | qiānbǐ，cāochǎng，huāduǒ，kāikǒu，qīngcǎo，shēntǐ，shuāngshǒu，xīshuǐ，kāishǐ，pāishǒu，qīnshǒu，shūběn，sīkǎo，wēnnuǎn，yānhuǒ |
| 阴平 + 去声 | 干净、松树、花瓣、花露、高兴、功课、欢笑、收到、知道、吃药、出去、出现、跌倒、黑色、机会 | gānjìng，sōngshù，huābàn，huālù，gāoxìng，gōngkè，huānxiào，shōudào，zhīdào，chīyào，chūqù，chūxiàn，diēdǎo，hēisè，jīhuì |
| 阴平 + 轻声 | 妈妈、哥哥、他们、跟着、帮手、公公、收拾、衣服、星星、桌子 | māma，gēge，tāmen，gēnzhe，bāngshou，gōnggong，shōushi，yīfu，xīngxing，zhuōzi |

| 声调组合 | 词语 | 汉语拼音 |
|---|---|---|
| 阳平+阴平 | 国家、回家、蓝天、牙膏、白天、读书、儿歌、河边、雷声、铃声、时间、牙刷、园丁 | guójiā, huíjiā, lántiān, yágāo, báitiān, dúshū, érgē, hébiān, léishēng, língshēng, shíjiān, yáshuā, yuándīng |
| 阳平+阳平 | 国旗、回来、同学、皮球、禾苗、学习、华人、篮球、连忙、毛虫、年级、排球、亭台、投篮、游玩 | guóqí, huílái, tóngxué, píqiú, hémiáo, xuéxí, huárén, lánqiú, liánmáng, máochóng, niánjí, páiqiú, tíngtái, tóulán, yóuwán |
| 阳平+上声 | 朋友、右手、泥土、游泳、运动、毛笔、没有、牛奶、糖果、牙齿 | péngyǒu, yòushǒu, nítǔ, yóuyǒng, yúnduǒ, máobǐ, méiyǒu, niúnǎi, tángguǒ, yáchǐ |
| 阳平+去声 | 国庆、颜色、学校、白色、答案、河面、来到、奇妙、时候、图画、文具、游戏、白兔、迟到、红色、黄色、蓝色、流动、明亮、牛肉、排队、食物、淘气 | guóqìng, yánsè, xuéxiào, báisè, dá´àn, hémiàn, láidào, qímiào, shíhòu, túhuà, wénjù, yóuxì, báitù, chídào, hóngsè, huángsè, lánsè, liúdòng, míngliàng, niúròu, páiduì, shíwù, táoqì |
| 阳平+轻声 | 什么、孩子、头发、鼻子、蘑菇、房子、石头、桃子、鞋子、爷爷 | shénme, háizi, tóufa, bízi, mógu, fángzi, shítou, táozi, xiézi, yéye |
| 上声+阴平 | 老师、眼睛、喜欢、体操、小溪、好多、小心、野猪、彩灯、打针、里边、每天、许多、很多 | lǎoshī, yǎnjīng, xǐhuān,, tǐcāo, xiǎoxī, hǎoduō, xiǎoxīn, yězhū, cǎidēng, dǎzhēn, lǐbiān, měitiān, xǔduō, hěnduō |
| 上声+阳平 | 起来、打球、点头、好玩、草莓 | qǐlái, dǎqiú, diǎntóu, hǎowán, cǎoméi |
| 上声+上声 | 雨点、左手、蚂蚁、勇敢、打扫、可以、口渴、老鼠、所以、水果、洗澡、所有、永远、早晚 | yǔdiǎn, zuǒshǒu, mǎyǐ, yǒnggǎn, dǎsǎo, kěyǐ, kǒukě, lǎoshǔ, suǒyǐ, shuǐguǒ, xǐzǎo, suǒyǒu, yǒngyuǎn, zǎowǎn |
| 上声+去声 | 美丽、好像、彩色、保护、礼物、总是、走路、彩带、鼓励、感谢、火焰、可爱、里面、马路、马上、美妙、努力、土地、跑步、扫地、晚饭、享受、写字、有趣、转动 | měilì, hǎoxiàng, cǎisè, bǎohù, lǐwù, zǒngshì, zǒulù, cǎidài, gǔlì, gǎnxiè, huǒyàn, kě´ài, lǐmiàn, mǎlù, mǎshàng, měimiào, nǔlì, tǔdì, pǎobù, sǎodì, wǎnfàn, xiǎngshòu, xiězì, yǒuqù, zhuǎndòng |
| 上声+轻声 | 我们、姐姐、你们、尾巴、怎么、耳朵、有的、骨头、里头、哪里、晚上、枕头、种子、嘴巴 | wǒmen, jiějie, nǐmen, wěiba, zěnme, ěrduo, yǒude, gǔtou, lǐtou, nǎli, wǎnshang, zhěntou, zhǒngzi, zuǐba |

续表

| 声调组合 | 词语 | 汉语拼音 |
|---|---|---|
| 去声 + 阴平 | 大家、闹钟、唱歌、笑声、大街、面包、爱惜、地方、大声、蛋糕、信封、做工 | dàjiā,　nàozhōng,　chànggē,　xiàoshēng,　dàjiē, miànbāo,　àixī,　dìfang,　dàshēng,　dàngāo, xìnfēng, zuògōng |
| 去声 + 阳平 | 太阳、上学、跳绳、变成、放学、过来、练习、下来、害虫、骆驼、上来、树林、数学、校服 | tàiyáng,　shàngxué,　tiàoshéng,　biànchéng, fàngxué,　guòlái,　liànxí,　xiàlái,　hàichóng, luòtuó, shànglái, shùlín, shùxué, xiàofú |
| 去声 + 上声 | 自己、跳舞、下午、下雨、大海、大脑、要好、办法、报纸、电脑、课本、漱口、握手、这里 | zìjǐ,　tiàowǔ,　xiàwǔ,　xiàyǔ,　dàhǎi,　dànǎo, yàohǎo,　bànfǎ,　bàozhǐ,　diànnǎo,　kèběn, shùkǒu, wòshǒu, zhèlǐ |
| 去声 + 去声 | 看见、大象、快乐、热闹、过去、汉字、下课、下面、姓氏、月亮、运动、这样、正在、创造、错字、电视、动作、告诉、过后、教室、看到、力气、绿色、日月、上课、上面、上去、数字、最后、做事 | kànjiàn,　dàxiàng,　kuàilè,　rènào,　guòqù,　hànzì, xiàkè,　xiàmiàn,　xìngshì,　yuèliàng,　yùndòng, zhèyàng,　zhèngzài,　chuàngzào,　cuòzì,　diànshì, dòngzuò,　gàosù,　guòhòu,　jiàoshì,　kàndào,　lìqì, lǜsè,　rìyuè,　shàngkè,　shàngmiàn,　shàngqù, shùzì, zuìhòu, zuòshì |
| 去声 + 轻声 | 爸爸、妹妹、事情、弟弟、镜子、漂亮、兔子、被子、那个、顺着、谢谢、钥匙、叶子、这么 | bàba,　mèimei,　shìqing,　dìdi,　jìngzi,　piàoliang, tùzi,　bèizi,　nàge,　shùnzhe,　xièxie,　yàoshi, yèzi, zhème |

第三，上述双音节材料均为学生语音集中训练完成后即将学习的词语，教师可以对这些语音材料根据常用度、难易度和学习时间的先后顺序进行再筛选，将筛选结果分成多组备用。

第四，利用上述材料编制声调组合练习。举例如下：

练习一：朗读下列带不同组合的音节

1 + 1：A. shūbāo　B. kāixīn　　C. jīntiān　　D. xiāngjiāo　E. shāfā　　F. gōngjī

1 + 2：A. chūlái　 B. cōngmíng　C. shānyáng　D. shuāyá　 E. huāyuán
　　　　F. ānquán

1 + 3：A. kāishǐ　 B. cāochǎng　C. qīngcǎo　D. yānhuǒ　 E. shēntǐ
　　　　F. qiānbǐ

1 + 4：A. hēisè　 B. gānjìng　　C. gāoxìng　D. jīhuì　　 E. gōngkè　F. chūqù

1 + 0：A. māma　 B. gēge　　　C. tāmen　　D. shōushi　 E. yīfu　　F. zhuōzi

　　　……

练习二：根据英文提示朗读下列上声变调的双音节词语

3＋1：A. lǎoshī　B. yǎnjīng　C. xǐhuān　D. tǐcāo　E. měitiān　F. xiǎoxīn
　　　　teacher　　eye　　　like　　gymnastics　every day　be careful

3＋2：A. qǐlái　B. dǎqiú　C. diǎntóu　D. hǎowán　E. cǎoméi
　　　　stand up　play ball　nod　　　fun　　strawberry

3＋3：A. mǎyǐ　B. shuǐguǒ　C. lǎoshǔ　D. yǒngyuǎn　E. kěyǐ　F. xǐzǎo
　　　　ant　　　fruit　　mouse　　forever　　can　　bathe

3＋4：A. měilì　B. lǐwù　C. xiězì　D. zǒngshì　E. nǔlì　F. kě'ài
　　　　beautiful　gift　writing　always　strive　lovely

3＋0：A. women　B. jiějie　C. nǐmen　D. wǎnshang　E. ěrduo　F. zhěntou
　　　　women　elder sister　you　evening　　ear　　pillow

案例3　"啊"的语流音变

语气词"啊"受前音素的影响发生语流音变，变异后的书写符号也会改变，分别用"啊""呀""哇""哪"四个汉字表示。音变规律如表5.5所示。

表5.5　　　　　　　　　　"啊"的音变规律表

| 末尾音素 | 加"啊" | 读作 | 写作 |
| --- | --- | --- | --- |
| i、ü、o、e、ê、a | ＋a | ya | 呀 |
| u | ＋a | wa | 哇 |
| n | ＋a | na | 哪 |
| ng | ＋a | nga | 啊 |
| -i〔ʃ〕, er | ＋a | ra | 啊 |
| -i〔ɿ〕 | ＋a | 〔za〕 | 啊 |

学生不了解上述规律，在表达时常发生误读和误写，出现功能性语音偏误。针对这一偏误，教师可利用教材语料库进行辅助教学，帮助学生掌握"啊"的语流音变。操作程序如下：

第一，设定教学目标：掌握"啊"在句尾的不同读音和书写形式。

第二，通过教材语料库的词类检索功能，输入关键词"啊""呀""哇"和词类标记，检索与语气词"啊"有关的例句。检索结果为 104 句，按课文出现顺序排列。

H106　这是多好的礼物啊！

H108　《是你们啊》

H108　家里这么干净啊，是谁打扫的？

H108　是你们啊！

H108　你是妈妈的好孩子，妈妈心里总是装着你啊，所以眼睛里就有你。

H108　我心里也装着妈妈，那我眼睛里是不是也有您啊。

H113　红红的、蓝蓝的、绿绿的……，多美丽啊！

H203　奇奇好开心啊！

H205　妈妈，妈妈，快来看啊，动物园里的大象飞到天上去了！

H206　哈哈镜可真神奇啊！

……

第三，根据音变规律选取不同类型的例句，供练习之用。所选例句最好是学生学过的课文中的句子。

第四，根据要求设计"啊"的音变练习。举例如下：

练习三：根据提示读出"啊"在句中实际读音并写出相应的汉字。

1. 这是多好的礼物（u）啊！（　　　）

2. 是啊，真静（ng）啊！（　　　）

3. 许多小鸟在那里飞来飞去，多快乐（e）啊！（　　　）

4. 哦，这里面可学的东西还真多（uo）啊！（　　　）

5. 太热了，如果能下一场雨，该多好（ao）啊！（　　　）

6. 莫扎特，你刚才弹的是什么曲子（－i）啊？（　　　）

7. 大家欢聚在一起，多让人难忘（ng）啊！（　　　）

### 五　PCTC 教材语料库辅助语音教学的优势

（一）与传统语音教学比较

教材语料库可有效调节语音输入频率，提高语音输出的质量。二语习得研究显示，语言习得顺序与语言输入的频率有关（谢谜，2009），高频输入可以强化学习者对语言形式的敏感性，而敏感性"可以帮助学习者注意所输入语言的特征，并且注意所输入语言和输出语言之间的差距"（Ellis，1993：108）。语音偏误研究也证明了语用频率与语音正确率之间存在正相关。语用频率越高，读音正确率越高，语用频率越低，读音正确率越低（杨华，2003）。从语言学习角度看，学生的语音输入频率取决于两个因素：一是教材语言蕴含的语音信息的频率；一是教学过程所产生的操练频率。根据对新加坡小学华文教材中的语音信息的分析，我们发现，新加坡小学华文教材中语音信息的数量、频率是不均匀的，分布也是散乱的（详见第四章第一节的论述）。语音教学阶段的语音材料明显不足，且语音训练方法多为机械性的操练。上述情况说明，教材语音资源分布并不能完全满足语音教学的频率要求，对学生语音敏感度的培养帮助不大，而过多脱离语境的重复输出练习也会造成认知疲劳，使学习者失去耐心和兴趣。

教材和教师语言输入不够充分、不够清楚是语音教学效率低下的重要原因（何安平，2001）。教材语料库在调节语音输入频率、控制语音输入量方面具有明显优势。通过音素统计功能，教师可以清楚掌握教材中的所有语音数据，包括数量、频率、分布等。通过关键音素检索软件，还可以提取语音信息所包含的上下文共现语境，其中包括语音搭配信息，语音信息在教材中出现的位置等。组合检索软件还可以进行语音分类检索，将相关语音信息整合在一起，供教师选择使用。这些都是在纸本教材和传统教学条件下无法实现的，而在教材语料库环境下，这些工作则变得轻而易举。

利用教材语料库有助于扩展语音教学范围，将语音教学延伸到阅读教学阶段，使语音教学成为整个语言教学的有机组成部分。传统语音教学将语音训练定性为阶段性教学内容，汉语拼音被定位为辅助识字的工具，是学习汉字的"拐棍"。一旦学生掌握了汉语的发音系统，学习了一定数量的汉字，"拐棍"便被丢弃，汉语拼音便无用武之地。尽管很多学者都认为，语音教学应该贯彻在整个语言教学过程中，应该常抓不懈（王钟华，1999：4），但落实在具体的教材编写或课堂教学中却很难操作，因为大量语音现象通常隐藏在语流中，提取起来十分困难。教材语料库在这方面提供了强有力的支持，凭借功能强大的检索软件，语料收集过程便变得十分便捷，教师只要根据语音教学的要求，在任何语言学习阶段都可以利用它有计划地设计语音教学内容，并根据语料驱动教学程序实施语音教学。

　　教材语料库辅助语音教学的第三个优势是改变了语音教学与阅读教学在内容选择上脱节的局面。传统语音教材设计通常是独立进行的，很少兼顾其他技能教学的需要，加上语音教材设计先于阅读教材设计，因此在语音内容选择上前者无法与后者接轨。语音教材所选的字音、词音通常不会在阅读阶段出现，造成语音教学和字词教学配合不够，语音教学不能很好地贯彻交际原则（叶军，2003）。利用教材语料库不仅可以大大丰富语音教学的语料，彻底改变语音教学与阅读教学"两张皮"的现状。教师可根据需要，从语音难易度、词汇难易度、语音教学与字词教学的关联性等角度合理选取阅读教材中的语音材料，使语音教学与阅读教学，尤其是字词教学融为一体。

　　（二）与通用语料库比较

　　通用语料库具有容量大、来源广、语言真实的优势，这是教材语料库这类专用语料库所无法超越的，但是对于第二语言教学而言，通用语料库也存在语言难度无法控制、内容庞杂等缺陷，并不是最理想的教学资源。对二语教学最有效的语料库是什么，Tribble（1997：3）提出了评判标准。他认为，最有用的语料库应该能够为学习者提供最需要、最恰当的语言资源。所谓需要，可以理解为该语言资源必须是学生语言交际中使用频率高的，抑或是语言学习过程中经常接触到的，也是学生能力范围之内的语言。教材语料库是收集了大量教学资源的语料库，恰是最有效的语言资源。新加坡小学华文教材语料库中的语音材料都是学生已经学过、正在学习或将要学习的音素、音节或音串，也是学生最可能使用到的语音材料，是高质量的资源信息。对第二语言教学而言，教材语料库语料对华文教学的适用性是通用语料库所不能比拟的。

教材语料库优于通用语料库的另一点是它具有特别设计的检索功能。在当今资讯科技高度发达的时代，从严格意义上说语言教学并不存在资源短缺的问题，教师或学生面对的最大问题是不能轻易获取学习所需的教学资源，虽然这些资源无处不在，但却很难得到。因为绝大多数语言资源不是为学习者准备的，无论内容还是语言都不受控制，要发现适合教学的语料并非易事。新加坡小学教材语料库根据本地语音教学需要专门设计了语音检索功能，可以轻易获取教材中的语音资料，而目前所有的汉语通用语料库都不具备上述功能。

## 六　小结

频率和顺序是决定二语教学成功率的两个重要指标。语音输入频率不足，学习者对语言形式的敏感度就不够，语音知识转化成语言能力的成功率就低。但是，优质语音输入频率并非任意的，而应该是有序的。如何改善语音教学输入量不足、顺序凌乱的缺陷，教材语料库提供了可行的解决途径。语料库的检索、统计和整合功能能有效辅助语音教学。教材语料库辅助语音教学设计是通过人机合作实现的，这种语料驱动的教学模式要求教师既具备语料库语言学的专业知识，又具有很强的语音教学法能力，只有这样，教材语料库辅助语音教学的作用才能充分地发挥出来。

# 第二节　PCTC 教材语料库在不同教学环节的应用
## ——以词汇教学为例

## 一　引言

语言知识教学是语言技能教学的基础，内容包括语音、汉字、词汇和语法等。在新加坡华文教学中语言知识教学占据着重要地位，贯穿在整个教学环节中。

教学环节是语言教学中的重要概念，这一概念最早是由赫尔巴特提出的。在他那个时代，这个概念也表述为教学顺序：阶段、步骤、学段（F. W. 克罗恩，1993：297）。教学环节作为教学进程的模式在教学分析与准备的过程中举足轻重。虽然学界十分重视对教学环节的研究，但对教学环节的划分却存在着分歧。Meyer（1990：191）认为，教学环节可分为三个阶段：第一，导入阶段；第二，活动阶段；第三，总结阶段。导入阶段旨在引发学生的学习动机与唤醒解决问题的意识；活动阶段重点在于通过教授学习内容以达成学生能力的发展与巩固；总结阶段主要是教学结果的保证与检验。我们认为，Meyer 的划分与新加坡的教学实际较为吻合，只是活动阶段可以进一步细分为教师讲解和学生操练两个子环节，但 Meyer 的导入阶段与本地华文教材中的导入单元概念不同，为避免混淆，本章将新加坡小学华文的教学环节表述为引导阶段、讲练阶段和评价阶段。词汇教学是语言教学的重心之一，在词汇教学环节中语料库也能发挥巨大的作用。

## 二　PCTC 教材语料库在词汇教学环节中的应用

在上述教学环节中的语言知识教学都必须利用相关的教学资源，虽然教材是最直接的语言资源，但它往往只能满足部分教学需要，更多的辅助材料需要从其他渠道获得，而这些材料是教师完成教学任务的重要保障。对语言知识的教学，传统的教学形式所需的辅助教学资源主要来自教师手册、参考资料以及教师自身积累的语言知识，对于这些资源，要查找、收集、整理，耗时费力，而且所获得的信息有可能并不适合第二语言学习者的需要。而教材语料库不仅可以快捷、准确地为教师提供相关教学资源，而且语料适用性强，冗余信息少。同时，教材语料库还可以为教师提示这些资源的出处，供教学参考。传统教学与教材语料库辅助教学获得资源的途径与方法见表 5.6 所示。

表 5.6　　　　　　　　传统教学与语料库辅助教学的不同

| 资源获得　　　　教学形式 | 渠道 | 方法 |
| --- | --- | --- |
| 传统教学 | 教师手册<br>参考资料<br>教师自身积累 | 翻查<br>记录<br>人工编制 |
| 语料库辅助教学 | 教材语料库 | 关键信息检索 |

（一）引导阶段的教材语料库辅助教学

引导阶段是衔接已学知识和在学知识的过渡阶段。在语言知识教学中，教师在本阶段的主要任务是建立在学知识与先备知识之间的联系通道。引导的方法很多，有些旨在引起兴趣，如游戏法；有些利用学生已知的字词、语法以旧带新，如复习法。学生新旧知识的联系越密切，达成教学目标的可能性就越大。教材语料库在引导阶段的主要作用是协助教师找到学生完成学习任务所需的先备知识，引发学生思考和解决问题的意识。教师根据教学的需要，利用语料库进行前溯性的搜索，找出与本课教学内容相关的先备知识，包括词语出现的位置、频度等，引领学生利用检索到的信息温故知新，以达到消化在学知识的目的。以"忽然"为例，"忽然"一词第一次出现在新加坡小学华文课本是在小学二年级第 15 课，该词作为本课的新词语，需要进行重点教学。如果学生没有先备知识，该词的讲解可能颇费周章，但如果学生已经学过或者接触过"突然"这个同义词，情况就大不相同了。通过教材语料库检索，我们在小学二年级第 15 课之前发现了三个"突然"的实例：

P2050　突然有人叫起来："门口有只小黄狗！

P2051　突然，它长长的鼻子喷出了好多水，把地都喷湿了。

P2121　突然，山美脚下一滑，跌倒了。

"突然"在小学二年级第 5 课和第 12 课已经学过，教师可通过提问、回忆、语境重现等引导手段复习"突然"一词的意义和用法，在此基础上，再引入"忽然"的教学就容易多了。以旧带新是引导阶段常用的教学方法，它对于提高学习效率，扩大词汇量，辨析相关词语的词义和用法是非常有益的。

（二）讲练阶段的教材语料库辅助教学

讲练阶段教师的首要任务是呈现学习点，帮助学生理解所教内容的意义和用法，然后带领学生进行操练，掌握学习内容，促进语言知识向语言技能的转化。讲练阶段所需讲解的教学内容通常由教材直接提供，无需另外准备，但为了帮助学生更好地感知和理解在学知识，提供与教学内容相关的、有上下文语境的辅助资源就显得尤为重要。操练活动也是教学过程中重要的一环，它是对知识点记忆和掌握的主要过程。操练需要的资源与教师的教学资源应具有同质性，通过不断重现相关信息让学生身临其境，进行有效的巩固性操练，以达到最好的教学效果。教材语料库在讲练阶段的主要作用就是帮助教师获得所需的资源。教师可以通过关键词检索获得与在学知识相关的短语或句子，通过比较，筛选出与本课学习点具有同质性的语料，供讲解和操练使用。下面以"忽然"为例，说明教材语料库如何协助教师完成词汇知识讲解和操练任务的。

1. 教师通过课文语境讲解"忽然"的意思和用法

P2151　有个小偷进了哈山的家。忽然，他听到楼上有人说"欢迎，欢迎!"

2. 搜索语料库中所有使用"忽然"的例句

（1）P2161　他和几个小朋友在花园里玩，忽然听见喊叫声："有人掉进水缸里了。"

（2）P2171　他们来到一片洁白的沙滩，忽然看见一只动物跑过。

（3）P4051　我走在前面，立明走在后面。忽然，他快步追上我，从口袋里拿出一架精美的小飞机。

（4）P4121　老师激动地弹起这支曲子。忽然，他停住了："我觉得这一段……"

（5）H3023①　我们互相问好之后，弟弟忽然对巴拉阿姨说："阿姨，我爸爸说您煮的咖喱很香，您请我们吃，好吗?"

（6）H4183　哥哥走着走着，忽然觉得手上轻松了很多，这才发现篮子跑到弟弟那边去了。

（7）H4203　蚌看着水鸟一次次的失败，心里忽然有了办法。

（8）H5031　有一天我放学回家，忽然产生了一个念头："我要比太阳更早回到家里。"

将例句和课文中的句子进行对比分析，结果发现，例句（1）、（2）、（6）、（7）、（8）与课文中的用法接近，"忽然"后面伴随的动作行为都与感官或心理活动有关，而例句（3）、（4）、（5）则都与动作行为有关。

---

①　H3023，是高级华文课文代码，表明该例句出现在高级华文课文中的位置。

3. 教师将上述语料分成两份，每一份都包括两种用法的句子，一份供教学使用，另一份供课堂操练或课后练习使用

应该特别指出的是，讲练阶段的信息搜索不必拘泥于学生已经学过的知识，可以在教材的全部语料中搜索，教师也可根据教学需要对检索到的信息作适当调整。

（三）评价阶段的教材语料库辅助教学

评价阶段是检验教学成果的重要环节。教师通过提问、练习、测验等方式评估学生对在学知识的掌握情况。该阶段对语言知识学习点的评估可以是单项的，也可以是综合的，既可包括与教学内容相关的先备知识，也可涉及其他相关知识以及延伸性知识等。因此，对教学资源的要求也比前两个阶段高。传统教学中教师通常采用口头提问、造句、听写或完成活动本的练习等方式进行评估，而利用教材语料库可以帮助教师很好地完成复习资料的搜集和整理工作，有效地进行评价。教师除了可将引导阶段和讲练阶段所获得的资源进行再利用外，还可以通过关键字检索找到以该字构成的合成词信息，用语音检索、部件检索找到与关键字词相关的信息，并对这些信息进行筛选、分类、整合，编写练习，作为评价教学的材料。

再以"忽然"为例，如果要寻找以"然"字构成的合成词，我们在小学二年级课文中搜索到"突然""忽然""当然""然后"四个词，教师可据此设计相关的构词练习。

小学二年级阶段学生的知识储备有限，教材语料库所能提供的资源也比较少，随着教学的不断推进，更多的练习内容可通过教材语料库检索获得，练习形式也可以更多样。

## 三　PCTC教材语料库辅助词汇教学的优势

（一）利用教材语料库发掘适合的教学材料

教材语料库在建库理念上更关注教材中所隐含的语言信息和分布情况，以及这些信息如何为教师所用，如何为语言教学及教材编写服务的问题，再加上它具有标注灵活的特点，可满足更多个性化的需求。教材语料库与通用语料库表面上看性质和功能差异不大，但实际内容相差甚远。通用语料库虽然可为教材编写提供真实、自然的语言信息，作为教

材编写的依据，但它毕竟不是专为教学而设计的，语料选择也较少考虑第二语言学习者的语言能力和使用领域，应用在语言教学时难免会出现语言难度过大，内容范围太广，不适用的冗余信息过多的情况，若没有对语料进行改编和取舍，难以直接将其运用于第二语言教学中。以汉语为例，目前可供检索的通用语料库有北京大学汉语语言学研究中心研发的容量超过 7 亿字节的现代汉语语料库，以及台湾中研院研制的现代汉语平衡语料库等。然而，这些大容量的真实语料库并没有在国际汉语教学或海外华文教学中得到充分利用，华文教师还未能从当今蓬勃发展的语料库中获益。这或许与语料库的应用研究起步较晚，对教师进行语料库驱动学习的培训不够等有关（McEnery & Wilson, 1997；Chambers, 2007），但通用语料库与第二语言教学在语料内容、赋码方式上存在的"间隙"应该是问题的症结所在。

以下我们以"突然"一词为例，从库容量、真实性、难易度、针对性和教学适用性等变量入手，对教材语料库和通用语料库适用华文教学的差异性进行比较，说明教材语料库对华文词汇教学的重要性。本章选用的通用语料库是北京大学现代汉语语料库 CCL（Center for Chinese Linguistics PKU），教材语料库为新加坡小学华文教材语料库。

从新加坡小学华文教材语料库检索出 15 个例句：

（1）象站在水池边，扇着两只大耳朵。突然，它长长的鼻子喷出了好多水，把

（2）我们在操场上玩得很高兴。突然，山美脚下一滑，跌倒了。我连忙

（3）来集合，天空马上暗了下来。突然，一把大刀向乌云砍去，乌云裂开

（4）起了大雨，树木被吹得东倒西歪。突然，河水冲上岸来，动物们的家都被

（5）"听到了，听到了！"医生突然想到：我可以用这种方法来给病人

（6）他们俩兴奋地在湖边喝水。突然，远文脚底一滑，跌进了湖里。思

（7）一天，当村民用火去烧树时，突然，一条大红蛇从树洞里钻

了出来,

(8) 两天后,突然刮来了一股寒流,海面转眼变成了

(9) 科利亚左思右想,突然说:"我真糊涂!我知道是怎么一

(10) 当我正查得起劲时,您突然怒气冲冲地责怪我,我一下子傻了

(11) 一定会感到孤单和寂寞。突然,有人喊我的名字,我抬头一看,

(12) 他把牙签拿在手里摆弄。突然,"咔"的一声,连牙签也断了。

(13) 么也看不见。他觉得很无聊。突然,一个红气球摇摇摆摆地飘了上来

(14) 想埋葬时,没想到那只鹦鹉却突然张开翅膀,一下子飞得无影无踪了

(15) 自己这一边移了一大段。弟弟突然感觉到手上的重量轻了许多。他转

从北京大学现代汉语语料库检索到的 5000 个结果中截取的前 15 个例句:

(1) 六团第一、三营与日军展开白刃战。日军虽遭突然打击,战斗力仍非常强大,还能组织

(2) 桌吃饭之机在桌子底下放了一枪。他满以为这突然的枪响会把贺龙吓个半死,可是年仅

(3) 象站在水池边,扇着两只大耳朵。突然,它长长的鼻子喷出了好多水,把

(4) 我们在操场上玩得很高兴。突然,山美脚下一滑,跌倒了。我连忙

(5) 发出淡淡的清香。嗅着这沁人心脾的清香,我突然意识到,春天就这样悄无声息地来临

(6) 我一边吃着烤红薯一边往天安门走,突然狂风大作,我有幸遭遇了北京数十年来最大的

(7) 那只"鸡"租的民房里,他因害怕派出所的人突然闯进来,慌里慌张地就把事情解决了。

(8) 小酒馆出来,他晃晃悠悠地从小树林经过时,突然一个女孩

从树林里钻出来，把他吓

（9）能任由小五摆布，可是，就在那一刻，他好像突然明白了什么，吓得酒一下子醒了大半。

（10）我也笑嘻嘻的样子，他亲热地拍了拍我的肩，突然问我："喂老弟，你以前是干什么的?"

（11）一天，穷画家在餐厅中吃饭，突然间灵感泉涌，拿起桌上洁白的餐巾，用随身携

（12）而现在再一次重温这个故事，我突然明白这个故事中的倒霉画家其实就是我自己。

（13）远的身影慢慢消失在公园门口，不知怎么，我突然产生很失落的感觉。

（14）闹了一阵，我的酒慢慢醒了，我突然想起吴琼来，一阵愧疚之意顿然升起，我赶紧

（15）我突然想起第一次去电影制片厂门口见到几个流氓调

分析上述例句，我们不难发现，新加坡小学华文教材语料库中虽然相关例句数量不多，但句子短小，语言浅显，既有口语用法，也有书面语用法。而"突然"在句中用法单一，只充当状语，符合常用搭配优先的原则以及小学生的认知水平。而通用语料库检索到的"突然"，例句数量远远超过新加坡小学华文教材语料库，例句的语言较难，书面语色彩较浓，用法上也比较复杂，既有在句中做状语的，也有做定语的。以下是通过对例句进行变量分析后得出的结论：

表5.7 教材语料库与通用语料库的不同

|  | 库容量 | 真实性 | 难易度 | 针对性 | 教学适用性 |
|---|---|---|---|---|---|
| 教材语料库 | 容量小 | 非真实/真实 | 受控 | 有明确对象 | 可直接使用 |
| 通用语料库 | 容量大 | 真实 | 未受控 | 无明确对象 | 需筛选加工 |

（二）利用教材语料库将隐性信息显性化

虽然越来越多的学者都认为频率属性会直接影响华语的学习效率，

但多数教师也强调预习、复习对掌握语言要点的重要性，但是如何做到重现学过的知识却并非易事，因为众多的信息隐藏在教材中，而非直接呈现在外部。即使一位教学经验丰富的教师，他们也只能对一些重要的教学内容十分熟悉，未必能对教材中的全部内容了如指掌，众多的教学资源仍然淹没在教材里，而教材语料库却能让教材中的所有信息显现出来，帮助教师有效地利用这些教学资源。例如，利用新加坡小学华文教材语料库进行检索，调用使用频率最高的10个动词，我们从中可清楚地掌握目标词语在教材中的分布情况。

表 5.8　　　　　　　　　高频动词在教材语料库中的分布

| 词语 | 课次 | 小学一年级 | 小学二年级 | 小学三年级 | 小学四年级 | 小学五年级 | 小学六年级 | 次数 | 频度 |
|---|---|---|---|---|---|---|---|---|---|
| 说 | P1011 | 19 | 86 | 109 | 105 | 45 | 0 | 364 | 1.1696 |
| 看 | P1035 | 11 | 51 | 103 | 45 | 30 | 0 | 240 | 0.7712 |
| 是 | P1015 | 30 | 50 | 57 | 54 | 38 | 0 | 229 | 0.7358 |
| 有 | P1020 | 18 | 40 | 68 | 61 | 35 | 0 | 222 | 0.7133 |
| 去 | P1010 | 15 | 38 | 63 | 46 | 18 | 0 | 180 | 0.5784 |
| 来 | P1030 | 14 | 37 | 43 | 38 | 23 | 0 | 155 | 0.4981 |
| 想 | P1065 | 3 | 41 | 40 | 34 | 15 | 0 | 133 | 0.4274 |
| 给 | P1095 | 9 | 27 | 26 | 48 | 14 | 0 | 124 | 0.3984 |
| 做 | P1010 | 16 | 14 | 44 | 23 | 18 | 0 | 116 | 0.3727 |
| 走 | P1062 | 4 | 25 | 38 | 33 | 10 | 0 | 110 | 0.3535 |

　　教师如果想要知道目标词语在教材中的上下文语境，可进一步点击相关词语进行查找。例如，如果想了解"做"这个词在小学二年级的分布情况和具体情境，检索后便可得到如表 5.9 所示的结果。

　　教材语料库清楚地列出了"做"在小学二年级教材中的位置分布、

义项和用法等基本信息，教师可以轻易地对这些信息进行分类处理，为教学服务。教材语料库使原本隐蔽的语言信息完全浮现出来，让教学变得更有效率，更有针对性。通过教材语料库，我们可以更容易地发现语言事实，教师也可找出更加充分的例证来帮助学生纠正他们在语言学习中所犯的各种错误（Hunston，2002）。Hunston的这段话可算是对教材语料库最好的注解。

表5.9　　　　　　　　　　高频动词在教材语料库中的例句

| P2022 * | 两姐妹都很高兴，还想去看看学校里的小朋友们在做什么。 |
| --- | --- |
| P2030 | 过新年的时候，你做些什么？ |
| P2041 | 小文说："长大后，我想做一个消防员。" |
| P2041 | 小红说："长大后，我想做一个护士，照顾生病的人。" |
| P2041 | 长大后，我也要和他们做一样的工作，建起一座座高大的组屋！ |
| P2042 | 长大了，我要做一只爱唱歌的青蛙。 |
| P2061 | 姐姐和弟弟在灯光下做手影游戏。 |
| P2061 | 弟弟做了一只小鸟，小鸟在墙上飞来飞去。 |
| P2061 | 姐姐做了一只小猫，小猫要捉小鸟。 |
| P2061 | 他做了一只小狗，小狗要咬小猫。 |
| P2085 | "你好好想一想，当同学们都在专心做作业的时候，谁总是东张西望，不好好学习？ |
| P2105 | 小黄狗想留住小鸟，它做了一个可爱的笼子请小鸟住。 |
| P2131 | 小鸟在大树上做了窝，天天帮大树捉害虫，保护大树。 |
| P2171 | 王子听了，就在岛上住了下来，还把这个岛叫做"新加坡拉"——意思是"狮子城"。 |
| P2210 | 妈妈，我帮您做家务。 |
| P2212 | 父母教，认真听，做错事情要改正。 |

* Pxxxx是华文课文代码，表明该例句出现在华文课文中的位置。

（三）利用教材语料库将分散信息整合化

教材语料库中蕴含着丰富的语言资源，包括语音信息、汉字信息、词汇信息、语法信息、语义信息等。这些信息虽已存在，但往往分散在教材各处，教师单靠直觉或主观判断只能窥其一斑而无法观其全貌。例如，我们如果想知道教材中某个词语的复现情况，恐怕没有一个教师可以给出准确的答案，但我们通过对教材词汇信息的标注，就可以将分散在教材中的信息整合在一起，如此一来，要实现词汇信息的检索便易如反掌。我们还可根据需要对汉字、词汇、语法等信息进行标注，分类标注后，一张巨大的语言信息网便建构起来了。

经过整合后的词汇信息可以给教师提供彼此关联而非孤立的信息，为教学决策提供完整、准确的资料。例如，词频统计可以提供高频词语和低频词语的分布情况；关键词检索可以帮助教师全面掌握该词语出现在教材中的具体语境。

整合教材语料库中教学资源的工作是通过人脑与电脑的分工合作完成的。步骤为：

1. 提出问题（人）。

2. 检索收集相关语言信息（机）。

3. 分析、比较、筛选语言信息（人）。

教师可以根据教学需要随时检索、调用教材语料库中的各类信息。下面我们以"光"为例，说明如何利用教材语料库所整合的信息进行教学。

第一，提出教学设想，希望检查学生掌握用"光"字构词的情况，并进行相关的词语练习。

第二，通过检索，获得34个以"光"构成的词语。去除专有名词外，具体分布如表5.10所示。表5.10中的"光"包含了四个语素义，（1）光波、光线；（2）一点不剩；（3）露着；（4）光彩、荣耀等，这些语素义都是学生学过的。

第三，教师利用词语所在的上下文语境编制分类练习或综合复习题，巩固学生所学的知识。例如：

根据句子的意思，用带"光"的词语填空：

表 5.10　　　　　"光"的构词/搭配在语料库中的分布

| 词语 | 频数 | 词性/短语类型 | 年级 |
|------|------|------|------|
| 阳<u>光</u> | 12 | 名词 | 小学二年级5次；小学三年级6次；<br>小学四年级、小学五年级、小学六年级各1次 |
| 月<u>光</u> | 2 | 名词 | 小学三年级 |
| 灯<u>光</u> | 1 | 名词 | 小学二年级 |
| 目<u>光</u> | 3 | 名词 | 小学三年级1次；小学六年级2次 |
| 亮<u>光</u> | 1 | 名词 | 小学三年级 |
| <u>光</u>碟 | 1 | 名词 | 小学四年级 |
| <u>光</u>线 | 1 | 名词 | 小学五年级 |
| 荧<u>光</u>棒 | 1 | 名词 | 小学五年级 |
| 吃<u>光</u> | 1 | 动补 | 小学二年级 |
| 流<u>光</u> | 1 | 动补 | 小学二年级 |
| 杀<u>光</u> | 1 | 动补 | 小学四年级 |
| <u>光</u>脚 | 1 | 动宾 | 小学四年级 |
| <u>光</u>荣 | 1 | 形容词 | 小学五年级 |

1．姐姐和弟弟在（灯光）下做手影游戏。

2．我像一只小老虎，啊呜啊呜都（吃光）。

3．在那关怀的（目光）里，我看见了妈妈的爱！

4．夜晚，明亮的（月光）照在床前，地上就像铺了一层白霜。

5．小蛤蟆眼睛里闪着（泪光），兴奋地挥动着双手说："有人给我写信了！

6．很久很久以前，人们是（光脚）走路的。

7．但是，就算（杀光）所有的牛，也不可能有足够的牛皮来铺满全国的道路。

8．我最近看了"成语动画"的录像（光碟），学会了很多有趣的成语！

9．当你听到同胞们齐声高唱雄壮的国歌时，你会感到（光荣）吗？

10. 观众手中挥动的（荧光棒），把滨海湾变成了一片灯海。

第四，通过整合后的信息，如发现不能满足教学需要，可及时弥补。

以上整合后的信息告诉我们，一些常用的词语，常用的语法点，复现率相当低，"灯光、目光、亮光、光线"都只出现一次。为了增加复现次数，教师可利用这些词语进行再创造，或提供有针对性的练习，或编写阅读短文，帮助学生掌握。再如，对语法点动补短语"吃光、流光、杀光"，教师可通过搜索，根据学生已知的动词词语"喝、买、卖、用"，扩大这一语法点的使用，让学生学会"喝光、买光、卖光、用光"等。

## 四　小结

语料库都有自己的建库目的和功能，而教材语料库的作用是其他通用语料库所无法替代的。通用语料库就像一座金矿，虽储量丰富，但未经加工，是待开发利用的宝藏，更适合语言研究之用；而教材语料库更像开发后提炼出的金块，更方便教师直接用于教学。总之，教材语料库在语言教学的不同环节都能发挥它的巨大作用。

# 第三节　教材语料库与多媒体技术的结合
## ——以"我的华文动漫书"为例

## 一　引言

纸本教材的电子化是当今汉语作为第二语言教学的大趋势。随着资讯科技的发展和普及，网络技术和多媒体技术被广泛应用在第二语言教学中，出现了各种借助相关动画制作软件而实现图像绘制、图像编辑、动画设计、动画编辑的电子动漫教材。新加坡创新科技公司与泛太平洋教育出版社联合开发的"我的华文动漫书"（iFlashBook）便是一套以新加坡现行小学华文教材为蓝本，利用网络平台和多媒体动画技术的电子动漫教材。这套动漫教材的出现彻底改变了新加坡传统纸本教材的呈现方式，创造出传统教材无法实现的附加功能和互动效果（吴英成、罗庆铭、李兴汉，2008），为新加坡华文教学打开了一片新天地。

创新科技开发的小学华文电子动漫教材与笔者开发的新加坡小学华文

教材语料库在内容上是契合的。如果能将两者结合，一方面能大大加强动漫教材的功能，另一方面也能使教材语料库应用具有更强大的平台依托，大大提高教材语料库的应用价值。本节将集中探讨如何运用教材语料库及相关检索、统计技术与电子动漫教材结合的理论和操作问题，集中探讨如何优化教学资源，活化教学手段，实现教学效果最大化的信息化途径。

## 二　PCTC 教材语料库与电子动漫教材结合的理论依据和现实意义

### （一）语言学习理论的依据

认知心理学认为，记忆是信息处理系统的核心，由感觉记忆、工作记忆和永久记忆三个相互联系的心理结构组成（Carroll，1994）。工作记忆的信息容量非常有限，大概是 $7 \pm 2$ 个单位（Miller，1956）；保存的时间也很短，约 10 秒钟，不及时复习会迅速遗忘；工作记忆往往采取"组块"（chunking）的方式，通过某些有意义的形式把原本独立的信息组合成较大的信息单位，新信息经过工作记忆编码后存入永久记忆。永久记忆的容量非常大，是人们真正保存知识的仓库。从语言学习的角度看，依赖记忆型语言进行交际是第二语言初学者的一项重要交际策略和一个不可逾越的阶段。

联结主义认为，知识是并行分布的，并且存在于联结强度之中（Rumelhart，Hinton，McClelland，1986）。反复训练与操作可以增强联结的频率。学会阅读是基于普遍的统计学习机制，获得字形与语音对应的"准规则"系统的过程，因而阅读加工必然会受到输入语料的统计属性的影响。

频率是一种基本的统计属性，词汇的使用频率越高，字形与语音之间的联结强度就越大，因而对高频字的加工要比低频字熟练，表现出阅读的频率效应。频率效应是汉字与词汇阅读中最基本的行为现象。因此，不断重现教学内容和词汇搭配组合，对于帮助学生掌握语言规律，进而使之转化成语言技能是至关重要的。

利用教材语料库的信息标注、赋码以及检索软件（concordancer）可以轻易获得词语重现的频率信息和分布情况，为教师的教学决策提供准确的依据。例如，当词汇的重现率过低或不均衡时，教师便需要通过其他手段进行干预和补救，帮助学生掌握关键的语音、词汇、语法或语篇知识。

（二）语言教学理论的依据

第二语言的教学理论经历了几十年的发展和变迁，先后形成过数十种不同的教学模式，其中有代表性的有语法翻译法、听说法、认知法、交际法等。20世纪90年代由 Tim Johns 提出了数据驱动学习模式（data–driven learning model），这是一种以语料库为基础，使用原始语料库或通过语料库检索工具得到的结果来进行语言学习的发现式和探索式学习模式（Johns T.，P. King，1991）。它主张在教学时利用"语境共现"，并在此基础上设计教学活动，通过观察归纳语言规律及特征。这一探索性的教学模式是建构在以维果斯基（L. S. Vygotsky）等为代表的建构理论基础上的。建构主义理论语言学家强调教学必须以学生为中心，语言学习就是学习者对语言目标建构自己理解能力的过程，学生是教学实践的主体。语料库是数据驱动学习模式利用的主要资源。而在众多语料库资源中，教材语料库又是最恰当的教学资源。它具有语料内容适用、语言难度适中、加工精度高，与教学无缝对接的特点，是实现数据驱动式学习模式的根本保障。

（三）教材语料库与动漫教材结合的现实意义

海外华文教学界都在致力于探索一条华文教学从经验型转向科学型的必由之路（郑定欧，1999）。长期以来，教师们所面对的一个不争的事实是：我们的教材设计单调、刻板、生动不足；教材的信息化程度很低，没有一套立体的教材把语法和词汇配套起来，并兼顾各个层次学生的学习（刘茜，2005）；教师还停留在纸笔教学的状态，网络化、信息化的时代似乎还离我们相当遥远；教师虽然每天使用教材教学，但对教材内部的汉字、词汇、语法、语音信息了解很少，更谈不上合理有效地利用了。为此，新加坡教育部在2004年报告书中提出了以资讯科技强化华文教学的建议，包括尽可能配合学生在科技方面的优势，利用学校良好的硬件设备，引进适当的华文科技工具以及合乎学生需求和兴趣的教学资源，借以辅助华文的学习（新加坡华文课程与教学法检讨委员会，2004）。一些学者也撰文阐述教材信息化建设的主张。郑定欧（1999）提出教材语料库建设是实现教学内容信息化的具体体现。

也有学者认为，教材的形式应该顺应电子化时代而改变，电子动漫教材将逐渐取代纸本教材，同时应该利用语料库技术将多套同质性教材整合起来，形成一主多辅的组合教材，最大限度地发挥教材的功能（吴英成、罗庆铭，2009）。

　　教材的信息化、网络化改变了传统的教与学的关系，建构起跨越时空的教与学相互作用的情景。信息化、网络化的电子动漫教材又为教材语料库创造了无缝嫁接的最佳途径。这一结合的结果是使新加坡华文教材的信息获得最大化，对教学起到积极作用，其现实意义是显而易见的。

### 三　PCTC 教材语料库与电子动漫教材"我的华文动漫书"的结合

（一）缘起

　　2007 年 7 月，由新加坡创新科技与泛太平洋教育出版社联合开发的"我的华文动漫书"（iFlashBook）正式推出，这套以多媒体技术引擎为平台，以现行小学华文教材为蓝本，以互联网为运行载体的电子动漫教材，一经面世就得到了新加坡华文教师的欢迎。

　　　　"我的华文动漫书"具有如下的四大功能：卡通动漫、课文跟读、汉字书写、字词释义。"我的华文动漫书"融入了生动的卡通动漫表现方式，使得课本中的人、物、景等插图在动画中表现得更加淋漓尽致，不仅使得书本变得生动有趣，同时还能帮助学生准确地理解字、词、句的含义；iFlashBook 独到的语言处理技术，让学生如同学习卡拉 OK 一样跟着标准读音朗读，学生在朗读的过程中随时知道自己的读音是否正确，不知不觉中学习一口纯正腔调的标准华语；汉字的音、形、义是学习汉字的基本要素，随时随地随需要"浮现"出来电子词典，提供每个汉字的注音、笔画书写过程和字词的释义解释以及造句实例，帮助学生扫除读书中的"拦路虎"。（"我的华文动漫书"发布会网站报道，2007）

　　"我的华文动漫书"也引起了新加坡华文教学界的关注，南洋理工大学国立教育学学院亚洲语言文化学部主任吴英成博士在看过教材后给予了肯定，同时也提出一些改进的建议。之后创新科技和国立教育学院中文系经过商讨，提出了合作开发双语版"我的华文动漫书"的计划并于2008 年开始实施。双语版在原来基本版的基础上增加了英文翻译（短语、句子、段落、篇章分层翻译）和针对新加坡小学生学习特点的词语注释及用法两项功能，目前，这项合作计划已于 2010 年正式在网上推出。

教材语料库与"我的华文动漫书"结合的设想缘起于 2009 年初，为了配合 2009 年 5 月举办的"过去、现在、未来——《我的华文动漫书》教师分享会"，教材语料库作为未来开发研究项目被提了出来。其目的是在 iFlashBook 强大的技术平台和电子版小学华文教材的优势下，将教材语料库与之相结合，实现教材内部信息的最优化集成和远距离、即时性获取，为用户提供准确、使用的教材信息。

（二）研究计划的组织和实施

1. 研究计划的组织

研究计划由南洋理工大学国立教育学院中文系与创而新私人有限公司（创新科技附属投资公司）及泛太平洋教育出版社联合实施，由南洋理工大学国立教育学院亚洲语言文化学部主任吴英成博士和创而新科技有限公司总裁李慧勤博士负责策划和协调，泛太平洋教育出版社提供教材。具体研究人员为：

罗庆铭（负责教材语料库的内容设计、功能应用研究）

温旭光（负责将教材语料库与"我的华文动漫书"结合，实现设计功能）

黄再源（负责教材语料的切分、统计以及语料库检索软件的开发应用）

另外，南洋理工大学国立教育学院中文系"教师分享会"筹备小组的老师和学生提供人力物力支援和成果演示。

2. 研究计划的实施

本次研究属于小规模试验性研究，研究过程分三个阶段进行。

第一阶段主要是语料库功能设计、检索界面设计。主要包括：基本版中增添语料库功能按钮；设计四项检索功能：一是基于课文的动态关键词搭配检索；二是开放性关键词检索（由于时间紧迫，暂时放弃）；三是动态词频统计；四是动态义类词表。

第二阶段由创而新私人有限公司的技术人员研究教材语料库功能在电子动漫教材中实现的可行性，并制作出研究样本（Demo）。

第三阶段是将研究成果在教师分享会上演示，获取教师对研究成果的反馈意见。

　　本次研究历时近三个月，基本上实现了设计构想，取得了令人满意的结果。

## 四　"我的华文动漫书" PCTC 教材语料库的主要功能

　　根据设计及要求，我们首先在"我的华文动漫书"功能栏目中增添语料库的功能对话框，下设三个子功能：词句检索、词频统计和分类词表。在设计过程中，我们非常重视语料库与"电子动漫教材"的无缝衔接问题。我们认为，教材语料库是为教学服务的，教师使用方便应该作为设计的基本要求和准则，我们的功能设计达到了以下要求：

　　第一，这些功能在任何教材使用状态下都能被激活，做到随用随调（如图 5.1 所示）。

图 5.1　课文界面

　　第二，词句检索和词频统计功能是动态的，可以做到全库检索或对特定内容进行检索、统计。

　　第三，分类词表不仅可按义类聚合（类别有限），同时可以用来听写和复习。

(一) 基于电子动漫教材的语料库"关键词检索"

1. 检索方式

本书提供了两种检索方式：一种是指定跨距检索方式，即由使用者指定以搜索词为中心左右相邻的词数，字数的多少可在参数表中选定。（演示略）

另一种是句子语境检索方式，即以句子终结符号，如句号、感叹号为标记。

2. 检索范围

主要目的是检索出特定词语在教材中出现的位置（具体课文）以及具体的上下文情景。检索范围有两种模式：一是全库范围检索。二是指定范围检索。

3. 步骤演示

以下我们以《小学华文》中的核心课文"我的汗在哪里"为例，介绍有关功能的操作。

步骤一：在特定课文"我的汗在哪里"界面下调用"语料库"对话框中的"词句检索功能"（如图5.2所示）。

图5.2　生词显示

步骤二：选定需要检索的词语（课文中任何词语都可以选）后单击。电脑屏幕上弹出与该词有关的短语或句子。在左上角的对话框里显示不同的检索结果，一种是"截至本课"以前的例句。表明列表中的句子是学生已经学过的。右边是课文的编号。编号由两个英文字母P和X以及四个数字组成。P代表小学华文，X代表小学高级华文；第一个数字代表年级数，第二和第三代表课文数，第四个数字代表课文内不同类型的篇章（如导入课文为1，核心课文为2、3或4，深广课文为5、6或7）。如果需要调用相关课文，可以直接点击课文编码（如图5.3所示）。

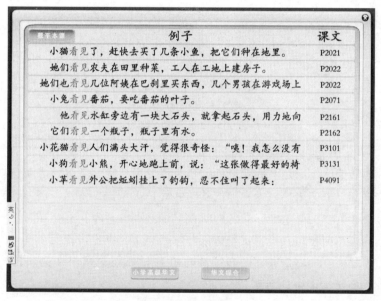

图5.3　例句检索1

例句下方有两个功能按钮，分别显示"小学华文""小学高级华文"和"华文综合"的字样。"小学华文""小学高级华文"可分别显示不同课本中的信息，"华文综合"则综合了两类课本的信息，以下是样例（如图5.4所示）。

教师可以根据需要对例句或词语搭配进行处置，既可用作教学使用，也可进行词汇复习和评估。

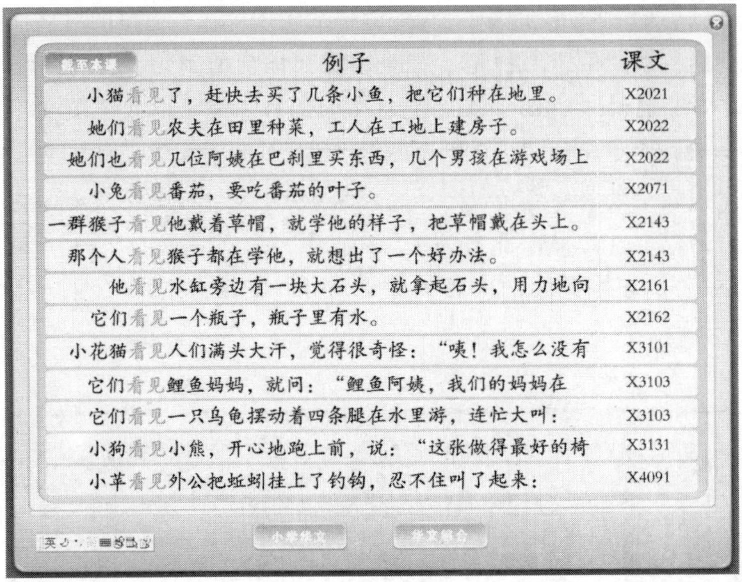

图 5.4　例句检索 2

（二）动态词频统计功能

该功能的作用是掌握教材词汇信息和分布状况，了解词语在教材中的位置和上下文语境，为教师的教学和评估决策提供依据。例如，它可以提醒教师在词语重现率过低的时候采取必要的补救措施，在考试时选择不同频率的词语以提高试卷的区分度。以下是操作步骤：

步骤一：在特定课文"我的汗在哪里"界面下调用"语料库"对话框中的"词频统计功能"。

步骤二：选定需要检索的词语（课文中任何词语都可以选）后单击。电脑屏幕上弹出与该词的频次、频率和分布等相关信息。

图 5.5 上方出现需要统计的词条。图内显示该词在"小学华文"和"小学高级华文"中的综合分布情况及频率，数据显示："奇怪"一词在"小学华文"中仅出现过三次，分别是小学二年级第 11 课，小学三年级第 3 课和第 10 课。之后就没有再出现。而"奇怪"一词在"小学高级华文"中的分布更趋合理，一共出现了七次，且较平均地分布

在小学二年级到小学五年级的各个年级中。我们可以因此推测，读"小学高级华文"的学生掌握"奇怪"这个词的可能性要高于"小学华文"的学生。教"小学华文"的教师要在小学三年级以后适当巩固该词，才能达到好的学习效果。

| 年级 | 频次 | 频率 | 累计频率 | 课文 |
|---|---|---|---|---|
| 1A/1B | 0 | 0 | 0 | |
| H1A/H1B | 0 | 0 | 0 | |
| 2A/2B | 1 | 0.000351 | 0.000351 | P2111 |
| H2A/H2B | 2 | 0.000702 | 0.001053 | X2111/X2153 |
| 3A/3B | 3 | 0.001053 | 0.002106 | P3031 / P3101 |
| H3A/H3B | 3 | 0.001053 | 0.003159 | X3031/X3101 |
| 4A/4B | 0 | 0 | 0.003159 | |
| H4A/H4B | 1 | 0.000351 | 0.00351 | X4143 |
| 5A/5B | 0 | 0 | 0.00351 | |
| H5A/H5B | 4 | 0.001404 | 0.004914 | X5021/X5111 |
| 6A/6B | 0 | 0 | 0.004914 | |
| H6A/H6B | 0 | 0 | 0.004914 | |

图 5.5 "奇怪"的频率和分布

步骤三：如果希望了解"奇怪"这个词的上下文语境，可点击课文编码以调出相关的课文。

（三）分类词表

将教材中的词汇按特定的语义和功能分类标注对华文教学是非常有帮助的，通常情况下词类语法标注可以由分词软件完成，而语义分类遇到的问题就要多得多。我们语料库中的分类词表示是人工标注的，工程浩大。但这种分类是非常有意义的。分类词表的设计是为教师提供相关的课文词语的语义信息，便于教师的词汇教学和词语巩固复习。

步骤一：在特定课文"我的汗在哪里"界面下调用"语料库"对话框中的"分类词表"（见图 5.6）。

步骤二：点击课文中相关的分类词语，如"兔子"，进入特定的分类字库（也可以选一个分类词表中有的词，进入子库后在进行分类查找）。

图 5.6　学习词表

分类词表窗口内有几个功能项目，第一列是复选框，可以全选，也可以点选；上面第一栏是分类词语对话框，其右边有一个下拉对话框，里面列明所有的义类目录以及子目录，以方便使用者调用。第二栏是词语排列方式：软件提供两种排列方式：一种是音序排列，另一种是按课文出现顺序排列法。可以随意选用，这时可以选择"小学华文"或"小学高级华文"以显示不同的分类词语。

在列表中，第一列听写使用的是复选框，第二列是分类词语列表，第三列是汉语拼音注音，第四列是英文翻译，第五列、第六列显示分类词语所在的课文编码，第六列是记录听写通过的日期。

以下是听写的操作过程演示：

步骤一：点选准备听写的词语。可以全选，也可以选择其中的几个。

步骤二：点击窗口下方的"听写"按钮，进入听写界面（如图 5.7

所示）。

步骤三：电脑系统开始自动读出需要听写的词语的读音（如果需要重复，点击"?"按钮即可重读）。

步骤四：通过键盘的汉字输入软件输入汉字，点击回车键确认。如果正确，系统会在输入框右边的窗口内打钩，进入下一个词语的听写；反之则打叉，重新输入。

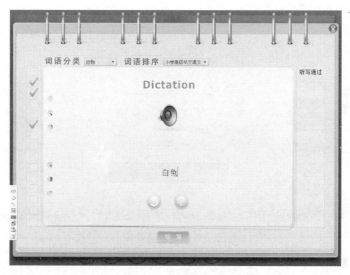

图 5.7　听写对话框

步骤五：听写完指定的词语后，点击输入框下面的返回按钮，回到分类词表界面，这时系统会将听写过的词语记录下来，供以后教学参考（见图 5.8）。

步骤六：点击画面右上角的关闭按钮，退出听写程序。

## 五　小结

新加坡电子动漫教材"我的华文动漫书"的推出，标志着新加坡华文教学进入了多媒体和网络化时代，为新加坡华文教学打开了一片新天地。动漫不仅是引起学生学习兴趣的装饰和摆设，也是辅助学生学习和理解学习内容的有效工具。教材语料库的引进更使得动漫教材如虎添翼。它的即选即用功能可以在任何时候寻找到需要的信息和资源；它负载着无限的资源却丝毫不显得臃肿庞杂，这些特点都为第二语言教学提供了无限广阔的应用空间。

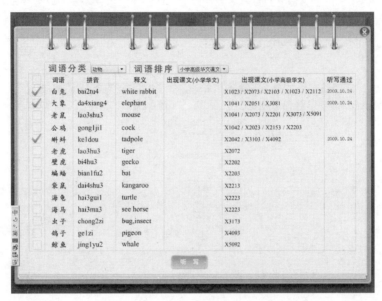

图 5.8　听写记录表

众所周知，对教材信息的系统性掌握是教师实施高效教学与评估的必要条件。凡是有教学经验的教师大概都有这样的体会：由于记忆局限，许多有用的教材信息被淹没在课文中，教师往往难以发现。这给教学和评估增加了难度。我们常常在面对一些词语时感到犹豫。对阅读篇章的难易度把握也常会出现意见分歧。

这都是因为老师难以掌握教材的全貌，对词汇量、分布情况无法准确把握造成的。编好教材不易，用好教材则更难。语料库可以帮助教师跨越这个障碍，使教材成为宝贵的教学资源。教材语料库可以有效地整合这些资源，使隐藏的教学资源透明化、序列化，更加便捷地为教师所用。

语料库在华文教学中的应用，也改变了传统的教师教、学生学的单向输入模式，教师完全可以利用教材资源，开展"语料驱动的学习模式",使学生通过特定的学习资源,进行自主或合作学习,以综合、归纳的方式学习新的知识和技能,培养学生主动建构的学习能力。

　　除此之外,教材语料库的功能还具有很强的扩张性,可以根据需要灵活添加和扩展,本教材语料库仅限于小学华文一套教材,我们还可以将过去的新加坡教材或者其他国家的教材资源整合进来,形成一主多辅的大教材语料库,这样就可以弥补单套教材资源不足的局限。

　　本研究的结果在当年 5 月教师分享会上的演示,受到了新加坡小学华文教师的普遍欢迎。会后的反馈显示,有 98% 以上的教师认为"分享的语料库的内容对他们的教学有帮助",有 97% 的教师表示会使用"我的华文动漫书的功能辅助华文教学"[①]。

　　语料库技术用于华文教学研究起步较晚,还有许多尚待开发的处女地,我们在研究过程中也遇到了不少困难,例如教材的版权问题,自动分词准确率不理想的问题、汉语词类标注的规范不统一的问题,等等,但这些问题多是暂时的,有些已经在改进中,瑕不掩瑜。从长远看,教材语料库在辅助华文教学方面的应用空间是非常广泛的。

---

①　这次问卷调查由翁凉平负责,共回收有效问卷 197 份。

# 第六章 基于 PCTC 教材语料库的词汇重现对二语习得的影响

## 第一节 语言重现率与语言习得的关系

### 一 引言

词汇学习是一个渐进而连贯的过程。研究显示，学习者只有在不断重复出现的语境中接触和使用所学词语，才能最终获得不同层面的词汇知识，其中重现和循环在词汇习得过程中扮演着重要的角色。词汇重现率（repetition of words）也称复现率，通常指词汇在教材中重复出现的次数（柳燕梅，2002；江新，2005），是词汇输入频率在教材中的反映。循环则是通过对所学词语的再现或复习，以达到强化输入刺激，促进认知与记忆的目的。循环是一种教学行为，是输入频率在课堂教学中的体现。二语词汇习得过程通常遵循两条习得路线：一条是通过显性化的课堂学习记忆和运用词汇习得的，这种学习方式除了需要通过教材提供词汇输入外，往往还伴随着复习和操练等教学手段。所谓熟能生巧，强调的就是练习和再现对掌握语言知识的促进作用。另一条是学习者在非教学条件下，通过隐性的词汇学习，即借助听、说、读、写、译等学习活动附带掌握新词语的过程习得的。在隐性词汇学习阶段，学习者主要关注阅读内容的理解，词汇习得则是阅读活动的"副产品"。至于上述两种习得方式哪种对词汇习得更为重要，学界存在着不同观点。Ellis（2002）认为，大脑中的语言表征主要靠类型频率（type frequency）和练习频率（law of practice），而练习频率（教学中的重现策略）在词汇习得过程中起着更加重要的作用。另一些学者认为，学习者的词汇量增加并非靠刻意的词汇学习获得，而是通过不断的伴随性的阅读活动，从书面语境中不经意地习得的（Nagy，Hermen & Anderson，1985）。上述学者在教材词汇重现率和练习频率的重要性上存在较大分歧。那么，二语词汇习得过程中类型频率和练习频率之间的关系究竟如何？它们对二语学习者词汇习得的影响到底有多大？这些都是本章所关注的内容。

## 二　教材中词汇重现率对词汇习得的影响

近年来，国外学者在词频效应的研究方面取得了不少成果，其中大多数的实验研究集中于伴随性词汇习得过程的词频效应问题。已有的研究结果显示，书面语中高频词的命名速度比低频词快（Balota & Chumbley，1984；Forster & Chambers，1973）；高频词在词汇判断任务中被识别的速度也快得多（Forster，1976）；与低频词比较，高频词在词语的识别、表达速度和准确性上都要快得多（Kirsner，1994）；低频词被记忆的概率远低于高频词（Kachroo，1962；Nagy，Hermen & Anderson，1985；Herman et al.，1987）。但是，至于多少次重现才能满足语言习得的需要，学者们得出的结论却不尽相同。有学者认为，出现 1 次的词汇被记住的概率低于 0.15（Kachroo，1962；Nagy，Hermen & Anderson，1985；Herman et al.，1987），出现 5 次或更高重现率的词汇则大多数可被习得（Kachroo，1962；Crothers & Suppes，1967；Saragi，Nation & Meister，1978）。Nation（1990）提出的词频范围较广，认为想要从阅读中掌握一个词语，5—16 次的词汇接触是必须的。Jenkins & Dixon（1983）认为，要掌握一个生词至少需要 6—12 次的词汇输入。Rott（1999）指出，6 次的词汇输入对学习者词汇学习的效果明显好于 4 次和 2 次。Crothers and Suppes（1967）的研究发现，当重现率达到 7 次时，受试者能记住几乎所有的单词，而当重现率达到 6 次时，则能记住 80% 的词组。Webb（2007）指出，7 次或更高的词汇输入是激活词汇知识的最低阈值。Horst，Cobb & Meara（1998）认为，词频与习得率密切相关。对于中低程度的二语学习者而言，阅读文本中出现 8 次以上的词汇比不足 8 次的词语更容易被习得，词频与习得率之间的相关性达到 0.49。Saragi，Nation & Meister（1978）研究母语为英语的学习者学习俄语俚语的情况，获得的结论却不尽相同。研究显示，阅读文本中词汇的出现频率与词汇习得率之间存在一定的相关性，词频越高，习得的可能性越大，其相关系数达到 0.34。该研究也指出，频率并不是影响词汇习得的唯一因素，在所有被习得的词汇中，频率的多寡也存在着很大的差异。Meara（1997）从词汇量与阅读量的关系方面提出了词汇习得0.01 的概率假设，即学习者的词汇习得量为阅读量的百分之一，他因此质疑当前的二语学习者能达到这样的阅读量。

汉语的词频效应研究虽起步较晚，但也取得了不少成果。柳燕梅（2002）探讨了教材重现率对欧美学生汉语词汇学习的影响。研究发现，两次重现率的词汇比 0 次或 1 次重现率的词汇更容易习得，教材词汇重现率与汉语词汇教学效率之间存在正相关性。江新（2005）的研究侧重在词的重现率和字的重现率在双字词学习中的相互作用方面。研究发现，双字词中的词频和字频均对学习者的词汇学习产生影响，其中整词的高重现率对双字词的学习效果有积极作用，而双字词中字的重现率也影响双字词的学习。字的重现率越高，词的学习效果越好。在词频效应方面，江新的研究结果与柳燕梅一致，但在字频与词频的相互作用方面，江新却有新的发现，即双字词的学习存在字频效应，这一发现很有价值。上述两位学者比较关注的是中低重现率（0—2）在词汇学习中的作用，至于中高重现率（3—5）对词汇学习的影响并未涉及，研究范围受到局限。

除了从教材重现率方面研究词频效应外，也有一些学者从伴随性词汇学习的角度探讨词频对词汇学习的影响。钱旭菁（2003）的研究发现，在重现率为 0—2 次的情况下，学生的测试表现没有显著差异。这一结论与柳燕梅和江新的研究结果不一致。钱旭菁认为，造成这一结果的原因是词语的出现频率还不够高。我们认为，这可能还与实验方法及目标词的数量有关①。但无论如何，有一点是明确的，那就是不同的学习方法会对词频效应产生影响。因此，这个问题还需要进一步研究。

---

① 钱旭菁的研究侧重在伴随性词汇学习的词频效应问题，而柳燕梅和江新的研究是在正式的课堂教学条件下进行的，目标词汇受注意的程度存在很大差别。钱旭菁研究所选用的词汇较少，0—2 次重现率的目标词语分别是 3 个、3 个和 4 个；柳燕梅研究所选用的测试词汇在 0—2 次重现率的目标词语分别是 31 个、36 个和 43 个；江新的测试词汇是 0—2 次重现率的目标词语各 10 个。可见，柳燕梅和江新的实验材料较多，实验精度更高些。

### 三　教学中的重现策略对词汇习得的影响

有学者认为，在不同的语境中反复检索特定词汇有利于强化词汇的，心理表征（Nassaji，2003；Segalowitz，2010），不断重现已经学过的词汇对长期记忆的维持和提取都十分有利，而教学中重现和复习是强化记忆的关键因素（Roediger，2007）。在重现方式方面，Karpicke & Roediger（2007）的研究发现，无论是复习式重现、学后测试以及复习和测试交替进行等不同的教学策略均对提升长期记忆水平产生了积极影响。虽然随着实验条件的变化，不同的重现方式之间的记忆效果有所差异，但都没有改变记忆水平整体提升的趋势。

在汉语教学研究领域，关于复习式重现对词汇习得影响的实验研究比较少。柳燕梅（2003）采用增加不同课型的生词出现率和在课堂教学过程中进行短时和定时重现复习的手段，测试输入频率变化对学习者词汇习得效率的影响。结果显示，实验组的词汇测试成绩明显高于控制组（75.75%：56.42%）。该研究数据具有一定的参考价值，但是，柳燕梅的研究并未说明不同课型提高重现率与教学过程中短时复习和定期再现是如何独立影响词汇习得效果的，两者对词汇学习的影响是否存在差异。因此，并不能准确评估教学中复习策略对词汇习得影响的程度。

张金桥（2008）比较分析了词表背诵法和文本阅读法对词汇学习的影响。研究结果发现，在即时测试中，词表背诵法的成绩在理解性测试中优于文本阅读法，而文本阅读法则在产出性词汇知识的学习方面略占优势；在延时测试中，文本阅读法的测试表现无论在理解性词汇知识或产出性词汇知识方面均优于词表背诵法。张金桥的研究结果为直接学习与间接学习对词汇习得的影响提供了有价值的数据。但该研究是在一次实验条件下完成的，因此还无法证明在间隔重现条件下，两种教学法是否会产生相同的结果。

Harrington & Jiang（2013）研究了识别检索练习对澳洲大学生汉语词汇学习的影响。作者采用每周词汇重现的方式，让被试判断列表上的词汇是否属前一周学过的。实验结果显示，简单识别检索练习有助于提高学生词形识别的准确性。该研究对实验过程进行了较严格的控制，结果可信度较高。但是 Harrington & Jiang 的研究主要关注词形辨认和语音辨认，并未涉及语义层面，测试材料也为孤立的汉语词表，没有上下文语境支持，而且采用的是纯粹复习的形式，没有与新知识的学习相结合。这种学习条件通常只发生在课堂教学活动中，而在自然的二语学习过程中，纯粹的词汇操练过程一般比较少见。

上述研究结果表明，与教材中的自然重现率一样，教学中的重现策略同样对词汇习得产生影响。但是现有的研究都是从独立的角度进行的，并没有将教材的自然重现率与教学重现策略结合起来进行综合研究。因此，目前尚不能清楚解释教材重现率与教学重现策略对词汇习得的真正意义和影响力，这个问题值得深入探讨。教材重现率和教学重现策略的综合研究存在一定难度，主要原因是学习者词频没有现成的资料，必须根据学习者使用的特定阅读材料（主要是教材）来统计，需要做大量的工作（江新，2005）。此外，要根据教材重现率找到不同频次、难度控制均等的实验材料并未易事，必须通过建设教材语料库才能实现。本书将在这方面进行尝试。

# 第二节　PCTC 教材语料库影响语言
习得的实验研究

## 一　研究问题

所谓基于语料库的词汇重现是指教师利用专用教材语料库对目标词汇进行定向检索，掌握词汇在教材中的分布情况并实施教学处理，同时利用前期学过的词汇作为后期词汇重现的教学资源，以达到温故知新，强化记忆，帮助学习者掌握词汇知识的目的的一种词汇教学策略，简称"语料库驱动的词汇学习"。本书的假设是：如果教师能利用教材语料库准确掌握目标词汇在教材中的出现频率和分布状况，并在词汇教学中适时地进行重现和复习学过的词汇，将能产生较好的学习效果。本书所探讨的问题主要有两个：第一，无论传统的词汇教学和教材语料库词汇重现教学，教材重现率是否对学生的词汇习得产生影响？第二，在相同重现率的水平上两种教学策略的词汇习得效果是否存在差异？

## 二 研究对象与方法

### （一）被试

新加坡某小学五年级的 64 名年龄介于 11—12 岁的学生，他们来自两个程度相当的平行班，这些学生在实验前经过华文测试。方差齐性检验的 $F = 0.013$ 和显著性概率 $p = 0.909$。$p > 0.05$ 显示，两班总体的方差无显著性差异。两个独立样本 $t$ 检验的值为 $t = -0.025$，自由度 $df = 62$，双侧检验显著性概率 $p = 0.98 > 0.05$，因此接受两个独立样本 $t$ 检验的虚无假设，即两个样本所代表的总体的平均数相同，实验组和控制组在前一次测试中的成绩没有显著性差异。两个班被随机分成两个实验组，每组 32 名学生。一组为实验 A 组，其中男生 15 位，女生 17 位；另一组为实验 B 组，其中男生 14 位，女生 18 位。选择小学五年级学生作为实验对象，主要考虑有两点：一是经过四年的华文学习，学生已经掌握了基本的学习方法和学习策略，同时对新教学法也更容易接受；二是小学五年级教材的篇章容量和词汇量与前四年相比增加了许多，这为选择符合实验条件的测试材料提供了更便利的条件。

### （二）实验材料

利用新加坡小学华文教材语料库选取 30 个不同重现率的双音节词，其中 1 次重现、3 次重现、5 次重现的词汇各 10 个。这些词汇全部属于生词，教材语料库前溯性检索显示，被试实验前均未学过。

从教材语料库中抽取包含上述目标词汇的句子作为实验中使用的教学材料，其中 5 次重现的 60 句（10x6），3 次重现的 40 句（10x4），1 次重现的 20 句（10x2），共 120 句。最后将上述句子按不同重现率进行随机匹配后分成 6 组，每组 20 句。

### （三）实验设计

采用 2X3 混合设计，两个自变量是教学方法和教材词汇重现率，其中教学方法属被试间因素，它包括两个水平：实验组 A 利用自主开发的新加坡小学华文教材语料库进行词汇重现教学，实验组 B 则采用传统方法进行词汇教学策略；教材词汇重现率属被试内因素，包括三个水平，分别是 1 次重现（低水平），3 次重现（中水平），5 次重现（高水平）。因变量为被试的词汇测验成绩。

（四）实验程序和步骤

实验由同一位任课老师操作。参加实验的学生每周通过句子的形式学习 20 个包含不同词汇重现率的双音节词，这些词在实验的过程中会进行重现。实验组 A 和实验组 B 采用不同的教学策略。实验组 A 采用语料驱动词汇重现教学，在每次学习包含学过词汇的新句子时，都将之前学习过的包含目标词语的句子进行重现，帮助学生通过联想"温故知新"。实验组 B 采用传统的教学法，只对包含已学过目标词语的新句子进行词义、句义的解释和练习，不重现过去学过的句子，被试仅进行伴随性词汇学习。

实验在五年级上学期进行，为期 9 周，其中第 1 周为实验前阶段，2—7 周为实验教学阶段，第 8 周为间歇阶段，第 9 周为测试阶段。

采用纸笔测试方式，将 30 个备测词汇打印后发给两个组的被试，请他们写出测试词汇的英文对应词。施测前教师举例说明，确保被试正确理解测试要求。测试由同一位老师批改记分，回答正确得 1 分，回答错误或未作答记 0 分。

## 三　实验结果

表 6.1 列出本实验条件下语料驱动词汇教学与传统词汇教学在不同重现率水平下的测试成绩。方差分析结果如表 6.1 所示。

表 6.1　　　　不同组别被试在各重现率水平下的词汇测试成绩

| 组别 | 人数 | 1 次重现 | 3 次重现 | 5 次重现 |
|---|---|---|---|---|
| 实验组 A | 32 | 2.50（1.295） | 4.59（1.132） | 6.91（1.376） |
| 实验组 B | 32 | 2.03（1.062） | 3.53（1.270） | 4.25（1.218） |
| 总体 | 64 | 2.27（1.198） | 4.06（1.308） | 5.58（1.859） |

注：括号内为标准差（SD）。

教学法主效应显著，$F(1, 62) = 24.68$，$p < 0.01$。说明采用语料驱动的词汇重现方式学习的被试词汇测试成绩显著高于采用传统词汇学习方式的被试。

对表 6.1 中的重现率进行方差分析，结果显示，重现率的主效应显著，$F_{(2, 62)} = 470.13$，$p < 0.01$，说明无论采用语料驱动教学法还是传统的词汇教学法，5 次重现（$M = 5.58$）的成绩高于 3 次重现（$M = 4.06$），而 3 次重现的成绩显著高于 1 次重现（$M = 2.27$），词频效应十分明显。

教学法与重现率的交互作用显著，$F_{(2, 62)} = 54.695$，$p < 0.01$，说明教学法与重现率这两个自变量间彼此相互影响，必须进行简单效应分析。

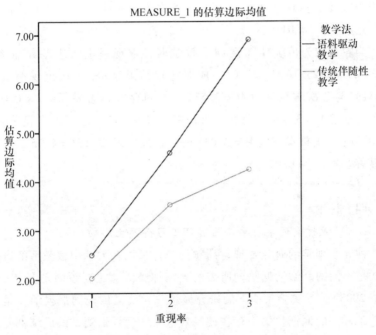

图 6.1　均值比较

单因素方差分析结果显示，在 1 次重现率水平下，语料驱动词汇教学与传统词汇教学比较测试成绩差异不显著，$F_{(1, 63)} = 2.506$，$p = .118 > 0.05$；但在 3 次重现率水平下差异显著，$F_{(1, 63)} = 12.486$，$p < 0.01$，语料驱动词汇教学的测试成绩（$M = 4.59$）优于传统词汇教学（$M = 3.53$）；在 5 次重现率水平下也有显著差异，$F$（1，

63）$=66.838$，$p < 0.01$，语料驱动教学的测试成绩（$M = 6.91$）也优于传统词汇教学（$M = 4.25$）。图 6.1 显示，两种教学法在 1 次重现时的测试均值差异较小，但随着重现率的增加，不同教学法之间的差距逐渐扩大，语料驱动教学法占明显优势。

在独立教学法条件下，不同重现率之间的测试成绩检验结果也存在差异。当教学法为语料驱动词汇教学时，重现率主效应差异显著，$F$（2，62）$= 373.98$，$p < 0.01$。成对比较结果显示，1 次重现率（$M = 2.5$）与 3 次重现率（$M = 4.594$）之间存在显著差异，$p < 0.01$；3 次重现率（$M = 4.594$）与 5 次重现率（$M = 6.906$）之间存在显著差异，$p < 0.01$；1 次重现率（$M = 2.5$）与 5 次重现率（$M = 9.906$）之间存在显著差异，$p < 0.01$。

当教学法为传统伴随性词汇教学时，重现率主效应差异显著，$F$（2，62）$= 123.16$，$p < 0.01$。成对比较结果显示，1 次重现率（$M = 2.031$）与 3 次重现率（$M = 3.531$）之间存在显著差异，$p < 0.01$；3 次重现率（$M = 3.531$）与 5 次重现率（$M = 4.25$）之间存在显著差异，$p < 0.01$；1 次重现率（$M = 2.031$）与 5 次重现率（$M = 4.25$）之间存在显著差异，$p < 0.01$。

## 四 讨论

### （一）教材重现率对第二语言词汇习得产生影响

神经心理学的研究发现，高频词与低频词在大脑中被激活的区域和模式是不同的，激活低频词所需的大脑神经活动比高频词要多（Kuo et al.，2003）。本实验条件下的研究显示，无论是传统词汇教学还是语料驱动条件下的词汇教学均存在词频效应。学生词汇测试的成绩都受到教材重现率的共同制约。在低重现率水平下（1 次重现）测试准确率较低，传统教学法的习得率仅为 20.3%，语料驱动教学也只有 25%。这个结果均低于 Kachroo（1962）等学者提出的 1 次词汇接触有 0.15 习得概率的结论。但随着重现率增加到中等水平（3 次重现），学生成绩有了明显提高，正确率分别达到 35.3% 和 45.9%，增幅分别达 10% 和 20.9%。而在高重现率水平下（5 次重现），不同教学法条件下的测试成绩依旧稳步提高，传统教学法增幅为 7.2%，达 42.5%，语料驱动教学法增幅高达 23.2%，正确率为 69.1%。可见，重现率对词汇习得效果的贡献十分明显。

本研究结论与柳燕梅（2002）、江新（2005）有关词频效应的研究结果是一致的。但是，柳燕梅、江新的研究关注于较低重现率水平（0—2）。本研究将重现率水平增加到 5 次重现，幅度较两位学者更广，获得了一些新的研究数据。此外，本研究与柳燕梅、江新研究也存在不一致性，例如重现率对词汇习得的贡献到底有多大，我们的研究与上述学者之间的结果相差很大。在 1 次重现水平下，柳燕梅研究中学生的得分为 24.1 分，习得率达 66.9%，而本研究的词汇习得率仅在 20%—25%，低了近 40%。这也许是因为试验任务不同造成的，柳燕梅采用的是用汉语拼音拼写词形的测试方式，而本研究采用的是写出英文对应词的方式。在重现率与意义识别的关系方面江新与本研究均采用翻译法，然而研究结果也不相同。根据江新的研究，1 次重现率的意义正确率高达 64%，明显高于本研究的词汇习得率。这或许与本研究采用的是延时测验的实验设计有关。

本研究在前人的研究成果上提出了 5 次重现作为研究设计的上限，但是结果并不如预期假设。传统教学法条件下的测试成绩并未超过 50%（$M=4.25$），采用语料驱动教学法，学生的成绩也不到 70%（$M=6.91$）。这一结果显然无法完全支持多数西方学者提出的 6 次词汇接触是掌握词汇知识需要的基本输入量的观点。这或许是因为不同语言在词汇习得难度上存在差异。本研究尚不能得出 5 次重现乃词汇习得所需最佳重现率的结论。我们还应该根据汉语的特点，根据不同的实验任务和测试条件，进行更加深入的探讨。

（二）基于教材语料库的重现教学优于传统的词汇教学

根据分布发展模型的假设，词频效应不仅是重现率的静态反映，而且是学习和经验的动态产物。高重现率与学习机制的合理配置不仅可以强化语言内部信息和外部表征的联结，而且可以调节这些联结的强度和权重（Seidenberg，1989）。以往研究显示，教材的重现率或教学重现方式均对学生的词汇习得产生促进作用。本研究通过混合实验设计发现，在相同的教材重现率水平下，不同教学法对词汇习得效果的影响存在显著差异。采用语料驱动的词汇重现方式比传统的词汇教学更有利于提高词汇学习成绩，其优势在中高重现率水平下表现得更加明显。

分析语料驱动词汇教学在词汇习得过程中占有优势的原因，我们认为可以从 Mandler（1980）的双进程识别理论（two - process recognition theory）中得到较合理的解释。该理论认为，熟悉和检索是人类认知的基础。当学习者尝试认知一个曾经学过的词汇时，他会对这个词汇产生似曾相识的熟悉感，如果这种熟悉感足够强烈，识别记忆便会发生作用，认知活动便能顺利进行，但是，如果熟悉程度未能达到认知所需的阈值，学习者便会开始进一步的检索工作，这一过程是在上下文语境中进行的，一旦检索成功，积极的认知反应便会产生，否则，词汇的识别便宣告失败。熟悉和检索的认知活动并非同时发生，在通常情况下，熟悉的认知过程在前，检索的行为在后。

语料库驱动的词汇教学的优点在于它不但为学习者提供了新鲜的学习材料，为学习者熟悉所学词汇提供了外在刺激，同时还为学习者利用先备知识检索词义提供了语料与语境支持。两个学习进程同时进行，既能强化检索的作用，又可增加学习者对所学词语的熟悉度。传统教学法由于缺乏对学过的词汇进行重现的过程，因此，当检索活动不成功时，学习者往往必须重新学习，这样不仅拖延了学习的进程，而且浪费了宝贵的语言资源。这便是传统词汇教学效果不及语料库驱动的词汇教学的主要原因。

（三）不同教学法在不同重现率水平下的习得效果存在差异

总体而言，语料库驱动的词汇教学效果优于传统词汇教学，这一点从教学法主效应的显著差异上得到了反映，但是实验研究也发现，两种教学法之间存在交互作用。这表明两种教学法在不同水平下的差异是不一致的。在 1 次重现水平下，语料驱动学习与传统词汇教学之间虽然也存在差异，但并不显著，语料库驱动词汇教学的优势不明显。但在 3 次和 5 次重现水平下，两种教学法所导致的习得效果的差异逐渐扩大，尤其在 5 次重现水平下，采用语料库驱动的词汇教学成绩比传统教学法高出 26.6%。这一结果验证了词频效应中存在标准阈值的假说。根据 Morton（1969）的词汇产生器模型理论，只有当刺激超过了标准阈值时，词汇识别才可能发生，而标准阈值的高低是由词频决定的。换句话说，当教材重现率较低时，Ellis 所说的类型频率效应和练习频率效应都很难发挥作用。只有当重现率达到一定水平时,教材词频和练习频率的协同效应才能得到充分发挥。本研究结果表明,1 次重现的刺激强度还不足以达到激活词汇的标准阈值,因此语料驱动教学的优势无法得到充分发挥,而随着重现率的增加,语料驱动教学的自然频率和练习频率也显著增加,习得的效果才更加明显。语料库驱动的词汇教学有增加词汇凸显性的作用,特别是在高重现率水平下,因此学习的作用才更加显著。

## 五 小结

### (一)在本实验条件下得出的结论

无论是传统的词汇教学还是语料驱动的词汇教学都依赖词汇输入频率,而教材重现率对学习者的词汇习得效果产生着直接影响。高重现率条件下的习得成功率明显高于低重现率。

在不同重现率水平下,采用语料驱动的词汇教学均比采用传统词汇教学法更有利于词汇习得,但这种优势并不均衡。在低重现率水平(1次)下,两种教学法之间的差异不大,语料驱动的词汇教学的优势不显著。但在中高重现率水平(3—5 次)下,教学法因素作用明显,采用语料驱动的词汇教学方式,将大大提高学生词汇习得的成功率。

### (二)对二语教学的启示

#### 1. 应重视教材语料库的开发和应用研究

本研究结果显示,教材重现率及教学过程中的巩固复习活动对学生最终掌握词汇知识十分重要。但要做到这一点,必须对教材词汇的重现情况有所了解,否则复习和巩固的活动便无法系统性地展开。目前,二语教学中的词汇练习和复习活动通常是随机进行的,很难做到科学性和系统性。一些教学经验丰富的教师在词汇学习之后能够有意识地进行定时、定量的复习,但是即便如此,遗漏和忽视依然在所难免。究其原因,主要是教师无法对词汇在教材中的分布状况有全面系统地把握,对学多少词汇、学什么词汇、什么时候学、何时重现等存在认知盲点,因而很难合理地安排词汇重现教学。要改变这种状况,我们认为,除了要加强教师的词汇重现意识,培养教师对词汇输入频率的敏感度外,最重要的是必须为教师提供相应的技术支持。教材语料库无疑是实现词汇系统化重现的有效工具之一。利用教材语料库可以有效监控教材词汇的重现情况，为教师进行有针对性的词汇教学、巩固复习提供依据。语料库检索软件作为高效的统计工具，也可以帮助教师快速提取教材中的词汇信息（频率、位置、分布、语境），并利用这些信息帮助学生更好地记忆和掌握词汇。本书提出基于教材语料库的词汇重现的用意正在于此。

2. 强化显性的词汇重现，保证重现质量

隐性的词汇重现（implicit vocabulary repetition）主要依靠平时的阅读活动获得。在母语教学中，隐性的词汇重现是人们获取词汇知识，积累词汇量的主要手段。二语学习由于受教学时间和语言环境的制约，学习者往往面对语言输入量不足，词汇重现率低的不利局面，因此，要达成高效的词汇学习目的，仅靠教材自然重现词汇是远远不够的，必须通过教师主动的教学策略增加练习频率以弥补教材重现率低的缺陷。柳燕梅（2002）主张通过课程手段和教学策略提高词汇的重现率。她认为，首先要通过多课型、多教材重现学过的词汇，其次利用生词预习、复习、练习的办法增加重现率。江新（1998）指出，要熟练掌握词语，还必须进行多次重复接触，但这种重复不是简单机械的，她主张词汇教学要围绕主题或中心进行，以此提高词汇的重现率。我们认为，除了上述建议外，还可以利用教材语料库开展语料驱动的词汇教学，教师可根据教学词语在教材中的重现率和分布情况，通过教材自然重现和有目的的复习手段进行词汇重现，帮助学生有效地掌握学过的词汇知识。利用教材语料库辅助词汇学习至少有两个优点：一是可以让教师整体掌握词汇在本教材中的重现情况，为系统性的教学重现提供依据；二是教材语料库可以为练习活动提供大量的词汇样例。如果所教词汇在教材中有足够的实例可供复习使用，教师就可直接采用；反之，如果所教词汇在教材中的重现率很低，教师则需要扩大检索范围，从语料库的其他同类教材中检索、收集练习所需的例子，以保证词汇练习能顺利进行。

# 第七章　总结

## 第一节　主要研究成果

### 一　修订了教材语料库的概念

根据教材语料的来源、建库目的、抽样的方式、标注特点，我们将教学语料库（pedagogic corpus）分为教材语料库、教学语料库和教材信息库三个子类，并对其基本用途和特点进行了明确界定。教材信息库以收集教材信息来源为主，教学语料库以广泛收集教学素材为主，教材语料库以收集教材内容为主。上述三类语料库也可统称为"教学语料库"。教材语料库对语言习得研究、教材研究以及辅助教学研究都是非常重要的，是教学语料库中应用范围最广的一类语料库。

### 二　建构了新加坡小学华文教材语料库

运用教材语料库的相关理论和方法建构了新加坡小学华文教材语料库，这是本研究的最大成果。该语料库具有不同于以往任何教材语料库的独特之处，主要表现在：首先，它具有强大的检索功能，可以进行包括语音（声母、韵母、声调、音节）、汉字（整字、部件）、词汇（单音节词、多音节词、词类）以及语法（构词、搭配）等语言内容的检索。其中的音素查询、部件查询和构词查询功能是本语料库独创的。其次，可以对教材语言信息进行统计和比较。本语料库除了可以统计单字和词汇外，还可以进行词类（包括兼类）统计，声母、韵母、声调和音节的统计。除此之外，本语料库还储存了包括中国 HSK 等级字表、词表、本地以往小学华文教材字表、词表等，可以进行对比分析，为新加坡小学华文教学提供准确、翔实的教材语言信息资料。最后，操作简便。本教材语料库既可通过检索对话框检索语言信息，也可以在文本对话框中直接选点需要查询的字词检索语言信息。

教材语料库与其他语料库相比具有语料适用性强、规模适中、标注具针对性、检索灵活多样的特点，对教材研究和评估、辅助课堂教学等方面都能发挥巨大的作用。

但是，教材语料库的建构并非只是教材内容的简单堆积，应该根据设计理念和教学研究的需要在语料规模和分类、检索功能开发等方面进行精心的设计。例如，我们可以根据教材等级分初级汉语语料库、中级汉语语料库和高级汉语语料库等，根据语言特征分口语语料库和书面语语料库，根据语料来源分中国对外汉语教材语料库、东南亚华文教材语料库、欧美国际汉语教材语料库等，根据语料规模分单套教材语料库、多套教材语料库等。

另外语料库的检索功能应该更加强大，除了汉字检索、词类检索、拼音检索外，语法特征检索（如句型、句类）、语义检索（义项）和主题检索、体裁检索等都应该纳入教材语料库标注和功能开发的范围内，使教材语料库能更好地为教学和研究服务。

### 三 语料驱动的学习模式与教材语料库的成功结合

语料驱动的学习模式在英语教学中的应用已有 20 多年的历史，但 Johns 所采用的都是通用语料库。而通用语料库的语言对高水平的二语学习者比较合适，但对语言能力较弱的学习者并不适合。通过建立的教材语料库，可以直接有效地辅助汉语学习。本研究的结果显示，教材语料库结合动漫教材可以大大强化教材功能，培养教师的语言意识，更好地帮助学生学习。前期教学实验表明，教材语料库的检索功能受到教师的普遍欢迎。

除此之外，本书还根据语料库语言学的基本原理，结合语言教学理论，创造了利用教材语料库辅助华文教学的基本模式。以语音教学和词汇教学为例，探讨了利用新加坡小学华文教材语料库辅助华文学习的基本原理和方法。虽然该模式的有效性还需要在教学实践中得到检验，但从理论上分析是可行的，符合语言学习的基本规律。本书还通过实验研究，考察了词汇重现率对学生词汇习得的影响。结果显示，基于教材语料库的词汇重现在教学干预与非教学干预条件下对教学效果的影响存在差异，证明了基于教材语料库的数据驱动学习具有无可替代的优越性。这种教学法如果能在今后的教学实践中不断总结和丰富，将可为新加坡小学华文教学探寻出一条新的教学路子。

### 四　发现了教材中一些重要的语言规律

本书利用新加坡小学华文教材语料库对教材中语音和词汇信息进行了全面细致的分析。在语音分析中，我们采用语音负担理论对教材语音系统的声母、韵母和声调系统进行了分析，发现韵母在汉语语音系统中的语音负担最重，声调的负担最轻。但是，从均值角度分析，声调的语音负担确实是最重的，这与声调的出现频率有关。这一结果说明了两点，一是声调在语言交际中所担负的信息量低于韵母和声母，但是由于它出现的频率远高于韵母和声母，因此在语音习得过程中所产生的正迁移和负迁移都较大。声调教学应该针对难音进行教学，不应该简单对所有声调平均分配教学任务，耗费宝贵的教学时间。

在教材词汇分析过程中，我们也发现了一些重要的语言现象。首先是教材词类分布呈现出偏态分布特征。从词种上看，名词、动词、形容词占84%，副词、习语、代词、数词、量词、介词、连词约占15%，助词、叹词、拟声词和语素数量很少，大约仅占1%。结合词频考察，助词、代词的频率最高，数词、量词、副词、介词、连词和语素频率也呈现出上升趋势。名词、动词、形容词、叹词、拟声词和习语的频率都呈现出下降趋势。

TTR 的统计结果显示，习语、拟声词的重现率极低，叹词、名词、形容词和动词的 TTR 平均达到 3—7 次，但内部差异显著，有些是超频词，但也有大量孤频词。量词、连词、副词、词缀、数词、介词、代词和助词 8 类词的平均 TTR 均在 0.1 以下，重现率极高，占用大量宝贵的教学资源。

兼类词在新加坡华文教材中大约占 6%—10%。大量兼类现象发生在名词、动词、形容词和副词、量词这些实词之间，虚词主要是介词参与了兼类活动，连词和助词数量很少。

这些统计结果对今后的教材编写和课堂教学都具有重要的参考价

值。从语音教学角度看，我们首先应该区分教学难点和教学重点，有些音素或音节可能较难，但是它们语音负担较轻，重要程度较低，而另一些则相反。因此，我们应该根据从语音难易度和重要程度两方面入手，对语音进行分级，根据分级结果组织教学。从词汇分布情况看，一些功能性较强的词类，如虚词和实词中的代词、数量词等，它们的出现频率过高，而名词、动词、形容词的出现频率偏低。因此在教材编写和教学过程中，应该有意识地增加名、动、形的教材重现率，在教学过程中，这三类词语的教学也应该加强，以确保词汇教学的质量。

## 第二节　研究局限和不足

第一，本研究属于理论应用研究的范畴。由于教材语料库在汉语作为第二语言教学领域的应用研究才刚刚起步，以汉语为媒介的研究成果非常有限。相关论述可能存在深度不够的缺失。

第二，样本规模较小是另一个缺憾，由于人力、物力、财力所限，本书仅就现行的小学华文教材进行语料分析、统计和标注，而未能对新加坡过去曾经使用的三套同质性的小学华文教材进行语料标注和赋码，将其纳入本教材语料库。

第三，本研究的范围受限，有些领域，如汉字、部件等重要语言信息并未在研究中涉及。

第四，在教材语料库的应用研究方面，本研究多停留在课堂教学实践的探讨上，上升到理论层面的研究还不足。虽然在第四章中对词汇重现率进行了小范围的实证研究，并对一线教师进行了针对性的问卷调查，但总体而言偏向个案分析。这些都影响了本研究的广度和深度。

## 第三节　对未来研究的建议

第一，教材语料库是一项深具开发前景的教材运用模式。要充分发挥教材语料库的作用，语料库必须达到一定的容量。本教材语料库是根据现行小学华文教材开发的，语料规模还不够大。接下来我们的工作是扩大语料库的规模。具体可分两步走：第一步将新加坡 20 世纪 80 年代新教育体制建立至今已编写的《小学华文教材》（1979）、《好儿童华文》（1994）和《小学华文》（2001）三套小学华文教材纳入本教材语料库中，使语料规模达到 50 万字左右。第二步是收集整理新加坡自治以后各出版商编写的小学华文教材，建立一套完整的新加坡小学华文语料库。届时，本语料库的规模可达到 100 万以上。这将对研究新加坡小学华文教材提供珍贵的第一手资料，也将为开展语料驱动学习提供更丰富的语料支援。

在语料加工的深度发面可以进一步加强。随着自然语言处理及相关技术的发展，汉语语料的特征量化也日益多样化，不再局限于字词层面，也在语义等层面进行了有益的尝试（Sung，Lin，Dyson，Chang & Chen，2015）。这是未来研究的趋势和方向，本书将在现有研究的基础上，继续利用新的技术和理论开展相关的研究，使现有的教材语料库更加全面、完善。

第二，深化教材语言的统计分析工作。从横向对比和纵向发展的角度对新加坡华文教材的演变，尤其是语言要素数量和质量的变化进行客观的分析和评估。目前，学界对新加坡华文教学存在不同观点，多数学者认为，自 1987 年源流合并后，新加坡整体华文教学水平出现了明显的滑坡现象，教材内容越来越简单，学生华文水平日趋低落。但是持上述观点者的理论依据多是主观印象或个案判断，缺乏有力的大数据支持。如果能整合新加坡不同时期的小学华文教材，构建标注语料库，借助语料库的强大功能对教材语言信息进行统计、分析和比较，相信我们可以从教材中发现一些可信的证据。

第三，进一步开展基于教材语料库的语料驱动学习研究，特别是开展这方面的实证研究，通过教学实践比较传统教学法与新教学法的教学效果。新加坡华文学习者来源多样，背景复杂，学习态度各异，如果能结合教学实际评估新教学法对不同性别、学习进度、语言水平、学习能力学生的影响，我们就可以客观、准确地评估利用教材语料库辅助华文教学的优势和不足。

# 参考文献

北京语言学院语言教学研究所：《汉语词汇的统计语分析》，外语教学与研究出版社 1985 年版。

北京语言学院语言教学研究所：《现代汉语频率词典》，北京语言学院出版社 1986 年版。

陈小荷：《现代汉语自动分析——Visual C ＋＋实现》，北京语言文化大学出版社 2000 年版。

冯志伟：《计算语言学基础》，商务印书馆 2001 年版。

桂诗春、杨惠中：《中国学习者英语语料库》，上海外语教育出版社 2003 年版。

何安平：《语料库在外语教育中的应用——理论与实践》，广东高等教育出版社 2004 年版。

何安平：《语料库视角下的高中英语教材与教法研究》，人民教育出版社 2009 年版。

何安平、郑旺全：《语料库视角下的高中英语教材与教学法研究》，人民教育出版社 2009 年版。

江新：《对外汉语字词与阅读学习研究》，北京语言大学出版社 2008 年版。

卡罗尔（David W. Carroll）：《语言心理学》，缪小春译，华东师范大学出版社 2006 年版。

李晓琪：《对外汉语综合课教学研究》，商务印书馆 2006 年版。

李宇明：《儿童语言的发展》，华中师范大学出版社 1995 年版。

《联合早报》用字用词调查工作委员会：《〈南洋·星洲联合早报〉用字用词调查报告书》，（新加坡）胜利出版私人有限公司 1988 年版。

《联合早报》用字用词调查工作委员会：《〈联合早报〉中小学华文课本用词调查报告》，新加坡报章服务私营有限公司 1989 年版。

梁茂成：《语料库应用教程》，外语教学与研究出版社 2010 年版。

刘开瑛：《中文文本自动分词和标注》，商务印书馆 2000 年版。

刘源等：《信息处理用现代汉语分词规范及自动分词方法》，清华大学出版社 1994 年版。

卢绍昌：《新加坡〈小学华文教材〉字词频率词典》，新加坡国立大学华语研究中心 1989 年版。

鲁川、王玉菊：《汉字信息与法学》，山东教育出版社 2008 年版。

南洋理工大学国立教育学院教学理论与实践研究中心（CRPP）：《新加坡华族儿童口语词表及简要说明》，新加坡，未正式出版。

盛玉麒：《语言文字信息处理》，山东大学出版社 2006 年版。

石锋：《实验音系学探索》，北京大学出版社 2009 年版。

苏新春：《词汇计量及实现》，商务印书馆 2010 年版。

王克非等：《双语对应语料库：研制与应用》，外语教学与研究出版社 2004 年版。

王建新：《计算机语料库的建设与运用》，清华大学出版社 2005 年版。

王钟华：《对外汉语教学初级阶段课程规范》，北京语言文化大学出版社 1999 年版。

文秋芳、王立非：《中国学生英语口笔语语料库》，外语教学与研究出版社 2008 年版。

新加坡华文教学检讨委员会编：《新加坡华文教学的检讨与建议》，新加坡教育部，1992 年。

新加坡华文教学检讨委员会编：《新加坡华文课程与教学法检讨委员会报告书》，新加坡教育部，2004 年。

新加坡华文教研中心口语语料库课题组：《新加坡小学一年级华语口语词汇表（初稿）》，新加坡华文教研中心，2012 年。

新加坡母语检讨委员会：《乐学善用——2010 母语检讨委员会报告书》，新加坡教育部，2011 年。

新加坡教育部：《小学华文课程标准 2007》，新加坡教育部，2007 年。

新加坡教育部课程发展署：《小学华文教材》，（新加坡）教育出版社

1979 年版。

新加坡教育部课程发展署：《好儿童华文》，（新加坡）教育出版私营有限公司 1994 年版。

新加坡教育部课程规划与发展署：《小学华文》，（新加坡）教育出版社 2001 年版。

新加坡教育部课程规划与发展司：《小学华文》，（新加坡）教育出版社 2007 年版。

新加坡教育部课程规划与发展司：《小学高级华文》，（新加坡）教育出版社 2007 年版。

新加坡教育部课程规划与发展司：《小学基础华文》，（新加坡）教育出版社 2009 年版。

邢红兵：《现代汉字特征分析与计算研究》，商务印书馆 2007 年版。

许嘉璐、傅永和：《中文信息处理现代汉语词汇研究》，广东教育出版社 2006 年版。

杨惠中：《语料库语言学导论》，上海外语教育出版社 2002 年版。

杨惠中、卫乃兴：《中国学习者英语口语语料库》，上海外语教育出版社 2005 年版。

俞士汶等：《现代汉语语法信息词典详解》，清华大学出版社 2003 年版。

张博：《基于中介语语料库的汉语词汇专题研究》，北京大学出版社 2008 年版。

赵金铭：《基于中介语语料库的汉语句法研究》，北京大学出版社 2008 年版。

赵金铭、孟子敏：《语音研究与对外汉语教学》，北京语言文化大学出版社 1997 年版。

赵元任：《语言问题》，台湾商务印书馆股份有限公司 1968 年版。

郑艳群：《对外汉语计算机辅助教学的理论研究》，商务印书馆 2006 年版。

中国社会科学院语言研究所词典编辑室：《现代汉语词典》，商务印书馆 2005 年版。

F. W. 克罗恩：《教学论基础》，教育科学出版社 2005 年版。

蔡北国：《中介语动作动词混用的调查与分析》，《世界汉语教学》2010

年第 4 期。

蔡淑美、施春宏：《基于汉语中介语语料库的二价名词习得研究》，《语言文字应用》2014 年第 2 期。

曹贤文：《留学生汉语中介语纵向语料库建设的若干问题》，《语言文字应用》2013 年第 2 期。

常宝宝、俞士汶：《语料库技术及其应用》，《外语研究》2009 年第 5 期。

陈锋：《建立"语言教材素材库"的设想》，《现代语文（语言研究）》2008 年第 3 期。

程春梅：《对"语料驱动学习"模式的研究》，《国外外语教学》2007 年第 3 期。

储诚志、陈小荷：《建立"汉语中介语语料库系统"的基本设想》，《世界汉语教学》1993 年第 3 期。

崔刚、盛永梅：《语料库中语料的标注》，《清华大学学报》（哲学社会科学版）2000 年第 1 期。

戴炜栋、任庆梅：《二语习得内隐/外显学习研究：问题与思考》，《中国外语教育》2008 年创刊号。

邓恩明：《编写对外汉语教材的心理学思考》，《语言文字应用》1998 年第 2 期。

丁喜霞：《基于语料库的现代汉语单双音节常用词比较研究构想》，《语言教学与研究》2014 年第 5 期。

傅永和：《汉字简化五十年回顾》，《中国语文》2005 年第 6 期。

高立群：《外国留学生规则字偏误分析——基于中介语语料库的研究》，《语言教学与研究》2001 年第 5 期。

郭曙纶：《〈雨中登泰山〉的超纲词统计与分析》，《语言文字应用》2007 年第 1 期。

国家语委语言文字应用研究所：《〈信息处理用词汇研究〉九五项目结题汇报：信息处理用现代汉语词类标记集规范》，《语言文字应用》2001 年第 3 期。

何安平：《学生英语拼写错误分析》，《外语教学与研究》2001 年第 3 期。

何安平：《语料库如何走进课堂教学——原则和方法探究》，《中国外语教育》2008 年第 4 期。

胡明扬：《现代汉语通用语料库的建库原则和设想》，《语言文字应用》1992 年第 3 期。

黄昌宁：《关于处理大规模真实文本的谈话》，《语言文字应用》1993 年第 2 期。

黄昌宁：《中文信息处理中的分词问题》，《语言文字应用》1997 年第 1 期。

黄立波、朱志瑜：《国内英汉双语平行语料库建构与研究现状及展望》，《当代外语研究》2013 年第 1 期。

黄居仁等：《信息用中文分词规范》设计理念及规范内容，《语言文字应用学刊》1997 年第 1 期。

黄伟：《字形特征对汉字文化圈中高级水平学习者书写汉字的影响——基于"HSK 动态作文语料库"的观察》，《世界汉语教学》2013 年第 1 期。

黄自然、肖奚强：《基于中介语语料库的韩国学生"把"字句习得研究》，《汉语学习》2012 年第 1 期。

季瑾：《基于语料库的商务汉语学习词典的编写设想》，《语言教学与研究》2007 年第 5 期。

江新：《词汇习得研究及其在教学上的意义》，《语言教学与研究》1998 年第 3 期。

江新：《词的复现率和字的复现率对非汉字圈学生双字词学习的影响》，《世界汉语教学》2005 年第 4 期。

江新：《外国人汉语双字词习得中的频率效应再探》，《语言科学》2006 年第 6 期。

教育部语言文字应用研究所计算语言学研究室：《信息处理用现代汉语词类标记集规范》，《语言文字应用》2001 年第 3 期。

揭春雨、刘源、梁南元：《论汉语自动分词方法》，《中文信息学报》1989 年第 1 期。

靳光瑾、郭曙纶、肖航、章云帆：《语料库加工中的规范问题——谈〈信息处理用现代汉语词类标记集规范〉》，《语言文字应用》2003 年第 4 期。

康艳红、董明：《初级对外汉语教材的词汇重现率研究》，《语言文字应用》2005 年第 4 期。

李斌：《中介语语料库建设中的语言错误标注方法》，《暨南大学华文学院学报》2007 年第 3 期。

李如龙、吴茗：《略论对外汉语词汇教学的两个原则》，《语言教学与研究》2005 年第 2 期。

李泉：《近 20 年对外汉语教材编写和研究的基本情况述评》，《语言文字应用》2002 年第 2 期。

李兆麟：《汉语计量研究初探——兼评〈现代汉语频率词典〉》，《辞书研究》1989 年第 4 期。

梁健丽、何安平：《基于语料库的〈新高中英语〉教材词汇的广度和深度研究》，《基础英语教育》2009 年第 2 期。

梁茂成：《利用 WordPilot 在外语教学中自建小型语料库》，《外语电化教学》2003 年第 6 期。

梁茂成：《语料库语言学研究的两种范式：渊源、分歧及前景》，《外语教学与研究》2012 年第 3 期。

刘连元：《现代汉语语料库研制》，《语言文字应用》1996 年第 3 期。

刘满堂：《近 40 年英语语料库及语料库语言学研究的回顾与展望》，《陕西教育学院学报》2004 年第 1 期。

刘颂浩：《现象和解释：词汇重现率及其他》，《暨南大学华文学院学报》2006 年第 1 期。

刘英林、马箭飞：《研制〈音节和汉字词汇等级划分〉探寻汉语国际教育新思维》，《世界汉语教学》2010 年第 1 期。

刘源、梁南元：《汉语处理的基础工程——现代汉语词频统计》，《中文信息学报》1986 年第 1 期。

柳燕梅：《生词重现率对欧美学生汉语词汇学习的影响》，《语言教学与研究》2002 年第 5 期。

卢伟：《语料库在对外汉语教学中的应用》，《厦门大学学报》（哲学社会科学版）1999 年第 4 期。

鲁健骥：《对外汉语语音教学几个基本问题的再认识》，《大理学院学报》2010 年第 5 期。

彭圆、季明雨：《新理念大学英语教材语料库建设研究》，《广东工业大
　学学报》（社会科学版）2010 年第 4 期。

钱旭菁：《汉语阅读中的伴随性词汇学习研究》，《北京大学学报》（哲
　学社会科学版）2003 年第 4 期。

任海波：《关于中介语语料库建设的几点思考——以"HSK 动态作文语
　料库"为例》，《语言教学与研究》2010 年第 6 期。

宋秀平、戴炜栋：《突显、输出和注意》，《外语与外语教学》2009 年
　第 10 期。

苏新春：《对外汉语词汇大纲与两种教材词汇状况的对比研究》，《语言
　文字应用》2006 年第 2 期。

苏新春：《国家语委"通用语料库·核心库"的词表提取及词汇构成分
　析》，《江苏大学学报》（社会科学版）2007 年第 1 期。

苏新春等：《教材语言的性质、特点及研究意义》，《语言文字应用》
　2007 年第 4 期。

孙松茂、邹嘉彦：《汉语自动分词研究评述》，《当代语言学》2001 年
　第 1 期。

佟秉正：《初级汉语教材的编写问题》，《世界汉语教学》1991 年第
　1 期。

王惠：《新加坡华语教材用字的频率与分布》，《汉语语言与计算学报》
　（新加坡）2006 年第 4 期。

王惠：《新加坡华文用字量与教学研究》，《语文建设通讯》2010 年第
　2 期。

王克非：《新型双语对应语料库的设计与建构》，《中国翻译》2004 年
　第 6 期。

王克非：《中国英汉平行语料库的设计与研制》，《中国外语》2012 年
　第 6 期。

王艳：《基于大规模中介语语料库的错字书写偏误类型研究》，《语文学
　刊》2010 年第 12 期。

王战旗、吴欣：《英语教材语料库与小学教材词汇分析》，《课程·教
　材·教法》2008 年第 6 期。

王治敏：《基于时间跨度的汉语教学常用词表统计研究》，《华文教学与研究》2010 年第 4 期。

王治敏、杨尔弘：《面向汉语教学的常用动词计量研究》，《语言教学与研究》2012 年第 1 期。

卫乃兴、李文中、濮建忠：《COLSEC 语料库的设计原则与标注方法》，《当代语言学》2007 年第 3 期。

魏顺平、何克抗：《小学语文教学语料库的设计与开发》，《中国电化教育》2007 年第 6 期。

吴佳凝：《基于语料库的现代汉语词语搭配研究——以现代汉语高频名词为例》，《金田》2013 年第 8 期。

吴世雄：《认知心理学的记忆原理对汉字教学的启迪》，《语言教学与研究》1998 年第 4 期。

吴英成、罗庆铭：《〈语言教学与研究〉30 年回顾与展望：汉语国际传播视角》，《语言教学与研究》2009 年第 5 期。

武光军、王克非：《基于英语类比语料库的翻译文本中的搭配特征研究》，《中国外语》2011 年第 5 期。

萧炳基：《词频效应之研究》，《香港中文大学教育学报》1990 年第 1 期。

肖忠华、郁伟伟：《〈语料库语言学：方法、理论与实践〉述评》，《外语教学与研究》2012 年第 6 期。

谢家成：《论个人教学语料库的构建》，《外语电化教学》2003 年第 3 期。

谢家成：《个人英语教学语料库的运用》，《外语电化教学》2004 年第 2 期。

谢谜：《频率作用对英语语音纠错的影响》，《外语研究》2009 年第 1 期。

邢红兵：《词语搭配知识与二语词汇习得研究》，《语言文字应用》2013 年第 4 期。

许家金：《语料库语言学的理论解析》，《外语教学》2003 年第 6 期。

杨华：《多音误读与语用频率的关系》，《语言文字应用》2003 年第 1 期。

杨惠中、黄人杰：《JDEST 科技英语计算机语料库》，《外语教学与研究》1982 年第 4 期。

杨阳蕊、周一心、于洪志：《藏语音素音位系统的功能负担计算》，《兰州学刊》2010 年第 10 期。

叶军：《〈对外汉语教学语音大纲〉初探》，《云南师范大学学报》2003 年第 4 期。

俞士汶等：《北京大学现代汉语语料库基本加工规范》，《中文信息学报》2002（a）年第 5 期。

俞士汶等：《北京大学现代汉语语料库基本加工规范（续)》，《中文信息学报》2002（b）年第 6 期。

俞士汶、柏晓静：《计算语言学与外语教学》，《外语电化教学》2006 年第 5 期。

张宝林、崔希亮：《"全球汉语中介语语料库建设和研究"的设计理念》，《语言教学与研究》2013 年第 5 期。

张金桥：《汉语词汇直接学习与间接学习效果比较——以词表背诵法和文本阅读法为例》，《汉语学习》2008 年第 3 期。

张瑞朋：《留学生汉语中介语语料库建设若干问题探讨——以中山大学汉字偏误中介语料库为例》，《语言文字应用》2012 年第 2 期。

张瑞朋：《三个汉语中介语语料库若干问题的比较研究》，《语言文字应用》2013 年第 3 期。

赵金铭：《跨越与会通——论对外汉语教材研究与开发》，《语言文字应用》2004 年第 2 期。

赵金铭：《〈汉语拼音方案〉：国际汉语教学的基石》，《语言文字应用》2009 年第 4 期。

赵金铭：《音节与汉字、词汇的配置和选择及对教学的启示》，《汉语应用语言学研究》2014 年第 3 辑。

甄凤超：《语料库数据驱动的外语学习：思想、方法和技术》，《外语界》，2005 年第 4 期。

郑艳群：《中介语中程度副词的使用情况分析》，《汉语学习》2006 年第 6 期。

仲清：《关于对外汉语词汇教学的几点思考》，《合肥学院学报》（社会科学版）2009 年第 3 期。

周明、黄昌宁：《面向语料库标注的汉语依存体系的探讨》，《中文信息
学报》1994 年第 3 期。

周文化、肖奚强：《基于语料库的外国学生"被"字句习得研究》，《暨
南大学华文学院学报》2009 年第 2 期。

周小兵、干红梅：《商务汉语教材选词考察与商务词汇大纲编写》，《世
界汉语教学》2008 年第 1 期。

朱志平、江丽莉、马思宇：《1998—2008 十年对外汉语教材述评》，《北
京师范大学学报》（社会科学版）2008 年第 5 期。

郭慧志等：《〈人民日报〉标注语料的初步统计分析》，《全国第八届计
算语言学联合学术会议论文集》，清华大学出版社 2005 年版。

孔江平：《音位负担计量研究——以藏缅语为例》，石锋、彭刚主编：
《大江东去：王士元教授八十岁贺寿文集》，香港城市大学出版社
2013 年版。

黎天睦：《北京语言学院汉语教材简评》，《现代外语教学法理论与实
践》，北京语言学院出版社 1987 年版。

陆庆和、陶家骏：《小型外国学生口语中介语语料库的建立与价值》，
肖奚强主编：《首届汉语中介语语料库建设与应用国际学术讨论会论
文选集》，世界图书出版公司 2011 年版。

徐曼菲：《小型语料库与视听说教学》，何安平主编：《语料库应用于外语
教育教学的理论与实践》，广东高等教育出版社 2004 年版。

郑定欧：《东南亚华文教材集成机制纲要》，《第二届东南亚华文教学研
讨会论文集》，（吉隆坡）董教总教育中心（非营利）有限公司 1999
年版。

周清海、梁荣基：《字词频率与语文学习成效的相关研究》，《第四届国
际汉语教学讨论会论文集》，北京语言学院出版社 1995 年版。

周小兵、杨铮琳：《国际汉语教材库建设内容及其启示》，《第十届汉语
教学研讨会论文选》，北方联合出版传媒（集团）股份有限公司 2012
年版。

邹嘉彦等：《汉语共时语料库与信息开发》，徐波等主编：《中文信息处
理若干重要问题》，科学出版社 2003 年版。

邹嘉彦、邝蔼儿、路斌、蔡永富：《汉语共时语料库与追踪语料库：语料库语言学的新方向》，《中文信息学报：庆祝中国中文信息学会成立三十周年纪念论文集》2011 年第 6 辑。

方华萍：《基于音位负担计算的汉语方言音系演化研究——以北京话和温州话为例》，西北民族大学 2013 年硕士学位论文。

何涛：《对外汉语阅读教材研究——中级汉语阅读教材生词量统计分析》，北京语言大学 2002 年硕士学位论文。

刘丽媛：《基于韩国留学生汉语中介语语料库的汉字偏误研究及应用》，鲁东大学 2013 年硕士学位论文。

马田甜：《对外汉语教材词汇处理问题研究——以〈新实用汉语课本〉为例》，四川师范大学 2012 年硕士学位论文。

牛书田：《对外汉语教材中的词汇处理分析研究》，山东大学 2008 年硕士学位论文。

孙静：《语料库索引运用于高中英语词汇教学的实验研究》，上海交通大学 2007 年硕士学位论文。

徐婷：《行业词语通用化研究——基于〈现代汉语通用语料库〉的现代汉语通用词汇研究之一》，厦门大学 2006 年硕士学位论文。

邹小宇：《基于北京大学汉语语料库的名词转类形容词研究》，北京交通大学 2012 年硕士学位论文。

吴英成、罗庆铭、李兴汉：《语言教学与资讯科技的整合：双语版小学华文数位教材制作》，2008 年华语文教材编写国际研讨会，（台湾）高雄师范大学 5 月 31 日至 6 月 1 日。

刘茜：《"汉语风"吹热世界》，《光明日报》10 月 13 日。

王怀成：《中外合作编写对外汉语教材》，《光明日报》10 月 15 日。

北京大学《人民日报》标注语料库：http：//www. icl. pku. edu. cn。

北京语言大学的汉语语料库（BCC）：http：//bcc. blcu. edu. cn/。

北京语言大学 HSK 动态作文语料库：http：//202. 112. 195. 192：8060/hsk/login. asp。

国家对外汉语教学领导小组办公室与北京语言文化大学图书馆联合研制的对外汉语教材检索数据库：http：//lib. blcu. edu. cn/xxb/hyjc/index. htm。

暨南大学东南亚小学华文教材语料库：http：//www. globalhuayu. com/corpus_ jc. aspx。

暨南大学留学生书面语语料库：http：//www. globalhuayu. com/corpus3/Search. aspx。

李显龙副总理政策声明（1999）：http：//www. moe. gov. sg/media/spee-ches/1999/。

清华大学的汉语均衡语料库（TH－ACorpus）：http：//www. lits. tsing-hua. edu. cn/ainlp/source. htm。

山西大学的语料库：http：//www. sxu. edu. cn/homepage/cslab/sxuc1. htm。

台湾中研院的现代汉语平衡语料库：http：//app. sinica. edu. tw/kiwi/mkiwi/。

"我的华文动漫书"发布会报道（2007）：http：//www. wawayaya. net/newlist/TextDetail. aspx？id＝3005。

香港城市大学的 LIVAC 共时语料库：http：//www. rcl. cityu. edu. hk/li-vac/。

香港教育学院 LIVAC 共时语料库：http：//www. livac. org/search. php。

杨德炎（2005）：《新形势下的世界汉语教材建设——在世界汉语大会上的讲话》，http：//lib. blcu. edu. cn/xxb/hyjc/xsdt/20060004. htm。

英语教材语料库（TeMa Corpus）：http：//www. uclouvain. be/en－cecl－tema. html。

中国国家标准 GB/T13715 "信息处理用现代汉语分词规范"：http：//www. china－language. gov. cn/。

中国国家语委现代汉语语料库：http：//www. cncorpus. org/index. aspx。

中国国务院公布的《通用规范汉字表》：http：//www. beijing－lan-guage. gov. cn/zhengcefg/guifanbz/2014－02－28/709. html。

中国科学院计算所双语语料库：http：//mtgroup. ict. ac. cn/corpus/query_process. php。

中山大学汉字偏误标注语料库：http：//cilc. sysu. edu. cn/。

Aijmer, K., & Altenberg, B. (1991). *English Corpus Linguistics*. Lon-don: Longman.

Aijmer, K. (Ed.) (2009). *Corpora and Language Teaching*. Amsterdam/ New York: John Benjamins.

Aston, G. (1995). Corpora in Language Pedagogy: Matching Theory and Practice. In G. Cook and B. Seidlhofer (Eds.). *Principle and Practice in Applied Linguistics: Studies in Honour of H. G. Widdowson* (pp. 257 – 270). Oxford: Oxford University Press.

Aston, G. (1997). Enriching the Learning Environment: Corpora in ELT. In A. Wichmann, S. Fligelstone, T. McEnery, & G. Knowles (Eds.). *Teaching and Language Corpora* (pp. 51 – 64). New York: Addison Wesley Longman.

Aston, G., Bernardini, S., & Stewart, D. (Eds.) (2004). *Corpora and Language Learners*. Amsterdam: JohnBenjamins.

Baker, M. J. (1995). *Companion Encyclopaedia of Marketing*. London: Routledge.

Bernardini, S. (2002). Exploring New Directions for Discovery Learning. In B. Kettemann, & G. Marko (Eds.). *Teaching and Learning by Doing Corpus Analysis* (pp. 165 – 182). Amsterdam: Rodopi.

Biber, D., Conrad, S., & Reppen, R. (1998). *Corpus Linguistic: Lnvestigating Language Structure and Use*. Cambridge: Cambridge University Press.

Bondi, M. (2001). Small Corpora and Language Variation: Reflexivity across Genres. In G. Mohsen, A. Henry, R. L. Roseberry (Eds.). *Small Corpus Studies and ELT: Theory and Practice* (pp. 135 – 174). Amsterdam: John Benjamins.

Bowker, L. & Pearson, J. (2002). *Working with Specialized Language: A Practical Guide to Using Copora*. London: Routledge.

Broadhead, A. (2003). *Advance Your English Coursebook*. Cambridge: Cambridge University Press.

Carroll, J. B. (1993). Human Cognitive Abilities. Cambridge: Cambridge University Press.

Carroll, J. B. (1994). Cognitive Abilities: Constructing a Theory from Data. In  D. K. Detterman  ( Ed. ).  Current  Topics  in  Human  Intelligence. Vol. 4. Theories of Intelligence ( pp. 43 – 63 ). New Jersey: Ablex.

Chambers, A. ( 2007 ). Popularising Corpus Consultation by Language Learners and Teachers. In E. Hidalgo, L. Quereda & J. Santana ( Eds. ). *Corpora in the Foreign Language Classroom* ( pp. 3 – 16 ). Amsterdam: Rodopi.

Chapman, S. & P. Routledge ( 2005 ). *Key Thinkers in Linguistics and the Philosophy of Language.* Edinburgh: Edinburgh University Press.

Chujo, K. ( 2004 ). Measuring Vocabulary Levels of English Textbooks and Tests. Using a BNC Lemmatised High Frequency Word List. In J. Nakamura, N. Inoue, & T. Tabata ( Eds. ). *English Corpora under Japanese Eyes* ( pp. 231 – 249 ). Amsterdam/ New York: Rodopi.

Crothers, E. , & Suppes, P. ( 1967 ). *Experiments in Second-Language Learning.* New York: Academic Press.

Fillmore, C. ( 1992 ). "Corpus-Linguistics" vs. "Computer-Aided Armchair Linguistics". In J. Svartvik ( Ed. ). *Directions in Corpus Linguistics* ( pp. 35 – 60 ). Berlin: de Gruyter Mouton.

Firth, J. ( 1957 ). Modes of Meaning. Ln J. Firth ( Ed. ). *Papers in Linguistics* 1934 – 51 ( pp. 190 – 215 ). Oxford: Oxford University Press.

Forster, K. I. ( 1976 ). Accessing the Mental Lexicon. In R. J. Wales & E. Walker ( Eds. ), *New Approaches to Language Mechanisms: A Collection of Psycholinguistic Studies* ( pp. 257 – 287 ). Amsterdam: North-Holland.

Frankenberg-Garcia, A. , Flowerdew, L. , & Aston, G. ( Eds ) ( 2011 ). *New Trends in Corpora and Language Learning.* London: Continuum.

Gast, V. ( 2006 ). *The Scope and Limits of Corpus Linguistics.* Tübingen: Knigshausen & Neumann.

Gouverneur, C. ( 2008 ). The Praseological Patterns of High-frequency verbs in Advanced English for General Purposes: A Corpus-driven Approach to EFL Textbook Analysis. In F. Meunier, & C. Gouverneur ( Eds. ), *Phraseology Inforeign Language Learning and Teaching* ( pp. 223 – 243 ). Amsterdam: John Benjamins.

Granger, S. & Tribble, C. (1998). Learner Corpus Data in the Foreign Language Classroom: Form-focused Instruction and Data-driven Learning. In S. Granger (Ed.). *Learner English on Computer* (pp. 199 – 209). London: Longman.

Granger, S. (2004). Computer Learner Corpus Research: Current Status and Future Prospects. In Connor, U. & Upton, T A. (Eds.). *Applied Corpuslinguistics: A Multidimensional Perspective* (pp. 123 – 145). Amsterdam: Rodopi.

Haan, P. de (1984). Problem-oriented Tagging of English Corpus Data. In J. Aarts & W. Meijs (Eds.). *Corpus Linguistics* (pp. 123 – 139). Amsterdam: Rodopi.

Halliday, M. A. K. (1991). Corpus Studies and Probabilistic Grammar. In K. Aijmer, & B. Altenberg (Eds.). *English Corpus Linguistics* (pp. 30 – 43). London: Longman.

Halliday, M. A. K. (1992). Language as System and Language as Instance: The Corpus as a Theoretical Construct. In J. Svartvik (Ed.). *Directions in Corpus Linguistics* (pp. 61 – 77). Berlin: de Gruyter Mouton.

Hockett, C. F. (1955). *A Manual of Phonology*, Baltimore: Waverly Press.

Hunston, S. (2002). *Corpora in Applied Linguistics*. Cambridge: Cambridge University Press.

Johns, T. (1991a). Should You be Persuaded: Two Examples of Data-driven Learning, in T. Johns and P. King (Eds.). ELR Journal 4: *Classroom Concordancing* (pp. 1 – 16). Birmingham: CELS, The University of Birmingham.

Johns, T. (1991b). From Printout to Handout: Grammar and Vocabulary Teaching in the Context of Data-driven Learning. In T. Johns and P. King (Eds.), ELR Journal 4: *Classroom Concordancing* (pp. 27 – 46). Birmingham: CELS, The University of Birmingham.

Johns, T. (2002). Data-driven Learning: The Perpetual Challenge. In B. Kettemann, & G. Marko (Eds.). *Teaching and Learning by Doing Corpus*

Analysis ( pp. 193 – 202 ). Amsterdam / New York: Rodopi.

Joybrato, M. ( 2004 ). Bridging the Gap between Applied Corpus Linguistics and the Reality of English Language Teaching in Germany. In U. Connor, & T. A. Upton ( Eds. ). *Applied Corpus Linguistics: A Multidimensional Perspective* ( pp. 239 – 250 ). Amsterdam/New York: Rodopi.

Kauschke, C. , & Klann-Delius, G. ( 2007 ). Characteristics of Maternal Input in Relation to Vocabulary Development in Children Learning German. In I. Guelzow, N. Gagarina ( Eds. ). *Frequency Effects in Language Acquisition* ( pp. 181 – 204 ), Berlin: de Gruyter Mouton.

Kennedy, G. ( 1998 ). An Introduction to Corpus Linguistics. London: Longman.

Kirsner, K. ( 1994 ). Implicit Processes in Second Language Learning. In N. Ellis ( Ed. ). *Implicit and Explicit Learning of Languages* ( pp. 283 – 312 ). San Diego, CA: Academic Press.

Krashen, S. D. ( 1981 ). *Second Language Acquisition and Second Language Learning.* Oxford: Pergamon.

Leech, G. ( 1991 ). The State of the Art in Corpus Linguistics. In K. Ajimer & B. Altenberg ( Eds. ). *English Corpus Linguistics* ( pp. 8 – 29 ). London: Longman.

Leech, G. ( 1997 ). Teaching and Language Corpora: A Convergence. In A. Wichmann, S. Fligelstone, T. McEnery, & G. Knowles ( Eds. ). *Teaching and Language Corpora* ( pp. 1 – 23 ). London: Addison Wesley-Longman.

Lüdeling, A. , & Kytö, M. ( Eds. ). ( 2009 ). *Corpus Linguistics: An International Handbook* ( Vol. 1/2 ). Berlin/New York: de Gruyter Mouton.

MaCarthy, M. , MaCarten, J. , & Sandiford, H. ( 2005 ). *Touchstone Student's Book* 1. Cambridge: Cambridge University Press.

McEnery, T. , & A. Hardie ( 2012 ). *Corpus Linguistics: Method, Theory and Practice.* Cambridge: Cambridge University Press.

McEnery, T. , & Wilson, A. ( 1996 ). *Corpus Linguistics.* Edinburgh: Edinburgh University Press.

McEnery, T. , Xiao, R. , & Tono, Yukio (2006). *Corpus-based Language Studies: An Advanced Resource Book*. London: Routledge.

Meara, P. (1997). Towards a New Approach to Modelling Vocabulary Acquisition. In N. Schmitt & M. McCarthy (Eds. ). *Vocabulary: Description, Acquisition and Pedagogy* (pp. 109 – 121). Cambridge: Cambridge University Press.

Meunier, F. , & Gouverneur, C. (2009). New Types of Corpora for New Educational Challenges. Collecting, Annotating and Exploiting a Corpus of Textbook Material. In K. Aijmer (Ed. ). *Corpora and Language Teaching* (pp. 179 – 201). Amsterdam: John Benjamins.

Meunier, F. & Gouverneur, C. (2007). The Treatment of Phraseology in ELT Textbooks. In E. Hidalgo, L. Querada & J. Santana (Eds. ). *Corpora in the Foreign Language Classroom* (pp. 119 – 139).

Meyer, H. (1990). *Unterrichtsmethoden II. Praxisband*. Frankfurt: Scriptor.

Meyerstein, R. S. (1970). *Functional Load: Descriptive Limitations, Alternatives of Assessment and Extensions of Application*. The Hague: Mouton.

Mukherjee, J. (2004). Bridging the Gap between Applied Corpus Linguisticsand the Reality of English Language Teaching in Germany. In: U. Connor/T. Upton (eds. ). *Applied Corpus Linguistics: A Multidimensional Perspective* (pp. 239 – 250). Amsterdam: Rodopi.

Nation, I. S. P. (1990). *Teaching and Learning Vocabulary*. Boston: Newbury.

Nelson, G. (1996). The Design of the Corpus. In S. Greenbaum (ed. ). *Comparing English Worldwide: The International Corpus of English* (pp. 27 – 35). Oxford: Clarendon Press.

O' Keeffe, A. , McCarthy, M. , & Carter, R. (Eds. ) (2007). *From Corpus to Classroom. Language Use and Language Teaching*. Cambridge: Cambridge University Press.

O' Keeffe, A. , & McCarthy, M. J. (Eds. ) (2010). *The Routledge Handbook of Corpus Linguistics*. London: Routledge.

Pye, C. , Ingram, D. , & List, H. (1987). A Comparison of Initial Consonant Acquisition in English and Quiché. In K. Nelson, & A. V. Kleeck ( Eds. ). *Children's Language* ( Vol. 6) ( pp. 175 – 190) . Hillsdale, NJ: Erlbaum.

Roediger, H. L. ( 2000) . Why Retrieval is the Key Process to Understanding Human Memory. In E. Tulving ( Ed. ). *Memory, Consciousness, and the Brain: The Tallinn Conference* ( pp. 52 – 75) . Philadelphia, PA: Psychology Press.

Römer, U. ( 2004) . Comparing Real and Ideal Language Learner Input: The Use of an EFL Textbook Corpus in Corpus Linguistics and Language Teaching. In G. Aston, S. Bernardini, & D. Stewart ( Eds. ). *Corpora and Language Learners* ( pp. 151 – 168) . Amsterdam: John Benjamins.

Römer, U. ( 2006) . Looking at Looking: Functions and Context of Progressive in Spoken English and "School" English. In A. Renouf, & A. Kehoe ( Eds. ). *The Changing Face of Corpus Linguistics. Paper from the 24$^{th}$ International of Conference on English Language Research on Computerized Corpora ( ICAME 24)* ( pp. 231 – 242) . Amsterdam: Rodopi.

Römer, Ute. ( 2008) . Corpora and Language Teaching. In A. Lüdeling, & M. Kytö ( Eds. ), *Corpus Linguistics. An International Handbook* ( Vol. 1) ( pp. 112 – 130) . Berlin: de Gruyter Mouton.

Römer, U. ( 2009) . Corpus Research and Practice: What Help do Teachers Need and What Can We Offer? In K. Aijmer ( Ed. ). *Corpora and Language Teaching* ( pp. 83 – 98) . Amsterdam: John Benjamins.

Römer, U. ( 2010) . Using General and Specialized Corpora in English Language Teaching: Past, Present and Future. In M. C. Campoy, B. Belles-Fortuno & M. L. Gea-Valor ( Eds. ), *Corpus-based Approaches to English Language Teaching* ( pp. 18 – 38) . London: Continuum.

Rumelhart, D. E. , Hinton G. E. , & McClelland, J. L. ( 1986) . A General Framework for Parallel Distributed Processing. In D. E. Rumelhart, J. L. McClelland, & the PDP Research Group, *Parallel Distributed Processing: Explorations in the Microstructure of Cognition.* Volume 1 ( pp. 151 – 193) . Cambridge, MA: MIT Press.

Scott, M. (1996). *Word Smith Tools*. Oxford: Oxford University Press.

Segalowitz, N. (2010). *Cognitive Bases of Second Language Fluency*. New York: Routledge.

Seidenberg, M. S. (1989). Word Recognition and Naming: A Computational Model and Its Implications. In W. D. Marslen-Wilson (Ed.). *Lexical Representation and Process* (pp. 25 – 74). Cambridge, MA: MIT Press.

Sinclair, J. (1987). Introduction. In *The Collins Cobuild English Language Dictionary* (pp. 15 – 21). London: Collins.

Sinclair, J. (1991). *Corpus, Concordance, Collocation*. Oxford: Oxford University Press.

Sinclair, J. (2004a). Intuition and Annotation: The Discussion Continues. In K. Aijmer & B. Altenberg (eds.). *Advances in Corpora Linguistics* (pp. 39 – 59). Amsterdam: Rodpi.

Sinclair, J. (2004b). *Trust the Text*. London: Routledge.

Sinclair, J. (2005). Corpus and Text: Basic Principles. In M. Wynne (Ed.). *Developing Linguistic Corpora* (pp. 1 – 16). Oxford: Oxbow Books.

Skehan, P. (1998). *The Cognitive Approach to Language Learning*. Oxford: Oxfort University Press.

Spencer, H. (1861). *Education: Intellectual, Moral and Physical*. London.

Svartvik, J. (Ed.) (1992). *Directions in Corpus Linguistics*. Berlin: de Gruyter Mouton.

Tognini-Bonelli, E. (2001). *Corpus Linguistics at Work*. Amsterdam: Benjamins.

Tono, Y. (2011). TaLC in action: Recent Innovations in Corpus-based English Language Teaching in Japan. In A. Frankenberg-Garcia, L. Flowerdew, & G. Aston (Eds.). *New Trends in Corpora and Language Learning* (pp. 3 – 25). London: Continuum.

Tribble, C. (1997). Improvising Corpora for ELT: Quick-and-dirty Ways of Developing Corpora for Language Teaching. In J. Melia, & B. Lewandowska-Tomaszczyk (Eds.). *PALC 97: Practical Applications in Language Corpora*

( pp. 106 – 117 ). Lodz: Lodz University Press.

Tribble, C. and Jones, G. ( 1990 ). *Concordances in the Classroom: A Resource Book for Teacher.* London: Longman.

White, J. ( 1998 ). Getting the Learners' Attention: A Typographical Input Enhancement Study. In C. Doughty & J. Williams ( Eds. ). *Focus on Form in Classroom Second Language Acquisition* ( pp. 85 – 113 ). Cambridge: Cambridge University Press.

Wichmann, A. , Fligestone, S. , McEnery, T. , & Knowles, G. ( Eds. ) ( 1997 ). *Teaching and language corpora.* New York: Longman.

Willis, D. , & Willis, J. ( 1989 ). *Collins COBUILD English Course.* London: Harper Collins.

Willis, J. ( 1996 ). *A Framework for Task-based Learning.* Harlow, England: Longman.

Xiao, R. , Rayson, P. , & McEnery, T. ( 2009 ). *A Frequency Dictionary of Mandarin Chinese: Core Vocabulary for Learners.* London: Routledge.

Atkins, S. , Clear, J. & N. Osler. ( 1992 ). Corpus Design Criteria. *Literary and Linguistic Computing*, 7. 1, 1 – 16.

Baker, M. ( 1995 ). Corpora in Translation Studies: An overview and Some Suggestions for Future Research. *Target*, 7. 2, 223 – 243.

Balota, D. A. , & Chumbley, J. I. ( 1984 ). Are Lexical Decisions a Good Measure of Lexical Access? The Role of Word Frequency in the Neglected Decision stage.

*Journal of Experimental Psychology: Human Perception & Performance*, 10, 340 – 357.

Biber, D. , S. Conrad, Reppen R. , Byrd, P. & Helt, M. ( 2002 ). Speaking and Writing in The university: A Multidimensional Comparison. *TESOL Quarterly*, 36. 1, 9 – 48.

Braun, S. ( 2005 ). From Pedagogically Relevant Corpora to Authentic Language Learning Contents. *ReCALL*, 17. 1, 47 – 64.

Braun, S. ( 2007 ). Integrating Corpus Work into Secondary Education: From Data-driven Learning to Needs-driven Corpora. *ReCALL*, 19, 307 – 328.

Brezina, V. & Gablasova, D. (2015). Is There a Core General Vocabulary? Introducing the New General Service List. *Applied Linguistics*, 36 (1), 1 - 22.

Coniam, D. (2004). A Lexical View of the Language Needed by Primary Students in Hong Kong: An Examination of Word Frequency in English Language Primary Material. *CUHK Journal of Primary Education*, 5, 75 - 84.

Davis, E. A. & Krajcik, J. S. (2005). Designing Educative Curriculum Materials to Promote Teacher Learning. *Educational Researcher*, *34* *(3)*, 3 - 14.

Ellis, N. C. (2002). Frequency Effects in Language Acquisition: A Review with Implication for Theories of Implicit and Explicit Language Acquisition. *Studies in Second Language Acquisition*, 24, 143 - 88.

Ellis, N. C. (2005). At the Interface: Dynamic Interactions of Explicit and Implicit Language Knowledge. *Studies in Second Language Acquisition* (special issues), 27, 305 - 353.

Ellis, R. (1993). The Structural Syllabus and Second Language Acquisition. *TESOL Quarterly*, 27.1, 91 - 112.

Feng, Zhiwei (2002). Evolution and Present Situation of Corpus Research in China. *Journal of Chinese Language and Computing*, 12.1, 43 - 62.

Forster, K. I., & Chambers, S. M. (1973). Lexical Access and Naming time. *Journal of Verbal Learning & Verbal Behavior*, 12, 627 - 635.

Greenberg, H. H. (1959). A Method of Measuring Functional Yield as Applied to Tone in African Languages. *Georgetown University Monograph Series on Language and Linguistics*, 12, 7 - 16.

Gries, S. T. (2010). Corpus-linguistics and Theoretical Linguistics: A Love-hate Relationship? Not Necessarily. *International Journal of Corpus Linguistics* 15.3, 327 - 343.

Guerrettaz, A. M. & Johnston, B. (2013). Materials in the classroom Ecology. *The Modern Language Journal*, 97, 779 - 796.

Harrington, M. & Jiang, W. (2013). Focus on the Forms: From Recognition Practice in Chinese Vocabulary Learning. *Australian Review of Applied Linguistics*, 36. 2, 132 – 145.

Herman, P. A., Anderson, R. C., Pearson, P. D., & Nagy, W. E. (1987). Incidental Acquistition of Word Meaning from Expositions with Varied Text Features. *Reading Research Quarterly*, 22, 263 – 284.

Horst, M., Cobb, T., & Meara, P. (1998). Beyond a Clockwork Orange: Acquiring Second Language Vocabulary through Reading. *Reading in a Foreign Language*, 11, 207 – 223.

Jenkins, J. R., & Dixon, R. (1983). Vocabulary Learning. *Contemporary Educational Psychology*, 8, 237 – 260.

Johns, T. (1986). Micro-concord: A Language-l'earner's Research tool. *System*, 14. 2, 151 – 161.

Kachroo, J. N. (1962). Report on An Investigation into the Teaching of Vocabulary in the First Year of English. *Bulletin of the Central Institute of English*, 2, 67 – 72.

Karpicke, J. D. & Roediger III, H. L. (2007). Repeated Retrieval during Learning is Khe key to Long-term Retention. *Journal of Memory Language*, 57. 2, 151 – 162.

Kuo, W. -J., Yeh, T. -C., Lee, C. -Y., Wu, Y. -T., Chou, C. -C., Ho, L. -T., Hung, D. L., Tzeng, O. J. -L., & Hsieh, J. -C. (2003). Frequency Effects of Chinese Character Processing in the Brain: An Event-related FMRI Study. *Neuroimage*, 18, 720 – 730.

Leech, G. & Johansson, S. (2009). The Coming of ICAME. *ICAME Journal*, 33, 5 – 20.

Li, C. N. & Thompson, S. A. (1977). The Acquisition of Tone in Mandarin-speaking Children. *Journal of Child Language*, 4, 185 – 199.

Laviosa, S. (2000). TEC: A Resource for Studying What is "in" and "of" translational English. *Across Languages and Cultures*, 1. 2, 159 – 177.

Mandler, G. (1980). Recognizing: The Judgment of Previous Occurrence. *Psychological Review*, 87, 252 – 271.

Miller, G. A. (1956). The Magical Number Seven, Plus or Minus Two:

Some Limits on Our Capacity for Processing Information. *Psychological Review*, 63.2, 81 – 97.

Morton, J. (1969). Interaction of Information in Word Recognition. *Psychological Review*, 76, 165 – 178.

Nagy, W. E., Herman, P. A., & Anderson, R. C. (1985). Learning Words from Context. *Reading Research Quarterly*, 20, 233 – 253.

Nassaji, H. (2003). Higher-level and lower-Level Text Processing Skills in advanced ESL reading comprehension. *Modern Language Journal*, 87.2, 261 – 276.

Römer, U. (2006). Pedagogical Applications of Corpora: Some Reflections on the Current Scope and a Wish List for Future Developments. *Zeitschrift für Anglistik und Amerikanistik*, 54.2, 121 – 134.

Römer, U., & Wulff, S. (2010). Applying Corpus Methods to Written Academic Texts: Explorations of MICUSP. *Journal of Writing Research*, 2.2, 99 – 127.

Rott, S. (1999). The Effect of Exposure Frequency on Intermediate Language Learners' Incidental Vocabulary Acquisition and Retention through Reading. *Studies in Second Language Acquisition*, 21, 589 – 619.

Saragi, T., Nation, I. S. P., & Meister, G. F. (1978). Vocabulary Learning and Reading. *System*, 6, 72 – 78.

Savicky, P. & Hlaváčová, J. (2002). Measures of Word Commonness. *Journal of Quantitative Linguistics* 9 (3), 215 – 231.

Scott, V. M. (1989). An Empirical Study of Explicit and Implicit Teaching Strategies in French. *Modern Language Journal*, 73, 14 – 22.

Scott, V. M. (1990). Explicit and Implicit Grammar Teaching Strategies: New Empirical Data. *French Review*, 63, 779 – 789.

Seidenberg, M. S. & J. L. McClelland. (1989). A Distributed Developmental Model of Word Recognition and Naming. *Psychological Review*, 96, 523 – 568.

Shannon, C. E. (1951). Prediction and Entropy of Printed English. *Bell System Technical Journal*, 30.1, 50 – 64.

Sinclair, J. (1996). The Search for Units of Meaning. *Textus*, 9, 75 – 106.

Sung, Y. T. , Lin, W. C. , Dyson, S. B. , Chang, K. E. & Chen, Y. C. (2015). Leveling L2 texts through Readability: Combining Multilevel Linguistic Features with the CEFR. *The Modern Language Journal*, 99 (2), 371 – 391.

Tomlinson, B. (2012). Materials Development for Language Learning and Teaching. *Language Teaching*, 45 (2), 143 – 179.

Wang, W. S. -Y. (1967). Measurement of Functional Load. *Phonetica*, 16, 36 – 54.

Webb, S. (2007). The Effects of Repetition on Vocabulary Knowledge. *Applied Linguistics*, 28, 46 – 65.

Willis, D. (1993). Syllabus, Corpus and Data-driven Learning. *IATEFL Annual Conference Report: Plenaries*, 25 – 31.

Anping, H. (2005, May). *Corpus-based Evaluation of ELT Textbook*. Paper Presented at The Joint Conference of the American Association of Applied Corpus Linguistics and the International Computer Archive of Modern and Medieval English (ICAME), University of Michigan, Ann Arbor, MI.

Surendran, D. & Levow, G. -A. (2004). The Functional Load of Tone in Mandarin is as High as that of Vowels. *Proceedings of International Conference on Speech Prosody, Nara, Japan*, 99 – 102.

Hockett, C. F. (1966). *The Quantification of Functional Load: A Linguistic Problem*, Report Number RM – 5168 – PR, Rand Corp. , Santa Monica.

Surendran, D. , & Niyogi, P. (2003). *Measuring the Usefulness (functional load) of Phonological Contrasts*. Chicago: Department of Computer Science, University of Chicago.

Laviosa-Braithwaite, Sara (1996). *The English Comparable Corpus (ECC): A Resource and Methodology for the Empirical Study of Translation*, Ph. D. Thesis, Dept of Language Engineering. Manchester: UMIST.